本著作由海南省中国文学研究中心、海南省特色重点学科“中国语言文学”资助出版。

基于微信平台的新闻生产与传播研究

——以“2·15海南雾灾”为例

余 榕 著

中国戏剧出版社

图书在版编目（CIP）数据

基于微信平台的新闻生产与传播研究 ：以“2·15海南雾灾”为例 / 余榕著. — 北京 ：中国戏剧出版社，2020.12
ISBN 978-7-104-05040-7

Ⅰ. ①基… Ⅱ. ①余… Ⅲ. ①媒体(新闻)—网络传播—研究 Ⅳ. ①G210.7

中国版本图书馆CIP数据核字（2020）第201500号

基于微信平台的新闻生产与传播研究
——以“2·15海南雾灾”为例

责任编辑： 张　霞
责任印制： 冯志强

出版发行： 中国戏剧出版社
出 版 人： 樊国宾
社　　址： 北京市西城区天宁寺前街2号国家音乐产业基地L座
邮　　编： 100055
网　　址： www.theatrebook.cn
电　　话： 010-63385980（总编室）
传　　真： 010-63383910（发行部）

读者服务： 010-63381560
邮购地址： 北京市西城区天宁寺前街2号国家音乐产业基地L座

印　　刷： 北京九州迅驰传媒文化有限公司
开　　本： 787mm×1092mm　1/16
印　　张： 14
字　　数： 205千字
版　　次： 2020年12月　北京第1版第1次印刷
书　　号： ISBN 978-7-104-05040-7
定　　价： 88.00元

目　录

第一章 研究对象的确定

第一节 选题缘由及其意义

一、问题的提出

德国的乌尔里希·贝克在20世纪80年代首次提出“风险社会”（risk society）这一概念，他强调：“工业社会和科技进步为绝大多数社会成员创造了舒适安逸的环境，但同时也带来了足以毁灭全人类的巨大风险。”[①] 全球范围内的灾难事件层出不穷，2020年8月初，黎巴嫩首都贝鲁特港口内发生了一起巨大的化学品爆炸，已经造成157人死亡、5000人受伤，至少30万人流离失所，经济损失可能高达100亿—150亿美元——堪比“广岛长崎式国家灾难”。

伴随着全球一体化进程的不断深入，我国现如今也被卷入风险社会这一浪潮中，必然会遭遇更多的风险挑战，使得灾难事件不断涌现。自古以来，我国都是世界上受自然灾害影响较为严重的国家之一，根据民政部、国家减灾委员会办公室发布的《2017年全国自然灾害基本情况》显示：仅2017年一年，各类自然灾害共导致1.4亿人次受灾、881人死亡、98人失踪，525.3万人次被迫紧急转移，此外还包括170.2万人次迫切急需相应的生活救助……所涉及的经

---

① ［德］乌尔里希·贝克：《风险社会》，何博闻译，南京：译林出版社2004年版，第13页。

济损失远远超过 3018.7 亿元。① 基于以上数据不难发现，虽然当前人们已经显著提升了对抗自然灾害的能力，但是自然灾害仍然属于人类难以控制的因素，其所带来的灾难性后果，并不仅仅局限于生命和财产损失，还包括对社会和谐与稳定产生负面影响的一系列问题。

人类社会的发展史就是一部不断地应对危机、消化灾难的历史。迄今为止，新冠肺炎全球抗疫的帷幕尚未落下,《人类简史》的作者尤瓦尔·赫拉利近日发表文章《冠状病毒之后的世界》称：“人类现在正面临全球危机，也许是我们这代人最大的危机。”② 属于人类命运共同体的世界各国早已卷入全球危机的浪潮中，而身处社会急剧转型期的中国，自然灾害频发，社会矛盾积聚，各类灾难事件层出不穷。从 2015 年的“东方之星”客船倾覆事件、“8·12 天津港大爆炸”事件，到 2016 年的山东非法疫苗风波，再到 2017 年的浙江台州“2·5”火灾，还有 2018 年初的香港巴士侧翻事故……数量激增的灾难事件，充分表明当前中国已经置身于全球风险系统中。无论是“大灾”还是“小祸”，都会产生极大的破坏，导致公众的焦虑情绪甚至引发恐慌，进而威胁社会的和谐与稳定。因此，灾难新闻一直是新闻界的重大主题。由于历史原因，灾难新闻因其“负面性”历来是我国政府和媒体较为敏感的一个话题，其报道机制在理论和实践上都颇为薄弱。但随着我国政治、经济、文化和科技环境的发展变化，当今的灾难新闻传播又呈现出不同的景观，最明显的变化是传播渠道的多元化及互联网基因的渗透。在具体实践中，我国政府在面对各种灾难时，逐渐把“怎样才能实现积极有效地应对”作为解决问题的关键所在，而通过了解和掌握公众的媒介使用习惯，利用合适的媒介平台加强与公众之间的双向沟通，就变成了其中的一个重要突破口。

---

① 民政部:《2017 年全国自然灾害基本情况》，http://www.jianzai.gov.cn//DRpublish/ywcp/0000000000027782.html，2018 年 2 月 1 日。

② 新传研读社:《尤瓦尔·赫拉利：冠状病毒之后的世界》，https://mp.weixin.qq.com/s/FeYWIOtKyFW6XMWfLwaS7Q，2020 年 3 月 24 日。

20 世纪 90 年代以来，随着互联网的广泛应用，人们实际已经进入了数字化社会。人们获取信息的主要渠道，已经突破了传统媒体时代的单线传播的禁锢，转向了互联网。同时，数字网络中非线性、多向的信息流成为了信息传播的主要方式，带有互联网基因的新媒体不断吸引着人们的注意力，渐渐渗透到人们日常生活当中、成为这个时代的一大特征。

我国拥有全球最大的互联网市场，根据 2019 年 8 月 30 日发布的第 44 次《中国互联网络发展状况统计报告》显示：截至 2019 年 6 月，我国互联网普及率达到 61.2%，超过全球平均水平；网民规模达 8.54 亿，其中手机网民数量为 8.47 亿，占比由 2016 年的 95.1% 提升至 99.1%；不管是台式电脑、还是笔记本电脑，甚至是平板电脑的使用率，都出现了较为显著的下降，手机成为个人上网的首选工具。①

2018 年 2 月 26 日，工业和信息化部电子科学技术情报研究所网络舆情研究中心发布了《2017 年中国网络媒体公信力调查报告》。在互联网成为用户第一信息获取渠道的背景下，报告显示"两微一端一网"是最为常用的信息获取方式，新媒体用户的跨平台使用、全天候使用和场景化应用成为信息获取最为鲜明的特征。② 报告指出，至少有 78.22% 的网络用户会同时采用两种及以上的渠道来获取新闻资讯，并且在获取信息时所采用的媒介渠道有着相对稳定的偏好，不同类别的信息往往与特定的媒介渠道相对应，见表 1–1。

由表 1–1 可见，网民的内容偏好整体呈现多元化的特征，"时事政治、社会民生、兴趣爱好和娱乐休闲"是最受网民喜欢的资讯类型。而在"两微一端"的内部比较中，社会民生在微信平台上所占的需求比例最大。

---

① 中国互联网络信息中心：第 41 次《中国互联网络发展状况统计报告》，http://cnnic.cn/hlwfzyj/hlwxzbg/hlwtjbg/201803/t20180305_70249.htm，2018 年 3 月 6 日。

② 腾讯传媒：《工信部发布 2017 网媒公信力报告，腾讯新闻入列第一梯队》，http://mp.weixin.qq.com/s/8sYi3kVhnERnAz3FgGpbOQ，2018 年 3 月 1 日。

表 1-1 不同平台的应用场景调查[①]

排行	微博	微信	新闻网站	新闻客户端	电视
1	娱乐新闻 24.83%	休闲时尚 28.05%	经济新闻 23.74%	休闲时尚 26.00%	时政新闻 26.52%
2	休闲时尚 20.86%	娱乐新闻 23.17%	时政新闻 21.95%	经济新闻 25.96%	体育新闻 25.26%
3	社会民生 12.72%	社会民生 17.51%	社会民生 20.51%	娱乐新闻 25.91%	经济新闻 22.60%

以“微信”和“微博”为代表的平台型媒体不仅改变着人们工作和生活的传统模式，也成为迅速应对灾难的重要手段。在这样的媒介环境中，人们获取信息的主要来源也不仅仅局限于传统媒体，具有社交属性的平台型媒体本身所具有的便捷性和易参与性，使得普通人也能轻松地参与到信息的制作以及传播过程中。具体到灾难新闻报道中，具有社交属性的平台型媒体相较于传统媒体具有极为典型的两大优势：一个优势就是突出的时效性，几乎在灾难爆发的第一时间，利用网络就能实现对相关信息的迅速传播，充分地满足了受众急迫的信息渴求，不仅可以有效遏制负面消息的产生和扩散，还能实现对广大民众焦虑心理的缓解和安抚。另一个优势就是消息来源的多样性，传统媒体的信源无外乎本报记者、政府机构和社会组织等，而在 Web2.0 网络社会中，信息来源则丰富得多，几乎所有网民都可以自由地发布信息。

因此，Web 2.0 网络社会中的公民获取和发布信息不再单纯依靠传统媒体、政府或其他社会组织，活跃在各类平台型媒体（例如微博、微信、知乎等）上面的其他个人或者群体都可能成为信息来源。灾难一旦发生，基于移动网络基础上的平台型媒体能够在极短的时间内充分覆盖网络空间、确保灾难信息的迅速传播，其中既包括官方信息，也包括各种民间信息，很多重要的新闻信息都

① 腾讯传媒：《工信部发布 2017 网媒公信力报告，腾讯新闻入列第一梯队》，http://mp.weixin.qq.com/s/8sYi3kVhnERnAz3FgGpbOQ，2018 年 3 月 1 日。

是首先通过它们发布出来的。例如，四川雅安的地震事件发生后，因为媒体记者赶往现场需要相应的时间，所以身处于现场的普通民众就成为了职业记者的代替者，他们主要以视频、图片或者文字等方式充分记载并还原了当时的场景，借助微信、微博等媒体平台对外进行发布，这样其他公众就能够在极短的时间内迅速了解地震现场的情况。又如“8・12 天津港大爆炸”，首发的第一条新闻信息也是源自这类平台型媒体：有网友在爆炸之后借助手机拍摄了相关视频，主要内容是爆炸地以及周边地区的情况，之后将这些视频分享到微博、微信群以及朋友圈上，立刻引发了公众的广泛关注以及疯狂转发，之后才得到媒体和政府的证实。

具有社交属性的平台型媒体不仅是最便捷的信息流通平台，能够最大程度地发挥公众参与的作用，而且还可以成为灾民自救和社会力量救援的协调工具。其中，微博和微信的表现最为突出，成为了民间舆论场建构的两大支柱。例如 2011 年发生的“7・23 甬温线特别重大铁路交通事故”，催生了学界对“微博问政”这一现象的热烈讨论。而微信也能发挥其特长，除了熟人之间信息的及时扩散之外，微信公众号主打深度报道和热点追踪，不少传统媒体会通过微信公众号充分发表理性观点，其中也包括部分意见领袖。凭借着庞大的用户基数和成熟的社交应用，微信公众平台于 2012 年 8 月推出，其主打广告语是“再小的个体，也有的自己的品牌”——无数的公众个体以不同的姿态入场，共同塑造了影响国人的新媒体生态。同时，经历了移动互联网冲击的传统媒体开始夺回舆论主导权。在新榜发布的《2017 中国微信 500 强榜单》中，《人民日报》、央视新闻、新华社位列三甲，认真打造微信平台上的“新型主流媒体”。截至 2017 年 9 月，微信公众号月活跃账号数已达到 350 万个，较 2016 年增长 14%；月活跃粉丝数已达到 7.97 亿个，较 2016 年增长 19%。由此导致微博和微信的用户需求也开始出现显著的分化，甚至有观点提出：想要了解外面发生了什么事就去刷微博；想要更深刻地了解这一事件，就去关注微信公众号。

微信平台信息传播的即时性和互动性，既实现了社会网络关系之间的交融，又能够与移动终端相链接，因此能够打破突发事件中报道、处理和舆论引导的时空限制。灾难一旦发生，微信既能够实现信息的发布和传播，同时也能够为组织救援提供平台，甚至还成为了网民情感的抒发以及聚集之地。在2013年四川雅安地震期间，微信的信息传播功能得到了颇有成效的发挥，朋友圈以接力的方式不断转发来自灾区的救援信息，不同话语表达着对灾区居民的情感支持，推动着舆论的生成及发展。

微信的独特功能不仅改变了人们传统的信息获取和传播方式，甚至还改变了他们的生活习惯，除此之外还包括舆论以及话语结构等方面的改变。微信的出现，带着极大的冲击力进入大众视野，一时间备受各界的广泛关注。一言以蔽之，以“移动即时通讯工具”面貌面世的微信，自2011年1月21日诞生以来，经过七年多的发展，将通讯社交、新闻资讯、移动音像、网络购物、手机游戏、教育阅读、地图导航、手机支付等功能囊括于自身，已成为当今中国第一大手机应用。2018年3月5日，马化腾在十三届全国人大一次会议的采访中透露，微信和WeChat的合并月活跃账户数超过10亿。①去年11月，腾讯发布的2017年第三季度财报显示，微信和WeChat的合并月活跃账户数达到9.8亿，同比增长15.8%。微信从最初的一种简单的即时通讯软件，变为了多功能综合服务工具，“润物无声”地渗透到用户的生活、社交、工作等方方面面。以至于一旦不使用微信，用户便感觉诸多不便，对它的依赖程度也不断增强。

步入风险社会之后，人们所感受到的灾难必然是无时无刻不在的，它与人类的社会、个体的生存都具有极为紧密的关联。由于灾难新闻和民众的生命息息相关，所以社会各界对此类新闻的关注度普遍较高。一方面，人们身处的社会环境越复杂，对媒介的依赖性就会越高，迫切需求依赖媒介实现对社会的认知和理解，并据此进行决策和应对。另一方面，传统的传播形态由于媒介的变革而遭受冲击，信息传播者的范围随着移动互联网的普及扩展至普通民众，新

① 微信派：《刚刚，马化腾宣布：微信全球月活跃用户数超10亿》，http://mp.weixin.qq.com/s/K5uGwPreMx-iMbVToy3tnw，2018年3月5日。

闻生产者的角色不再为职业记者所专有，与此同时，微信等平台型媒体的接触便利又使公众及时了解和实时参与灾难的信息传播成为可能。

微信自推出以来，其发展的迅猛之势超乎人们的想象，已然成为近10亿用户随身携带的必需品。微信公众号、朋友圈、微信群以及微信好友之间的多重信息传播路径，共同组成半封闭的、联动式的信息传播模式，开创了灾难传播的一种全新的可能。

本书研究对象的确立，正是基于当前的社会语境以及实践认知，并紧扣一个中心议题展开：经历了多起灾难事件的新闻传播之后，微信平台上的灾难新闻传播究竟形成了怎样的传播图景？具体可细分为以下四个问题：

（1）微信平台上的灾难新闻，其传播主体有哪些？他们之间的利益相关者结构如何？

（2）对于不同的传播主体而言，在灾难信息传播的过程中，分别建构了怎样的新闻框架？

（3）在微信这一平台上，灾难新闻存在怎样的传播路径？又有哪些影响因素？

（4）微信平台媒体的灾难新闻，在实践中存在哪些问题？有哪些解决的办法？

二、研究意义

近年来，我国自然灾害或人为灾难的发生频次相对较高，已经对当前的社会稳定造成了较为显著的负面影响，而且也是影响媒体和公众的议程焦点之一。灾难发生后，整个社会对信息的需求空前高涨。施拉姆认为，信息传播对国家发展非常重要，“积极有效的信息传播，必然有助于促进经济社会发展，可以显著推动社会改革，当然也能够缓解变革中的困难和痛苦”。① 以“微信”为代表的平台型媒体当前已经成为普通民众了解灾难信息的关键场域，也是社

① 何梓华：《新闻理论教程（修订版）》，北京：高等教育出版社2008年版，第11页。

会各界进行思想交流的首要平台。尤其是在突发性的灾难面前，真实有效地传播信息，可以起到引导社会舆论、缓解社会压力的作用。

（一）理论价值

截至 2018 年 3 月 1 日，在中国知网的《中国学术期刊网络出版总库》中，笔者以“微信 + 灾难”“微信 + 灾害”分别在“关键词”和“篇名”选项中组合搜索，结果为 11 条，真正与微信相关的记录仅有 9 条。而在《中国博士学位论文全文数据库》和《中国优秀硕士学位论文全文数据库》进行同样条件的搜索，结果则为 0。考虑到灾难或者灾害从属于突发事件的大类，于是笔者重新在中国知网的期刊数据库中，以“微信 + 突发事件”分别在“关键词”和“篇名”选项中组合搜索，结果为 91 条，在《中国优秀硕士学位论文全文数据库》的搜索结果为 22 条，没有检索到博士论文。经过剔除不相关和重复的文献，最后所得期刊论文和硕士论文的总数仅为 56 篇。

学界对灾难新闻在微信平台上的传播效果研究，相对于微博平台而言研究明显不足，目前所得有关微信的研究大多停留在微信对人际传播的影响方面，而将微信视为一个平台型媒体的传播学研究，特别是微信公众平台与新闻生产的关系研究相对较少。因此，对灾难新闻在微信平台上的传播过程进行研究，厘清微信平台上各个传播主体之间的互动关系，充分了解灾难新闻的传播框架、传播模式及其效果影响因素，这样才真正有助于建构起微信平台灾难新闻传播的完整的理论链条，在一定程度上尝试弥补微信平台上灾难新闻传播的理论缺憾。

（二）实践价值

一方面，灾难新闻的特殊性使其具有一定的政治相关性，与社会的稳定存在着重大关系。具有社交属性的平台型媒体既为相关议题提供了发表平台，也为其发酵搭建了舆论场。微信既属于国内最主要的信息多功能服务提供者，也是去中心化的多种观点交融的内容聚合平台。作为公众舆论的主要阵地之一，在灾难事件突然爆发的压力下，灾难传播过程中的任何环节出现差错都可能引发舆论危机，可能令社会矛盾更加激化，造成的危害无法预估。因此进行微信平台上的灾难新闻传播研究具有非常应景的社会意义。

另一方面，由于灾难事件和民众的切身利益息息相关，再加上近年来公民知情权意识的逐步提升，普通个人通过微信平台获取和传播灾难信息成为可能——微信公众号 + 朋友圈 + 微信群 + 微信好友等多种渠道的联动，使这种多层次多渠道的组合式传播已逐步成为微信平台灾难新闻传播的常态。除了广大公众，各级政府和传统媒体也将战略矛头指向“两微一端”的发展，纷纷利用微信公众号加强自身的建设。另外，本书通过对典型个案在微信平台上的实证研究，并以此得出一些具有建设性的结论，能够为优化灾难新闻传播的操作方法提供借鉴。

第二节 基本范畴和研究现状

一、有关灾难新闻的研究

（一）国内研究综述

截至 2018 年 3 月 1 日，笔者在中国知网的“学术期刊”“博硕”“会议”和“报纸”四个数据库中进行文献检索。采用高级和精确的检索式，分别以“灾难”“灾害”“事故”“灾难新闻”“灾难报道”“自然灾害”“地震”和“水灾”为主题词，学科限定于“新闻与传媒”，发表时间和来源类别等选项均不作限定，一共检索到全文文献 5332 篇。为确保文献的代表性和准确性，在检索结果中按照相应标准再次进行了手工筛选，剔除重复和无关文献，最终获得有效文献 3639 篇。在此基础上，运用 Citespace 软件 5.1R6 版进行文献计量学的统计分析，得出国内灾难新闻研究论文的年度发表概况，如图 1–1 所示。

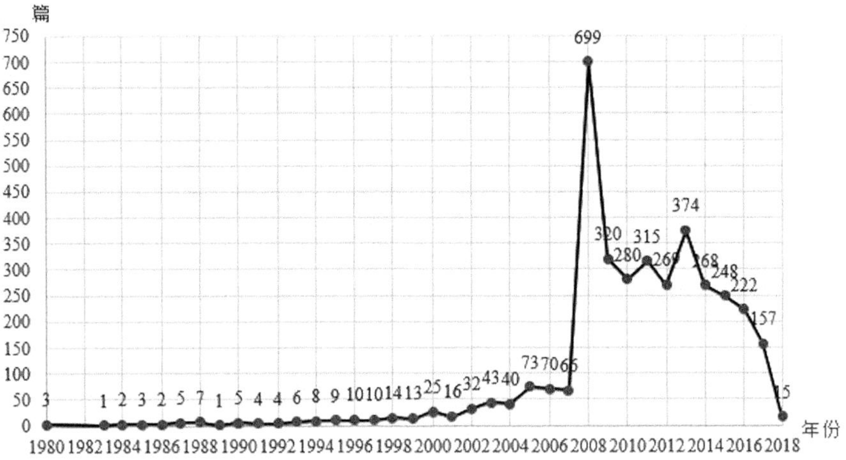

图 1–1　国内灾难新闻研究论文发表数量

如图 1–1 所示，国内有关灾难新闻的学术研究始于 1980 年，“工人日报‘渤海 2 号’事故报道组”在《新闻战线》第 10 期上发表了一篇《要有向群众讲真话的勇气》，紧接着，胡甫臣和饶汶也在同本期刊上分别发表了《事故报道的新要求》和《新闻标题贵在“标新”》。这三篇文章均以“渤海 2 号”事故报道为出发点，坚持灾难新闻报道必须符合“及时如实报道，不得隐瞒和歪曲”这一标准。相对于改革开放前的长期研究空白，20 世纪 80 年代之后，国内新闻传播学的业界和学界开始转变改革开放之前灾难新闻的报道模式，反思灾难新闻的社会功能，并在具体业务实践中予以探讨。

但是之后很长一段时间，国内灾难新闻研究的发展相当迟缓，1996 年之前，每年的文献数量不足十篇，多半是对抗灾所作的相关总结。由于历史原因的影响，即使建国之后，在较长一段时间内，灾难新闻都被认为典型的负面新闻，对于维护社会稳定具有明显的负面影响，所以针对此类新闻，新闻界大都选择低调谨慎的态度。2001 年美国“9·11”恐怖袭击事件震惊世界，国内学者才逐渐将视角转向灾难新闻的研究。2003 年“非典”事件发生后，相关的研究成果才日渐增多。但至 2007 年为止，每年的研究论文依然不足百篇。

真正的历史突破出现在 2008 年，这一年我国灾难频发，手足口病大幅蔓延，汶川大地震接踵而至……这些都引起了学界和业界对灾难新闻的广泛关注和热烈讨论。该年的研究论文数量达到 699 篇，形成了历史上的最高峰，超过上一年的发文量 10 倍。第二个研究高峰出现在 2013 年，该年爆发了四川雅安地震、南方的风雹和东北的洪涝灾害等一系列特大灾难，学界和业界的研究论文数量达到 374 篇。此后，关于灾难新闻的研究飞速发展，现今方兴未艾，学者们热情持续高涨，成果日新月异。因此，笔者在梳理灾难新闻国内研究综述时，按照研究视角将文献作出如下归类。

1. 基于报道模式的历史变迁视角

对于此类研究而言，一般以宏观视角出发，针对灾难新闻报道展开历史性梳理，由此提炼出灾难新闻报道的典型模式以及报道理念。根据当前的研究，在学界占据主流的两种观点如下。

“两阶段”说：持有这一观点的研究者基本以 20 世纪 80 年代为界，他们大都认为：在 80 年代之前，主要的灾难报道，更多的集中于对灾难事件本身的叙述，更突出强调个体在灾难面前的实际表现，充分展现人们如何自救、如何救人的精神，弘扬政府以及社会在指导民众救灾的过程中所发挥的重要功能，集中体现的是积极的宣传以及教化的功能。在步入 80 年代之后，相关灾难新闻报道则更多的聚焦于事件本身，除此之外还包括事件中的受害群体，在呈现灾难的过程中以客观态度展现事件真相，所追求的重点是信息的全面性以及所具有的指导意义。其中具有典型代表性的相关著作以及研究者包括《从“人本位”到“事本位”——我国灾害报道观念变化分析》（孙发友）①，以及《灾难新闻报道方法及其对受众知情权的影响》（沈正赋）②。

① 孙发友：《从“人本位”到“事本位”——我国灾害报道观念变化分析》，《现代传播（北京广播学院学报）》2001 年第 2 期。

② 沈正赋：《灾难新闻报道方法及其对受众知情权的影响》，《新闻大学》2002 年第 2 期。

“三阶段”与上述观点存在些许不同，主要集中于对具体时间节点的选择方面，然而针对报道理念及报道模式的总结在本质上并不存在较大的差异。例如王蕾在其相关著作中明确指出两个时间节点：分别是十一届三中全会与十六大，并基于此对灾难报道进行三个阶段的划分：首先是在十一届三中全会之前，这一阶段灾难新闻报道是明显的“禁区”，在报道中不会强调具体灾情，着重突出的是如何抗灾救灾以及弘扬英雄主义精神；其次就是十一届三中全会开始直至十六大，在这一阶段中，禁区在一定程度上被瓦解，能够基本呈现灾难事件的原貌，公众的知情权得以满足，但针对灾难信息仍然存在较为显著的控制现象；第三阶段就是从十六大开始至今，立足以人为本的理念，同时结合国家的政策支持，针对灾难新闻报道已经完全突破了禁区的禁锢。[①] 以董天策、蔡慧以及于小雪为代表的相关研究者在其著作中所明确的具体时间节点分别为：1980 年“渤海二号”事故以及 2003 年“非典”疫情。他们特别强调：在 1980 年之前，针对灾难新闻的报道立足于“党本位”，具有典型的单向以及闭合的特点；从 1980 年开始至 2003 年，着重突出的是“事本位”，同时具有多向以及客观等特点；从 2003 年至今，所呈现的是“人本位”，媒体力求尽可能多地提供信息，在报道中更突显人文精神，具有典型的全息开放性。[②]

2. 基于人文关怀的视角

灾难新闻具有典型的特殊性，作为媒体，不但要客观地还原整个灾难事件，同时也需要充分满足当前受众的知情权，关键还要把握好度，有效遏制负面影响的产生和扩散。有学者提出，对于新闻报道而言，它是对社会现实生活最直接、最真实的反映，所以必须以人为本。因此，在灾难事件的采访和报道中，人文关怀更具现实意义[③]，这一观点得到了大多数研究者的认可。

---

① 王蕾:《论我国灾难新闻报道理念的转变》,《新闻大学》2008 年第 4 期。

② 董天策、蔡慧、于小雪:《当代中国灾难新闻报道模式的演变》,《新闻记者》2010 年第 6 期。

③ 左中甫:《灾难新闻报道中的人文关怀——由三起空难报道引发的思考》,《传媒观察》2002 年第 8 期。

然而，就当前的灾难新闻报道来看，是否真正落实了人文关怀，很多学者都提出了完全不同的认知。以潘元金以及许光为代表的相关学者认为，由于利益的驱使和推动，当前在新闻从业者中职业道德缺失较为普遍，再加上法律惩戒缺位等诸多因素的综合影响，当前的灾难新闻报道并未对人文关怀给予足够的重视，反而是缺失的现象频繁出现[①②]。当然也有研究者提出完全不同的观点，特别是以饶瑶以及杨小瑾等为代表的相关学者认为，当前的灾难新闻报道已经完全摆脱早期弊端，逐步回归人性，能够更充分地突显人文关怀。[③④]

立足于人文关怀视角的研究成果颇为丰富，具体的切入点并不完全相同。唐梦圆主要选择了心理学的研究视角，分别立足于媒体工作者以及受众这两个完全不同的人群维度展开研究，探讨近十年国内灾难报道所呈现的人文关怀变化以及主要诱因，通过已获得的成果以及存在的显著不足，预测其未来的发展走向。[⑤] 韩瑞娜在《社交媒体时代如何遵守新闻规范？》一文中以上海踩踏事故引发的关于新闻伦理的争论为例，分析了此次争论的三个焦点问题，从个人隐私、公共利益、人文关怀等角度，探讨社交媒体时代的新闻规范。[⑥] 李洪华则特别关注新闻工作者本身，认为作为身处灾难事件“风口浪尖”的瞭望者和观察者，会受到灾难创伤的拟态影响，并提出筑起自我心理防护墙、撑起媒体“保护伞”、搭建社会支扶平台三条建议，以有效预防和解决灾难新闻报道中媒体工作者的心理创伤问题。[⑦]

① 潘元金：《探析灾难新闻摄影中人文关怀的缺失》，《武汉科技学院学报》2008 年第 10 期。

② 许光：《灾难新闻报道中人文关怀的缺失——以汶川大地震为例》，《新闻爱好者》（理论版）2008 年第 12 期。

③ 饶瑶：《从三次震灾报道看我国媒体人文关怀意识》，《新闻三昧》2008 年第 7 期。

④ 杨小瑾：《浅析灾难新闻报道的人文关怀》，《中国广播电视学刊》2010 年第 3 期。

⑤ 唐梦圆：《新世纪十年来中国灾难报道人文关怀变化——从心理学视角分析》，暨南大学 2011 年硕士学位论文。

⑥ 韩瑞娜：《社交媒体时代如何遵守新闻规范？——对上海踩踏事故关于遇难学生报道伦理争议的反思》，《中国记者》2015 年第 3 期。

⑦ 李洪华：《灾难报道中媒体工作者的心理创伤问题》，《新闻战线》2016 年第 10 期。

3. 基于比较研究的视角

立足于当前的研究成果来看，以宏观视角进行分析，此类研究主要包含以下两种逻辑思路：首先立足于共时性，综合比较中外媒体的不同灾难新闻报道，由此提炼出二者之间的差异性以及导致差异的关键成因；其次立足于历时性，着重分析国内的相关报道，结合不同阶段体现出的不同特点，阐释当前的发展和进步。

针对共时性还可以划分为以下两个向度：首先立足于宏观泛化的视角，基于灾难报道的不同侧面展开比对，发现其中的差异性，提炼出导致差异的关键成因。谢晖分别从灾难新闻的视点、主体以及渴望追求的效应三个不同维度，充分探讨存在于中西方灾难新闻传播之间的显著差异，同时提出文化背景是导致这一差异的根本原因。① 万生云的观点与其存在一定的相似，他认为，导致差异形成的关键原因，不仅仅局限于文化背景，同时还包括社会理念以及媒介的具体功能等。② 其次就是基于微观个案为突破口，也就是针对相同的灾难事件，比对中西方媒体的不同报道，并由此提炼出其中的差异以及导致差异的关键成因，这一向度相关论文比较丰富。例如黄昆仑所探讨的主题是美国的“9·11”事件，将中西方主流媒体针对这一事件的不同报道展开比较分析，并由此提炼出导致这一差异形成的关键原因在于价值取向以及媒介的性质定位，除此之外，还包括文化心理以及调控机制等。③ 又如胡瑛等以中国的汶川地震为主题，着重分析中外相关报道在内容以及倾向上的巨大差异，他们认为不同的视角、不同的定位以及不同的框架设定是导致这种差异的关键成因④。

在基于历时性的视角的相关研究中，有学者以《人民日报》为具体研究对

---

① 谢晖：《中西灾难新闻传播差异的深层文化背景》，《新闻知识》2008年第5期。

② 万生云：《中西方灾难性事件新闻摄影报道的差异性研究》，《国际新闻界》2001年第2期。

③ 黄昆仑：《从“9·11”事件灾难新闻报道看中美媒介生态的差异》，《现代传播》2002年第1期。

④ 胡瑛、陈力峰：《共同的灾难，趋同的声音？——〈今日美国〉与〈人民日报〉汶川地震报道比较》，《青年记者》2009年第8期。

象，对比探讨在其报道唐山地震以及汶川地震之间的差异，从中提炼出以下结论：报道的价值是否得到关注和重视，信息是否可以真正实现公开和透明，是否能够体现出人文关怀，是否具备多维度、多元化的传播方式等，从而得出：汶川地震是传统媒体在灾难报道方面所取得的阶段性突破。① 与此同时，冯春同样选择比对汶川地震报道以及唐山地震报道，分别立足于体裁、文本以及报道理念和实际效果等方面存在的显著差异，由此得出：在灾难性新闻报道中，信息公开是有效遏制谣言、塑造良好政府形象的重要途径。②

4. 基于危机传播的视角

立足于社会学视角，灾难新闻往往被认为会给当前的社会正常运行带来危机，所以在我国国内，有部分学者将其纳入危机传播的范畴，并选择以此为视角，深入剖析应该如何报道灾难新闻。董天策通过梳理汶川大地震的主流媒体报道，提炼出以下观点：在开展危机传播的过程中，首先需要保障开放性原则，同时也不能缺少相应的控制。简单的说，就是一方面要保障客观地还原灾难事件，使公众了解真实的信息，帮助媒体以及政府职能部门塑造公信力，然而同时也需要实施必要的管控，这样才能真正保障信息发布的有序化，尽可能避免负面信息和谣言的出现。③ 还有部分学者以汶川地震报道作为关键的突破口，提出媒体应当在危机事件中选择恰当的报道策略：作为媒体必须能够快速应对危机事件的发生，真正掌握信息的发布权和话语权，有效避免负面信息的出现；除此之外，信息的发布还需要保证客观和精准，最后还要突显人文情怀，真正做到以情感人。④

---

① 王爱敏、李丹丹、赵元：《论传统媒体对重大灾害报道的突破性发展——以〈人民日报〉对唐山和汶川地震报道为例》，《防灾科技学院学报》2009 年第 4 期。

② 冯春：《唐山、汶川地震新闻报道比较研究》，华中师范大学 2010 年硕士学位论文。

③ 董天策：《在开放与控制之间：危机传播的基本准则与尺度——汶川大地震新闻报道的经验与启示》，《新闻与传播研究》2008 年第 4 期。

④ 严三九、王虎：《危机事件中的信息公开与媒体报道策略分析——以 5・12 汶川特大地震灾害报道为例》，《新闻记者》2008 年第 6 期。

当然在这一视角下，同样也不乏系统的研究成果。有部分学者立足于党报以及公共危机，从中挖掘有效的切入点，同样以汶川地震的相关报道为例，孙熙姝明确提出：在报道公共危机事件的过程中，党报往往能够更充分地发挥稳定民心的功能，有助于树立政府部门的良好形象，能够更充分地展现民众的凝聚力和团结性。① 同时刘远朋还提出，受制于报道框架以及受众对信息的诉求等诸多因素，人民日报之类的若要进行成功的公共危机报道，必须立足于实践，真正有所突破、有所发展，真正成为公众了解信息、表达观点的话语平台。② 不过，基于危机传播视角的相关研究成果，主要以社会学、政治学以及行政管理等学科为主。③ 正是由于诸多学科的参与，才极大地拓展了灾难新闻的研究视域。

5. 基于舆论引导的视角

在灾难新闻报道中，舆论经常会表现出典型的无序化以及情绪化特征，媒体必须充分掌握话语权，这样才能够对公众形成正确的舆论方向引导，才能够帮助国家以及政府部门树立良好的形象。就此也有部分学者针对这一问题展开讨论，虽然切入的角度以及研究的具体案例不同，却持有基本相同的观点，那就是：作为媒体，必须充分发挥新闻评论的重要功能，使其对社会舆论形成积极引导，这也是媒体的重要职责。任蕾以及吴淑慧都以《人民日报》为例，所选择的具体对象分别为：汶川地震以及“何振华”系列评论，她们都认为，在灾难报道中，媒体必须要充分发挥新闻评论的重要功能④，立足于思辨以及逻辑力量，有效引导舆论，保障舆论的正确导向，既为国家树立良好的形象，同时

---

① 孙熙姝：《党报的公共危机报道及其作用研究——以〈人民日报〉汶川地震报道为例》，厦门大学2009年硕士学位论文。

② 刘远朋：《〈人民日报〉汶川地震报道研究》，兰州大学2009年硕士学位论文。

③ 林丽芬：《突发公共卫生事件的社会危机管理研究——以SARS为例》，福建师范大学2005年硕士学位论文。

④ 任蕾：《简析〈人民日报〉评论在汶川特大地震报道中的舆论引导》，《社科纵横》2008年第12期。

也能够起到稳定人心、鼓舞人心的功能，全面提升全民族人民的凝聚力。[①]也有学者选择从电视新闻评论的角度，针对灾难事件的舆论引导展开系统分析，其中不但分析和归纳了新闻评论的优势和功能，同时也阐释了应当如何发挥这一优势和功能，提出了相应的设想以及优化建议。[②]

除了上述新闻评论的视角，还有学者基于新闻业务层面展开研究，与此相关的论文数量较多，研究成果主要是作出经验的总结或者提出相应的对策。除此之外，也有学者选择剖析灾难新闻报道中存在的主要问题并由此展开反思，以陈翔为例，他明确提出：针对灾难新闻的报道，切不可将关注点过度集中于灾难中的悲情元素上，虽然可以有效聚焦公众的注意力，但是比较容易引发伦理危机。所以他认为：灾难报道必须要保持节制，把控好与悲情之间的距离，平衡报道的视角，既要坚持节制性采访，也要保证节制性报道。[③]

除了灾难新闻相关的学术论文之外，在学界还有几部具有代表性的专著，较为典型的有《灾害社会学》（王子平）、《灾难如何报道》（李梓新）以及最新的一本《灾难传播学》（赵立志）等。2005年，田中初在《新闻实践与政治控制：以当代中国灾难新闻为视阈》一书中立足于国家与社会这一关系框架，充分分析中华人民共和国成立以来政治控制的变动，目的就是深入探究在当前社会的政治体系下，灾难新闻出现了哪些政治控制方面的改变，作为新闻从业者又如何应对这些改变等。并基于对这些问题的分析，提出：政府必须和新闻媒体加强合作，基于公共利益的服务目的，尽可能对风险实现有效管控。[④]2012年出版的《灾难传播学》基于新闻学与传播学基本原理，采用实证研究的方法，将本世纪以来发生在国际和国内的具有重大影响的灾难事件报道的方法、策略

① 吴淑慧：《党报如何通过评论引导舆论——〈人民日报〉“何振华”系列评论的启示》，《新闻三昧》2009年第4期。

② 贾晓倩：《我国灾难性事件的电视新闻评论研究》，新疆大学2009年硕士学位论文。

③ 陈翔：《悲情传播中的媒体伦理危机——以“5·12”汶川地震报道为例》，《新闻与传播研究》2008年第4期。

④ 田中初：《新闻实践与政治控制：以当代中国灾难新闻为视阈》，山东人民出版社2005年版。

进行了比较研究，总结出带有规律性的研究成果，提出了灾难新闻报道独有的特点和原则要求。

（二）国外研究综述

与中国注重正面宣传不同，西方新闻理念中非常注重对负面新闻的报道，越是反常的事件，越能够充分突显其冲突性，越会成为新闻媒体的关注焦点。而灾难正因为具有典型的突发性，较为显著的破坏性以及震撼性，所以在西方媒体中，一直占据着极为重要的地位，国外针对此方面的研究也涉及较广，既包括自然灾害，也包括其他形式的政治以及社会灾难。与此同时，其研究的层面也较为多元，其中既包括灾难新闻的写作，也包括报道应该选择怎样的视角，甚至还包括具体图片的拍摄方法等，不但具有极为开阔的研究视野，所涉及的研究方法也相对多元。美国的哥伦比亚大学甚至还设置了新闻与创伤研究中心，主要针对新闻工作者，研究其如何采访灾难新闻、如何进行自我调适等。由此可见，西方的相关研究已经涉及更深层面。

西方灾难新闻研究起步较早，而且以量化研究居多。现以灾难新闻报道的实际手法为例，国内比较常用的研究方法就是以质化描述为主，或者是为了总结经验；而国外的研究者，例如以 Frank Walkey（2001）为代表的心理学家则完全选择了不同的视角，立足于控制实验法，探讨灾难事件对受众所造成的影响。通过具体的实验结果提炼出如下结论：采取不同的新闻报道方式，会对受众产生不同的影响，并由此产生不同的灾难归因。[①] 对于这一研究结果的意义而言，既有助于分析灾难事件的报道手法，同时也有助于政府和社会的防灾教育。言，既有助于分析灾难事件的报道手法，同时也从 20 世纪 50 年代开始，Moore 和 Williams 就开始使用内容分析法，以报纸作为具体的剖析对象，探讨报道中如何阐释飓风对德州所造成的影响。之后，Nimmo 和 Coombs 也选择了

---

① McClure, J., Allen, M. W., & Walkey, F., “Countering Fatalism: Causal Information in News Reports Affects Judgments about Earthquake Damage”, *Basic and Applied Social Psychology* Vol. 23(2), 2001, pp.109-121.

同样的方法，以三大电视网为研究对象，探讨其报道灾难事件的具体方式[①]，除此之外，来自日本的学者 Oda 针对阪神大地震的相关报道以及具体内容，也展开了较为深入的分析[②]。特别是以 Singer 和 Endreny 为代表的美国的传播学者，在 1993 年的一项研究中立足于前人研究，充分地发挥了内容分析方法的所有功能。他们首先将灾难报道分为 7 个大类，并结合媒体报道进行深入剖析。之后他们分别选择了 15 种媒体，在 1984 年的灾难报道中选择四个月进行抽样，并据此展开全面的系统分析。结论指出：在媒体的相关报道中，既不会涉及灾难预警信息，也很少谈及政府的责任及对它的批评，而信源多半来自政府官员。[③]

很早以前，西方传播学者就将灾难新闻纳入具体的危机传播范畴，相关研究者提出：一旦发生灾难，媒体才是公众获取重要信息的关键来源，因此，在灾难的不同发展阶段，都会表现出极为显著的社会功能，其中既包括告知（awareness）以及预报（prediction），同时也包括影响（impact）和后果（aftermath）等。对于媒体而言，向公众提供真实和有效的信息，才是其最主要的功能，它们针对灾难事件以及可能引发的后果所作出的具体描绘，都有可能对公众的认知和行为产生显著影响。[④] 当然也有学者提出，新闻记者的主要责任并不是为了向大众进行科普教育，一旦灾难发生之后，其所担任的角色与危机传播管理者的实际期待可能会存在严重偏离。在危机事件中，媒体往往会更偏向于突出当前所关注的焦点，甚至不会充分了解这一消息来源的真实性和可靠性，所以，在危机传播中，为了能够更充分地发挥媒体的正面作用，必须根据它的特征，有针对性地制定相应措施。

就当前来看，不管是政治学、管理学，还是社会学、心理学等诸多学科，

---

① 王瑾：《东日本大地震新闻报道的比较研究》，内蒙古大学 2012 年硕士学位论文。

② Oda, S., "The Role of Broadcasting Media in Providing Disaster-Related News and Information", *Studies of Broadcasting* Vol. 32, 1996, pp.33–57.

③ 夏侯命波：《人民日报灾难新闻评论的话语分析》，暨南大学 2014 年硕士学位论文。

④ Nigg, J. M., "Communication under Conditions of Uncertainty:Understanding Earthquake Forecasting", *Journal of Communication* Vol. 32(1), 1982, pp.27–36.

都逐渐加大了对灾难新闻的研究力度，所以，在灾难新闻研究较为发达的国外，当前已经逐步突破单一学科的局限，转而依托于多学科的融合视角。以著名的心理学家Carl Rogers为例，不但明确提出自我理论，同时强调在灾难新闻报道中，必须要充分凸显人本主义特点。在1974年，Erving Goffman引入了框架的概念，并由此形成框架理论以及具体的分析方法，得到了西方研究者的普遍使用，基于框架理论对灾难新闻报道展开研究，最具典型性的就是1991年美国学者R.M.Entman所做的空难研究。

Entman选择的具体案例是分别发生于1983年以及1988年的两起客机空难事件，它们具有非常典型的相似性。通过对时代周刊、新闻周刊、CBS晚间新闻、纽约时报和华盛顿邮报五家主流媒体同期报道的内容分析，Entman的研究得出如下结论：美国的主流媒体，针对这两件空难事件选择了完全不同的新闻报道框架，苏联空军击落韩国客机被定性为：邪恶、暴行以及犯罪；美国海军击落伊朗客机则主要归因为技术问题，属于事故范畴。①

综上所述，基于上述的国内外文献梳理可知：灾难新闻的研究初步实现了纵深的拓展，已经跨多个学科、涉及多种研究视角，并进一步细分为多个研究领域。

为了掌握灾难新闻研究当前最新的学术动态，笔者借助Citespace软件5.1R6版的突发性检测（Burst term）功能，以前面搜集的3639篇国内样本书献为研究对象，通过研究关键词出现频次的分布时间以及词频的变化特点对灾难新闻的未来研究趋势进行判断。红色线条代表该关键词成为学术研究热点的具体历时阶段，如图1–2所示。

我们可以发现，2012年—2018年，一共有21个关键词发生了突变，而持续至今的研究热点共有11个：不仅包括以“灾难”“突发事件”“东方之星”和“应急广播”“新闻伦理”为关键词的传统领域，学者们继续围绕灾难及具体案例进行讨论，而且还体现在以“舆论引导”和“网络舆情”为关键词的社

① Robert M. Entman, “U. S. Coverage of International News: Contrasts in Narratives of the KAL and Iran Air Incidents”, *Journal of Communication* Vol. 41(4), 1991.

会管理领域，当然最热门的还是以“新媒体”“自媒体”“社交媒体”和“融媒体”为关键词的新媒体研究领域。

但是，灾难新闻研究当前的热门领域要么探讨传统媒体与新媒体的融合机制，要么仅仅聚焦于微博这个单一研究对象，而把微信视为一个独立研究对象，分析它作为平台型媒体在灾难新闻传播中的功能表现的系统研究并不多。可见，微信平台的灾难新闻传播是一个值得深入研究的课题。

Keywords	Strength	Begin	End	2011 – 2018
新闻伦理	12.2577	2012	2018	
自媒体	7.7196	2012	2018	
灾害信息传播	6.3342	2012	2015	
灾害事件	3.9377	2012	2015	
雅安地震	35.778	2013	2014	
芦山地震	31.9012	2013	2014	
新媒体	15.0714	2013	2018	
社交媒体	10.6813	2013	2018	
灾难	8.0624	2013	2018	
社会化媒体	5.107	2013	2016	
舆论引导	9.7964	2014	2018	
新闻专业主义	6.8723	2014	2016	
新闻框架	5.8126	2014	2016	
谣言	4.5722	2014	2015	
应急广播	3.9752	2014	2018	
东方之星	7.8852	2015	2018	
网络舆情	5.9718	2015	2018	
尼泊尔地震	4.155	2015	2016	
爆炸事故	4.155	2015	2016	
突发事件	9.4666	2016	2018	
融媒体	3.7166	2016	2018	

图 1–2　2012—2018 年灾难新闻研究关键词突变图谱

二、有关微信平台的研究

（一）国内文献综述

1. 关于微信现状的研究

从 2011 年开始，腾讯公司首次推出微信，在极短的时间内迅速赢得近十亿用户群，立刻成为社会各界关注的焦点，这是依托于移动互联网而生的全新媒介代表，不管是学界还是业界，研究热情持续高涨。但是大多数研究主要集中于商业运营以及营销等方面，不管是谢晓萍的《微信思维》[①]、凌教头的《微商创业者手册》[②]，还是以马化腾等人所著的《互联网+：国家战略行动路线图》[③]都以此为主。相关学术研究主要以期刊论文为主，大致可以分为以下几个层面：

第一，全面探讨微信的属性、具体功能、传播机制以及未来的发展趋势。以魏超、张晓为代表的相关学者分析了微信的功能以及属性，提出微信不仅具有典型的即时通讯功能，而且还具有社交和传播功能，却缺少了具有社会化的网络属性[④]。方兴东等主要研究微信的传播机制，他们认为微信最主要的传播方式仍然以点对点为主，因此在传播频率、传播渠道以及具体的传播范围方面，受到一定的限制。同时还指出其中比较突出的三大薄弱环节，其中既包括准实名性，也包括个人的私密性，除此之外还包括大众传播能力相对薄弱，提出必须加强微信的自律和监管。[⑤]余秀才等主要探讨的是微信的发展现状，以及存在的主要问题，同时明确提出具体举措就是强化监管、完善治理。[⑥]

第二，基于微信公众平台展开相应的研究。其中具有代表性的学者有王海燕，其主要研究的是微信公众平台当前的发展现状以及相关问题的应对举措，[⑦]还有彭丽娟的《关于高校官方微信公众平台的现状与思考》。[⑧]除此之外还有马勇等学者针对微信公众平台的功能选择而展开的分析和研究[⑨]。这些文章

① 谢晓萍：《微信思维》，广州：羊城晚报出版社2014年版。

② 凌教头：《微商创业者手册》，北京：机械工业出版社2015年版。

③ 马化腾、张晓峰、杜军等：《互联网+：国家战略行动路线图》，北京：中信出版社2015年版。

④ 魏超、张骁：《微信的功能和属性分析》，《出版广角》2014年第12期。

⑤ 方兴东、石现升、张笑容等：《微信传播机制与治理问题研究》，《现代传播》（中国传媒大学学报）2013年第6期。

⑥ 余秀才、童石石：《微信的发展现状与传播问题》，《新闻与写作》2015年第9期。

⑦ 王海燕：《出版社微信公众平台发展现状与对策研究》，《科技与出版》2015年第1期。

⑧ 彭丽娟：《关于高校官方微信公众平台的现状与思考》，《新闻知识》2015年第7期。

⑨ 马勇、赵文义、孙守增：《学术期刊对微信公众平台的功能选择分析》，《科技与出版》2014年第9期。

中主要立足于不同视角，探讨微信公众平台的现实意义，也包括对社会各界以及各行业所产生的价值。

第三，基于微信朋友圈进行相关的研究。例如聂磊等学者，以社会网络为视角分析朋友圈的虚拟社区。① 还有周晔和郭雅倩的《社会比较视阈下的微信朋友圈影响度研究》②、蒋建国《微信朋友圈泛化：交往疲劳与情感疏离》③、刘砚议《微信朋友圈中的“印象管理”行为分析》④，在这些文章中，着重探讨的是朋友圈的典型特征、存在的特殊现象以及所带来的不同影响。

第四，针对微信与其他媒体之间的关系所展开的研究。谭震在其著作中表明了自己的观点，那就是作为传统媒体应当善于把握微信的媒介功能，并立足于此扩大自身的影响范围。⑤ 王海燕认为，传统媒体在设置微信公众号之后，必须严格管控内容编辑，这样才能全面提升运营能力。⑥ 赵振祥和王洁所选择的是媒介生态这一研究视角，针对微博以及微信展开比对分析，发现二者在媒介平台以及具体内容等方面所具有的融合特点。⑦ 陈永东认为在微信和微博之间，立足于信息传播、社会交往以及人际沟通互动等不同维度，双方既具有明显的区别，但是又存在显著的联系，可以实现共生发展。⑧

第五，围绕政务微信展开研究。吴幼祥提出如下观点：作为政务微信，需要立足以下三个层面全面提升传播能力、保障对公众的吸引力以及黏附力，分

---

① 聂磊、傅翠晓、程丹：《微信朋友圈：社会网络视角下的虚拟社区》，《新闻记者》2013年第5期。

② 周晔、郭雅倩：《社会比较视阈下的微信朋友圈影响度研究》，《情报杂志》2016年第2期。

③ 蒋建国：《微信朋友圈泛化：交往疲劳与情感疏离》，《现代传播》（中国传媒大学学报）2016年第8期。

④ 刘砚议：《微信朋友圈中的“印象管理”行为分析》，《新闻界》201年第3期。

⑤ 谭震：《传统媒体如何借助微信扩大影响——微信的媒介功能及影响分析》，《中国记者》2013年第5期。

⑥ 王海燕：《传统媒体微信公众号编辑与运营策略分析》，《编辑之友》2015年第2期。

⑦ 赵振祥、王洁：《微博与微信：基于媒介融合的比较研究》，《编辑之友》2013年第12期。

⑧ 陈永东：《微信之于微博：是互补而非替代》，《新闻与写作》2013年第4期。

别为：夯实内容、推广吸粉以及研发应用[①]。以姚玉芹和田园为代表的相关学者主要以社会化媒体的传播规律作为关键出发点，明确提出政务微信应当具备的重要价值，其中既包括政民之间的有效交流，也包括信息传播效能的提升，除此之外，还包括催生普通民众的政治表达，保障政治的社会化。[②]

第六，基于微信的营销价值展开研究。例如有学者以出版业为研究对象，着重探讨推广微信营销过程中所需关注的问题，并有针对性地提出应对举措。[③]

2. 关于微信与舆论引导的研究

近几年来，新闻传播学界逐渐开始针对微信舆论以及引导展开了全新的探索，对于这方面的研究主要包含以下层面。

第一，围绕微信舆论的实际生成路径展开研究。张志安和束开荣在相关研究中发现，以单向溢出方式为主的微信信息能够形成相应的网络舆论场，这会对微信平台网络舆论场的生成与演化产生极为关键的直接影响。同时，他们还强调在微信舆论场中存在两大典型特征，其一为“圈层区隔”；其二为“层级互动”[④]。王玉珠针对微信舆论场提出如下观点：其衍生于复杂的人际社会网络，所展现的是庞大的微信用户群在面对相应的社会现象或者其他现实问题时所作出的反映[⑤]。王玉珠还进一步强调，必须针对微信舆论场展开更深层面的探究，她认为其形成过程主要是经过个人价值判断后的议题在公共场域“朋友圈”引发意见论争，再由与朋友圈相勾连的社会网络间接推动。[⑥]

第二，基于微信传播所导致的舆论影响展开研究。蒋琳认为在微信舆论中，比较容易出现渠道失灵或者典型的意见领袖认同模糊等相关风险，由此必

① 吴幼祥：《政务微信运维的三力模型》，《新闻战线》2015年第23期。

② 姚玉芹、田园：《试析政务微信的传播价值》，《现代传播》（中国传媒大学学报）2015年第10期。

③ 李晶：《微信营销，数字时代出版营销渠道探析》，《新闻界》2013年第20期。

④ 张志安、束开荣：《微信舆论研究：关系网络与生态特征》，《新闻记者》2016年第6期。

⑤ 王玉珠：《微信舆论场：生成、特征及舆情效能》，《情报杂志》2014年第7期。

⑥ 王玉珠：《微信舆论场的生成、效能及引导》，《中州学刊》2014年第10期。

然难以实现对圈内表达以及控制张力的有效把控。[①] 郭志杰主要以山东“非法疫苗”为典型案例，认为一旦微信舆论场出现传播管理失控，更容易引发负面影响，使人们对疫苗产生恐慌，导致民众对政府失去信任。[②] 程世平等认为，在微信舆论场中，目前比较普遍的现象就是信息来源不明，同时还缺少有效的监管机制。[③]

第三，将微信舆论与微博舆论进行对比。王玉珠主要以“东莞扫黄事件”作为典型案例，认为不管是微信传播还是微博传播，它们的互动关系，极大地促进了舆情的发展，所以必须实现二者的结合，才能真正实现对舆论的有效引导。[④] 雷跃捷和李会群聚焦于来自微信朋友圈的“人贩子一律死刑”这一言论，分析由此引发的舆情，认为：在步入融媒体时代之后，要形成全新的舆论引导格局，必须保障媒体以及两微之间的三方互动。[⑤]

第四，基于微信舆论的引导策略展开研究。陈燕着重探讨当前重大事件中，微信传播所形成的舆论引导，[⑥] 王若曦的《微信场域下舆论引导的路径探究》[⑦]、陈呈和靖鸣的《媒体微信评论的舆论引导探析》[⑧]、金妍的《引导微信舆论的路径探析》[⑨] 等论著，立足于不同的微观层面提出有针对性的应对举措，却未能基于宏观层面上对舆论引导的角色定位展开更细致、更深层次的分析。

---

① 蒋琳：《从“圈子社交”看微信舆论传播的风》，《编辑学刊》2016 年第 5 期。

② 郭志杰：《微信舆论场传播失范引发的负面舆论分析——以“非法疫苗案”传播为例》，《青年记者》2016 年第 20 期。

③ 程世平、张轩：《警惕微信舆论场中的“舆论暗潮”》，《人民论坛》2016 年第 21 期。

④ 王玉珠：《舆情事件中微博、微信的议题共生与变化——以“东莞扫黄”事件为例》，《新闻界》2015 年第 11 期。

⑤ 雷跃捷、李会群：《媒体融合时代舆论引导方式变革的新动向——基于微信朋友圈转发“人贩子一律死刑”言论引发的舆情分析》，《新闻记者》2015 年第 8 期。

⑥ 陈燕：《重大事件中微信传播的舆论引导》，《新闻界》2014 年第 13 期。

⑦ 王若曦：《微信场域下舆论引导的路径探究》，《新闻战线》2016 年第 14 期。

⑧ 陈呈、靖鸣：《媒体微信评论的舆论引导探析》，《青年记者》2015 年第 34 期。

⑨ 金妍：《引导微信舆论的路径探析》，《东南传播》2015 年第 6 期。

第五，基于微信治理这一视角展开研究。例如吴斌主要针对国内外新媒体治理理论展开了全面系统的梳理，并立足于社会整合视角，有针对性地提出了有效的微信治理举措。① 唐文成在其硕士论文中，探讨微信的治理情况，多与传播模式、现状等结合。② 刘永丹依托于微信群的舆情演化模型，以微信舆情为对象提出有效的监管方式，③ 此外，李志刚所关注的重点就是针对微信的行政监管以及相关的法律规制。④ 如果以当前微信治理层面的相关研究来看，很少有研究学者探讨其在新闻传播过程中存在的主要问题以及监管，这也为本书留有了充足的探讨以及研究空间。

3. 关于微信与突发事件的研究

伴随着朋友圈以及微信公众号的普及，学界逐渐将关注的焦点集中在微信与突发事件的关系上面，具体体现在突发事件中微信的传播特点、其中存在的主要问题以及有效的应对举措等方面。以黄杰为例，他所关注的重点就是微信的传播特征，着重探讨高校突发事件，并由此提出必须基于预警、处理以及反馈这三个角度完善相关应急机制，这样可以有效防范突发事件。⑤ 潘丽娜在其论文《微信在突发事件报道中的新作为——以雅安地震为例》中阐释微信在雅安地震中的重要功能，特别是组织救援功能。⑥ 王薇所关注的重点在于以微信、微博为代表的新媒体，在突发事件的新闻报道中所呈现出的全新特征。⑦ 夏明名特别强调，在突发事件的信息传播过程中，微信和微博应当充分发挥联动功

---

① 吴斌：《我国微信治理的理念与实践研究——社会整合论的视角》天津师范大学2015年硕士学位论文。

② 唐文成：《微信谣言的生成与治理研究》，广西大学2016年硕士学位论文。

③ 刘永丹：《基于Netlogo的微信群舆情演化模型实现》，《无线互联科技》2013年第11期。

④ 李志刚：《浅谈微信的行政监管和法律规制》，《法制博览》2014年第11期。

⑤ 黄杰：《微信环境下高校突发事件应对机制研究》，《新闻知识》2016年第5期。

⑥ 潘丽娜：《微信在突发事件报道中的新作为——以雅安地震为例》，《青年记者》2013年第32期。

⑦ 王薇：《新媒体时代突发事件的电视新闻报道策略探析——以“5·20”福州五一路楼房倒塌事件新闻报道为例》，《东南传播》2013年第7期。

能。[①]李飞雪以及赵梦婷主要以个案研究的方式，探讨微信公众号对突发事件中的相关报道。[②]

除此之外，以“微信与突发事件”为研究主题的硕士论文主要基于以下几个层面展开。石文萍在其论文中着重探讨的是在突发事件中微信用户的非理性特点，同时也包括分析集群行为的产生路径，基于此提出相应的引导模式以及引导策略。[③]李松丽认为，对于社会舆情而言，微信具有非常明显的热点发掘的功能，基于此创建热点信息分析模型。[④]王桂花主要依托于拉斯韦尔的“5W”模式，所探讨的重点就是当前政务微信的发展现状，以及存在的主要问题，同时提出具有针对性的解决方案。[⑤]程新雅以“昆明火车站暴力事件”为研究案例，着重探讨微信和微博在面对相同公共事件时，在信息传播方面两者存在的异同，并指出它们各自的优势和缺陷。[⑥]

当前，微信的使用范围仍然呈现出显著的增加，甚至已经延伸至海外。基于相关文献可以发现，国外针对微信这一新兴媒体并不存在较多的研究，仅有的研究也仍然以中国学者为主。

综上所述，从目前的学术研究成果来看，传播特性、营销策略、社会交往三个方面是微信的研究重点，并且其中涉及了以社会学、传播学以及舆论学为代表的多个不同学科，除此之外，研究视角也相对宽广，既涵盖了产生的原

---

① 夏明名：《微博与微信：突发事件传播中特点之比较》，《现代视听》2015 年第 2 期。

② 李飞雪、赵梦婷：《试论微信公众号“央视新闻”对突发事件的报道》，《中国广播电视学刊》2016 年第 12 期。

③ 石文萍：《突发事件中微信用户非理性集群行为引导研究》，山西财经大学 2016 年硕士学位论文。

④ 李松丽：《基于微信的社会舆论热点挖掘及分析模型研究》，华中师范大学 2016 年硕士学位论文。

⑤ 王桂花：《基于“5W”模式理论下政务微信研究——以公安政务微信“平安肇庆”为例》江西师范大学 2015 年硕士学位论文。

⑥ 程新雅：《公共事件中微博与微信传播比较研究——以“昆明火车站暴力事件”为例》，郑州大学 2014 年硕士学位论文。

因、具有的典型特征，同时也包括其中存在的问题以及有效的应对策略等诸多方面。但是有关“微信与灾难（或突发事件）”的研究在最近三四年才逐渐兴起，从微信的角度研究灾难新闻传播的文章还是寥寥无几，因此，这也成为本书选题的主要原因。

第三节　研究方法与实施路径

一、研究方法

根据以上研究思路，本研究采取了定性分析与定量研究相结合的方式，并借助舆情分析工具和统计软件，着重探讨当前微信平台的灾难新闻传播，所涉及的具体研究方法如下：

1. 文献分析法

依托于人民日报图文数据库、慧科新闻搜索研究数据库、CNKI 中国知网、Web of Science、Google Scholor 等途径获得了相关研究的中英文文献，由此充分明确了本书研究的逻辑起点，同时对相关概念作出明确界定，为本研究的后续分析奠定了基础。

2. 案例研究法

案例研究是探索难以从所处情境中分离出来的现象时所采用的一种研究方法，目的主要是通过对具有典型意义的个案进行研究，形成对某一共性（或现象）的较为深入、详细和全面的认识。① 本研究拟选取 2018 年 2 月刚刚爆发的

① ［美］罗伯特·K. 殷：《案例研究方法的应用》，周海涛等译，重庆：重庆大学出版社 2009 年版，第 172 页。

“海南雾灾”事件进行“深描”式研究，深入事件内部发掘几类传播主体在微信平台上建构事件的“细部”过程。虽然重大灾难往往聚焦了最多的政府和媒体关注，但是中小型的突发事件才是人们日常生活中的常态。

大雾是我国沿海频发的自然灾害之一，因为能见度低，极易诱发交通事故。本次雾灾情况严重，其中就伴生了一起撞船事故，造成2人下落不明。不仅如此，因为恰逢春节黄金周返程高峰，2018年2月15—19日期间琼州海峡共计停航8次，单次时间最长约为11小时，由此造成的次生灾害尤显特别：海口的秀英港、新海港和南港附近一度滞留上万辆汽车，数以万计的游客被困马路。因此，此事引起了举国上下的强烈关注。大雾在中国南部沿海影响范围广、出现频次高，受堵的数万名游客来自祖国的天南海北，因此本次大雾造成社会影响也不仅仅局限于本省。故以本次“2·15海南雾灾”为例研究中国的灾难新闻传播具有典型意义。

3. 内容分析法

内容分析法是社会学的一个重要的研究方法，也广泛用于大众传播学领域。作为非介入性的研究方法，内容分析法是对被记载下来的人类传播媒介的研究，其研究对象既包括书籍、网页，也包括信件以及法律等多个成分或集合。[①] 首先，利用搜狗微信搜索和清博大数据等工具进行资料数据的收集，对样本进行分类编码和SPSS数据统计，并由此展开内容分析。

4. 文本分析法

针对每篇样本的具体呈现形式进行文本分析，剖析出微信平台上的公众、媒体、政府三类不同传播主体在对同一灾难事件进行新闻报道时的议题侧重和态度倾向。

---

① ［美］艾尔·巴比：《社会研究方法（第十一版）》，邱泽奇译，北京：华夏出版社2009年版，第319页。

二、研究路径

本书以我国微信平台上的灾难新闻传播作为研究对象，结合前人的相关研究成果，重点分析传播主体的框架互动与竞合、传播模式的形成与表现、传播效果的影响因素、现存的问题以及反思建议。本书的研究思路，如图 1–3 所示。

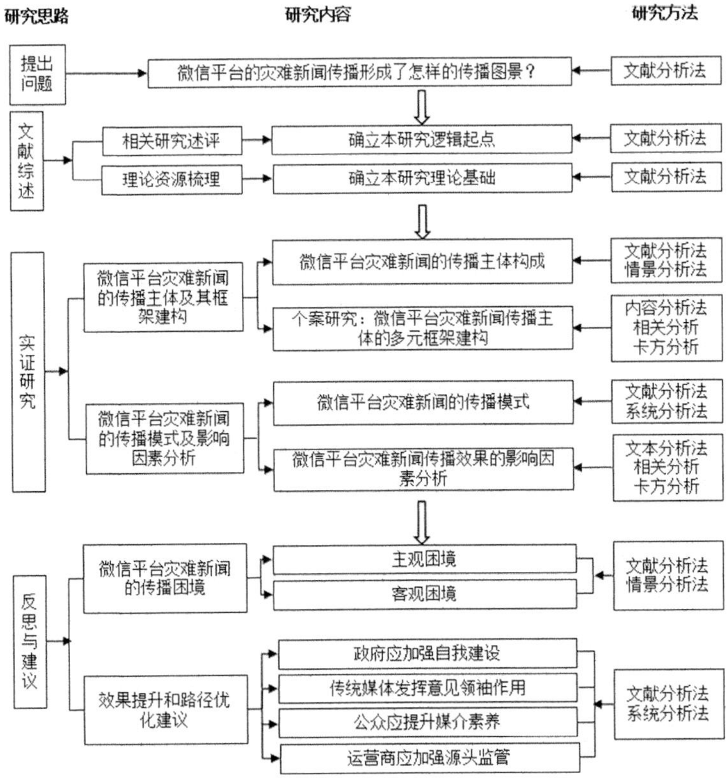

图 1–3　本研究技术路径

具体而言，本书对微信平台的灾难新闻传播，进行如下逐层探讨：

第一章：绪论。介绍本书的研究背景，提出研究问题，阐述研究意义，并结合国内外的研究成果梳理，确立本书的研究思路以及所涉及的具体研究方法。

第二章：基于已有文献的梳理，对灾难、灾难新闻、微信、平台型媒体等核心概念进行学术界定，并提出本研究的主要理论来源：利益相关者理论和框架理论，为后续的论述与研究奠定基础。

第三章：基于框架理论的视角，对政府、媒体、公众这三个主体在微信平台上的灾难新闻传播实践在进行实证研究。结合典型案例、采用内容分析法，考察不同主体的新闻框架，并对他们在微信平台上传播行为的互动关系展开分析。

第四章：从微观角度出发，勾画灾难新闻在微信公众平台上的传播轨迹，并借鉴前人的媒体显著性研究成果，利用SPSS统计分析方法，考察影响微信平台灾难新闻传播效果的几种可能性因素。

第五章：通过对前面文献的梳理和实证研究的总结，分析灾难新闻在微信平台上的现存困境，并尝试提出一些建设性的解决方案。

最后的部分是结语，对全文内容进行总结，说明本书的不足之处，同时对未来研究的可能发展方向进行展望。

第二章　核心概念与理论来源

在本书进入实证研究之前，有必要先厘清灾难与灾难新闻的概念、辨明灾难新闻的各种社会功能，同时理解微信的属性和特征，以及它作为一种平台型媒体在当代中国社会各方面发挥的显著作用。唯有这样，才能结合两者的特点进一步展开研究，探讨经典的新闻题材“灾难”在新兴的平台型媒体“微信”平台上的传播形态和路径影响。

第一节　灾难新闻

一、灾难新闻的定义及特征

（一）灾难的概念界定

对于“灾难”一词的定义和解释，已经有诸多学者给出过不同的答案。但是依然很容易和其他一些近义词混淆，故本书的论述先从一组关键词的界定开始。

社会学者 S. Fritz 曾经提出这样的观点：“灾难的发生，立足于特定的时空，是具有典型性的社会事件，会对整个社会或者某一区域产生极为严重的破坏，会引发人、财、物的损失，甚至有可能导致社会结构的瓦解，使其丧失某些重要功能。”①

孟昭华是我国著名的灾荒史研究专家，他对于“灾难”的定义是：一种源自于自然界或者由于人为而导致的苦难。② 田中初进一步作出如下阐释：由于自然引发或者人为导致的重大伤害，会直接威胁人们的生命或者其他方面。③ 在《现代汉语大词典》中则着重突出了“天灾人祸”的概念，由此区分出灾难的两大类型：自然性灾难和社会性灾难。自然性灾难，也就是所谓的“天灾”，主要源自于自然界，这些是人类无法抗拒的力量，并非由于人为因素而导致，比如台风、水灾、沙尘暴、火山爆发等。社会性灾难，也就是所谓的“人祸”，着重突出人为因素，或者是由于社会矛盾积累而导致的突发性事件，其中既包括空难、海难、矿难，也包括恐怖活动以及战争，甚至还包括普通的交通事故以及楼桥倒塌等，这些都可以归类于重大的刑事案件或者责任事故。④

对灾难这一概念的界定，虽然难以达成一致，但是对于相关研究者而言，普遍认为灾难是一类能够对社会常态产生破坏的事件，应当具备五个共同特征，突发性、破坏性、不确定性、紧迫性和信息不充分。⑤

从公共管理学角度来看，灾难本质上属于突发事件的一类。2005 年，国家正式针对突发公共事件制定了总体应急预案，并通过审议；2007 年,《中华人民共和国突发事件应对法》正式通过，其中针对“突发事件”的定义作出了明确界定：它是指“突然发生、造成或者可能造成严重社会危害，需要采取应急处置措施予以应对的自然灾害、事故灾难、公共卫生事件和社会安全事件”。自此开始，在我国的相关研究中，一般以此定义为标准，本书研究同样如此。

---

① 王蕾：《论我国灾难新闻报道理念的转变》,《新闻大学》2008 年第 4 期。

② 孟昭华：《中国灾荒辞典》，哈尔滨：黑龙江科学技术出版社 1989 年版，第 90 页。

③ 田中初：《新闻实践与政治控制：以当代中国灾难新闻为视阈》，济南：山东人民出版社 2005 年版，第 4 页。

④ 沈正赋：《灾难性事件报道方法论初探》,《新闻战线》2003 年第 9 期。

⑤ 田中初：《新闻实践与政治控制：以当代中国灾难新闻为视阈》，济南：山东人民出版社 2005 年版，第 4—5 页。

突发事件不仅会给人们的生产和生活带来一定的负面影响，甚至还有可能引发次生灾害。国务院颁布的《特别重大、重大突发公共事件分级标准(试行)》中还将各类突发事件按照可控性、危害程度、波及范围、影响力大小、人员及财产损失等因素将突发事件由高到低划分为特别重大（Ⅰ级）、重大（Ⅱ级）、较大（Ⅲ级）、一般（Ⅳ级）四个级别，并依次采用红色、橙色、黄色、蓝色来加以表示。所以，立足于不同的领域，必须创建并完善应急管理机制。

灾难同时也是一种后果严重的公共危机。约翰·杜威曾经提出过这样的观点：对于人类个体而言，时刻身处于危险的世界中，所以必须要寻求安全。① 由此也就意味着，当危机来临之时，怎样才能完善应对举措，怎样才能实现对事件的有效处理才是人们真正关注的议题所在。在过去的数十年中，学界针对危机这一词汇展开了不同的论述和界定，以赫尔曼、罗森塔尔、巴顿为代表的管理专家立足于不同的视角，充分揭示了危机的共同属性，其中既包括紧迫性和不确定性，同时也包括威胁性等方面。② 因此作为相关决策者必须迅速应对，尽可能将危害降至最低。

危机的种类繁多，对于政府而言，其所需要应对的危机一般被称之为公共危机，或者也可以叫作公共突发事件，对于全社会而言，它们具有明显的突发性以及公共危害性，除此之外，其所波及的范围较广、牵涉的群体较多，甚至会影响整个国家的正常运行。

综上所述，对比灾难、突发事件与危机的三者概念可知，灾难既属于一种突发事件，又是一种后果严重的公共危机。三者具有极大的交叉性，很难进行严格区分，因此，在现实生活中，灾难往往具有突发事件和危机的部分特征，人们在应对灾难时可以参考国家有关突发事件的法规条例，或者借鉴危机传播与治理的某些理论资源和实践经验。因此也可以这样理解，无论是政府、媒体还是公众，都有必要充分把握灾难典型特征，并由此作出应急反应及有效应

① [美]约翰·杜威：《确定性的寻求》，傅统先译，上海：上海人民出版社 2005 年版，第 3 页。

② 胡百精：《危机状态下的议题管理》，《国际新闻界》2006 年第 3 期。

对。因此，对于灾难的新闻报道才成为新闻媒体重点报道的内容之一。

（二）灾难新闻的定义与典型特征

学界关于灾难新闻的定义也莫衷一是。有人认为，灾难新闻就是灾难报道，指的是对灾难性事件的报道。① 学者王润泽解释如下，灾难新闻报道是指对地震、飓风、洪水、火山爆发、恶劣天气等主要由非人为因素造成的灾难，以及主要由人为因素造成的恶性事故，如火灾、矿难、车祸、空难、海难、建筑物倒塌、瘟疫等的报道，② 因而，对应前文中“灾难”的概念，笔者综合学界的观点，把“灾难新闻”定义为：“关于自然性灾难和社会性灾难的新闻报道”，它是一种具有明显独立性的新闻题材，其涉及的主要内容既包括灾害的孕育、发生，也包括灾害的发展以及有效预防，甚至还包括具体的减灾抗灾过程。从新闻价值上看，这一主题涵盖了几乎所有体现新闻价值的关键要素：突发性、显著性、异常性、重要性、接近性。③

从目前的文献看，除了“灾难新闻”和“灾难报道”之外，还有两组近似的名词容易与之混淆：“灾害新闻”或“灾害报道”“灾祸新闻”或“灾祸报道”。从历史上看，我国从来就是一个多灾多难的国家，因此，就自然生出了灾害新闻这一类别，同时还在主流媒体中占据着极为关键的地位，只不过这里的灾害单纯指的是自然灾害。如果基于上文中关于灾难的阐释，很显然灾害新闻属于灾难新闻的范畴，却无法替代灾难新闻。

对于灾难新闻或者是灾祸新闻而言，它们所指的具体对象可以重合，只是称谓习惯存在差别而已，所以大部分出现在台湾学者的著述中。现在，学界更普遍地使用灾难新闻的提法，它与灾难报道一起成为当代国内学界约定俗成的习惯称谓。

---

① 田中初：《新闻实践与政治控制：以当代中国灾难新闻为视阈》，济南：山东人民出版社 2005 年版，第 5 页。

② 王润泽：《探寻灾害报道的模式突破》，《中国记者》2006 年第 9 期。

③ 虞达文：《新闻心理学》，北京：新华出版社 2001 年版，第 208 页。

综上所述，灾难新闻具有不同于其他类型新闻的典型特征：

第一，明显的社会新闻属性。对于灾难新闻而言，它和民众的日常生活以及生命安危存在紧密关联，所以能够引发较为普遍的关注。

第二，典型的负面新闻属性。它所报道的相关内容会突出其破坏性。需要注意的是，负面性指的是新闻内容，而并非最终的结果。由于历史原因，在较长一段时间内，中国针对灾难新闻大都采取保守的报道态度，以正面宣传取代负面性报道，甚至还会掩盖部分灾难的实际情况。

第三，显著的突发新闻属性。其发生不期而至，因此难以做到有效预防和提前准备，这也是导致其破坏性较大的关键原因。

第四，明确的问题新闻属性。一旦灾难发生必然会引发诸多问题，吸引来自社会各界的关注，因此针对问题的及时处理和有效解决便成为关键核心。

基于上述灾难新闻所独有的特殊属性，使其始终占据着新闻报道的核心地位。虽然灾难的爆发往往不期而至，以至于灾难新闻的报道也时常呈现出毫无规律的突发特点。但媒体在对灾难事件进行报道的过程中，必须要确保内容的准确性和客观性，能够真实地还原灾难事件。除此之外，社会各界也期望媒体可以立足于科学的报道主旨，从中发掘引发灾难的关键原因，并提出有针对性的预防举措。

二、灾难新闻的社会功能

对于社会公众而言，往往会对“和自身利害相关的”新闻产生极大的关注，特别是潜在的影响性以及危害性，其关注程度仅仅排列在国家政治大事以及战争等相关报道之后。① 千禧年之后，全球爆发了多次规模较大的灾难，其中既包括美国的“9·11”事件，也包括我国的“非典”疫情和印度洋的大海啸，除此之外还有全球金融危机、东日本遭遇强震、海啸随之引发核泄漏的三重灾难。近十年，我国更是经历了2011年的“7·23甬温线特大铁路交通事故”、

① 虞达文：《新闻心理学》，北京：新华出版社2001年版，第208页。

2013年的“4·20雅安地震”、2015年的“天津港大爆炸”和“东方之星客船倾覆事件”……这些突然而来的灾难，一时间占领了世界范围内各大媒体的头条，成为备受关注的焦点所在，与此同时，各国主流媒体也在争夺话语权的过程中展开了多方博弈，这些都充分凸显出灾难新闻所具有的特殊地位。按照灾难新闻对社会影响的前后关系，灾难新闻的功能也由浅层次的信息告知、知识传播，逐渐延伸到深层次的激励、反思和舆论引导功能。

（一）信息告知功能

媒介具备的信息传播功能是其他所有功能发挥作用的基础和前提。假如新闻媒体无法给公众带来精准可靠的信息，那么必然没有了存在的意义。人们搜索、查看、浏览相关新闻和信息，目的在于获得对个人有益的信息，基于此来掌握社会出现的变动。不管是“人祸”还是“天灾”，均是一种难以预计的威胁或损害，而信息是受众作出决策的根据，所以人们天然地会关注灾难信息。因此，灾害新闻更加要实现信息传递的基本功能。

灾难一旦发生，由于其和个人切身利益存在密不可分的关系，因此民众急切地希望了解有关事件的所有情况，比方说亏损程度、波及范畴、形成原因、影响程度、伤亡人数等，以及政府和社会各界的救助行为等。此时，只有足够真实、客观和充分的信息才能抚慰民心、消除不安、满足人们的知情权。

“知情权”是公民受《中华人民共和国宪法》保护的基本权利。2017年10月，习近平在党的十九大报告里明确指出“保障人民知情权、参与权、表达权、监督权等”，新闻媒体是中国至关重要的信息传递媒介，因此应当负担这一职能。

灾害事件出现之后，民众首先期待由媒体处获得和事件有关的各类信息，就像梅尔文·德弗勒曾经说过的：“在社会客观环境产生具有胁迫性、状况不明、快速变动的情形时，人们对媒体的依附性会明显增强。”[①] 新闻媒体凭借其

① ［美］梅尔文·德弗勒等:《大众传播学诸论》，杜力平译，北京：新华出版社1990年版，第353页。

专业化的新闻生产与组织效率，可以最快的速度向公众传达最新的灾难信息。此外，从新闻学的角度来看，灾难事件总是格外受到人们的关注，因此灾难新闻都具有较强的可读性——满足受众的需求是媒体进行灾难报道的一个重要原因。尽管从本质上来说，我们并不希望灾难发生，但实际上，许多灾难的出现并不会受到人类主观意志的影响。假如出现了灾难，对新闻媒体而言，收集消息、传递进展、发掘事实，均是灾难性新闻题材报道的重点。具备吸引力且价值含量高的灾难类新闻，是影响舆情必不可少的推动力。新闻媒体对外发布的相关新闻消息有利于化解公众对突发灾难的畏惧感，进而对灾难事件能有一个清晰的认知，并采用行之有效的自我保护行动。所以对新闻媒体而言，报道灾难事件时，应该以公众的需求为出发点，综合运用消息、特写和调查报告等诸多体裁，增加灾难新闻报道的广度和深度。

（二）知识传播功能

施拉姆指出：“媒体最主要的一项功能即为社会化，也就是说，利用媒体传播先进经验与专业知识，以提升公众的教育水平。”[①] 新闻不光是用来传递信息的，灾难新闻的传播更重要的是教会人们在碰到类似事情的时候应该怎么做。灾难事件具备的显著特征，首先是突发性；其次是破坏性。假如能够提早将灾难防御和应对知识进行普及，那么在出现突发性灾难时，公众便能够迅速寻找自我救助的方式，尽量规避亏损。

由社会发展现状的水平来看，灾害事件的防范和应对能力是判别公众科学素养必不可少的标准。现如今，各类学校在对灾难事件防范、应对及自行救助举措进行宣传和普及时，力度明显较弱，并未获得预期的教育成效。因此，承载着社会化职责的新闻媒体应当承担起普及相关知识的重任，使公众能够掌握自行救助方式，在灾害事件出现时，能够正面应对，不害怕、不畏惧，在急迫情形之下，有效地保护自己和帮助他人。相反，没有接受过科普教育的人，在

① 童兵：《理论新闻传播学导论》，北京；中国人民大学出版社2000年版，第106页。

危难发生时，很容易惊慌失措、错失逃生良机。例如2010年11月15日上海市胶州路所爆发的大型火灾，根据遇难人员的死因报告可知，大部分遇难者是因为窒息死亡的，特别令人讶异的是三名遇难者死亡地点为卫生间，假如他们知道怎样自行救助，其实是大有机会逃出危险之地。

每次出现传染病、水灾、泥石流、地震等严重的灾害事件时，应当第一时间为民众普及相关科学知识和逃生手段。新闻媒体除了要精准、快速的报道灾难救助进度，还需要负责解答疑惑的任务。比方说在出现重大地震事件时如何逃生？如何确保安全？如何和失联亲人进行联络？如何用积极向上的态度来应对突发性灾难？由新闻媒体来传递自救知识和逃生手段必然具备有效性，一方面能够提升民众的科学素质；另一方面可以化解流言在人们心中形成的恐慌。

1998年爆发了特大洪灾，中央电视台在对该事件进行报道时，诚邀了医疗卫生、水利工程、心理健康等诸多领域的专家学者，利用电视栏目来为公众传播相关科学知识，使公众了解怎样化解危险、正确应对。2004年爆发了印度洋海啸之后，《人民日报》率先发布了《什么是海啸》等系列文章，为公众阐释了重大灾难出现的成因，就印度洋海啸能否殃及中国沿海区域对民众作出了及时的科普，消除了民众的恐惧感。

良好的新闻消息能够使公众受到启示，学习到崭新的知识，新闻媒体应当发掘出信息的深度含义。所以，灾难新闻也应该承担“解答疑惑”的职责，提升民众甄别、利用信息的能力，并利用科学知识的传递，对公众作出正向的指导。

（三）组织激励功能

灾难是人类和自然、人类和社会之间的关系失调、矛盾激化的体现，会引发不良的社会影响。灾难爆发后，不论是灾难的经历者还是灾难的关注者都会受到不同程度的心灵挫伤，伤感、痛苦、难受等诸多负面情绪会因为人员死伤及财产亏损的增长而逐渐表现出来，所以对民众的情绪进行疏导必不可少。怎样使民众摆脱灾难的负面影响、用积极的态度来迎接崭新的生活，是新闻媒体进行灾害报道时应该履行的另一项重大职责。可以这么说，“精神救灾”的重要性绝不亚于物质救灾。

当灾难消息四处扩散传递的时候，通常会使处在分散状态的社会主体力量被整合在一起，共同应对突发灾难，齐心协力、众志成城、彼此信赖，协助遭遇灾害的民众摆脱困境、直面挫折、迎难而上，这本身便是一种促进社会深度融合的科学方法。灾难报道的主要意图之一就是唤醒公众的主体意识，激发其重建精神家园的动力，将人类的潜能发挥到极致。

灾难极易使人产生紧张和受威胁的感觉，但同时也会鼓舞民众团结一致、攻克难关。直面挫折与应对挑战是人类生来就有的可贵品质，大量实践证实：不管什么时候，每当社会出现重大灾难，在新闻媒体传递出相关信息之后，人们便会迅速组织起来形成反击力量。正确看待灾难并直面挫折，激励作用就会凸显出来。不管是何种灾难事件，当新闻媒体对受灾状况进行报道之后，均能吸引社会各界的关注，并进而组织起有序的灾难救助活动。2008 年中国汶川地震发生后，全球各地的许多政府、组织和个人在看到相关的新闻报道之后，利用政府、社团、慈善组织等诸多渠给无数灾民提供了各项援助。

我国的灾难新闻报道历来重视组织激励这方面的工作，这和国内媒体一直坚守的“将正面报道当成舆论导向的原则”具有密切的关系。纵观我国这几年对灾难事件所作的新闻报道，各大媒体在整合社会各界力量、加强民众向心力等诸多方面发挥出了不容小觑的作用。例如 1998 年团结一心应对长江特大洪灾、2003 年举国抗击 SARS 疫情、2010 年甘肃舟曲泥石流全国爱心接力等，其间涌现出一大批激励人心的优秀灾难报道。

（四）反思警戒功能

反思指的是回顾过往，对之前发生的事件予以思索，吸取经验和教训，总结成果。灾难新闻所承载的反思功能指的是利用灾难新闻的传播，使公众可以明白灾难产生的原因，共同处理灾难带来的一系列问题，加快实践的发展，减少下一次灾难带来的伤害。

依据灾难事件具有的阶段性特征，可将灾难新闻报道划分成事前、事中与事后三种。灾害新闻所具备的反思功能一般表现于事后报道上。灾难救助工作结束之后，新闻媒体可对导致灾难发生的原因进行反思，既包含直接成因，也包含根本原因，既要探究是否源于天灾，还要分辨是否属于人祸。除此以外，也要对实施救援的行为过程中暴露出来的问题作出反省。

灾难的出现，从另一个角度来看也是对公众进行科普、加强教育的良机，灾难事件越严重，人们的主观印象就会越深，甚至会对自己所处的环境与面临的生存问题作出反思。媒体应当充分抓住公众心理与行为出现变动的机会，在民众最易受影响的时期，对其传递正确的价值观，清除社会中存在的陋习，加强人们的公德意识，这样才能获得预期的教育效果。例如，面对自然环境变化所引发的自然灾害，大众传媒的灾难新闻传播能够引导人类不断反思，审视个人行为，避免重蹈覆辙。地震、洪灾、泥石流、沙尘暴、台风、传染病等诸多灾害对人们生活的环境造成了巨大的破坏，促使人类开始审视自己和自然之间的关系，转变了传统的生存观念，形成了环保的发展理念，防患于未然，对自然资源有序运用，避免引发诸多未知的环境灾难。在面对因社会原因造成的灾难时，媒体同样也要引导公众作出反省：当新闻媒体对灾难事件进行报道的时候，要将引发灾难的人为因素客观而完整地呈现出来，使人时刻警钟长鸣、抵制不良行为的蔓延。

（五）舆论引导与监督功能

1948 年，拉斯韦尔在其编写的《传播在社会中的结构和功能》这篇文章里，认为传播在整个社会里扮演着“瞭望哨”的角色。[①] 国内的新闻媒体就如同站在国家这艘船上的眺望者，无论何时，都在洞察航行过程中出现的不测风云。在灾难来临之时，向船中的乘客与船长发送安全警报。基于此，舆论引导与舆论监督这一对新型概念便应运而生。

---

① 郭庆光：《传播学教程》，北京：中国人民大学出版社 1999 年版，第 113 页。

舆论引导，指的是利用新闻媒体进行报道，从而影响舆论的走向，防止舆论被误导。2011年，日本东海岸爆发了地震，震级高达9.0，致使福岛核电站出现了泄漏事件。但令人讶异的是，邻国发生的灾难事件却使我国民众掀起了一股抢盐的热潮。究其原因，在于两个谣言：第一，食盐里有碘元素能够防止核辐射；第二，日本的核辐射会减少中国的食盐产量，将出现供应匮乏的状况。在这一情形之下，迫切需要新闻媒体将其具备的舆论引导功用充分发挥出来，一方面能够消除谣言引发的负面影响；另一方面能够减少恐慌、稳定社会秩序。

实践证明，当灾难爆发后，媒体通过对灾难新闻的报道内容、报道方式及报道强度的选择侧重，进行议程设置或者框架建构，就能一定程度上有效地引导舆论。因此，灾难新闻的舆论引导应包括三点：树立良好的政府形象，使其正面形象深入人心，加强政府应对突发灾难的权威性；引导公众互相帮助，齐心协力，积极参与灾难救助工作；平稳民众情绪，正确引导社会舆论，推动灾害救助工作有序开展。①

舆论监督，指的是公众利用新闻媒体对政府机关、国家公务人员、社会名人和所有关于公共利益的相关事件予以批判，提出建设性意见与建议，通过舆论使社会行为朝着规范化、法治化的良性道路运转，它的重点为“公共利益”。在对新闻媒体是否发挥出了舆论监管功能进行评判时，仅需考量其是否将公共利益作为基准，是否反映了社会的客观现实。

纵观新中国成立以后的新闻发展史，媒体发挥舆论监督最具代表性的案例为1987年《中国青年报》有关大兴安岭重大火灾所作的《红色的警告》《黑色的咏叹》《绿色的悲哀》三色系列报道。这些报道反映了火灾所暴露出来的官僚体制的问题，批评了官僚主义在火灾中的表现，一时间在国内产生了强大的舆论浪潮，这表明主流媒体在面对灾难事件时，将公共利益作为出发点，反映社会真实、针砭时弊的社会责任和专业素养。

---

① 陈朝晖：《灾难报道的理念、方法与作用》，《城市党报研究》2009年第6期。

第二节　微信平台

如果说传统的媒介组织，也叫作媒体，通常在传媒领域其扮演的角色为内容供应商与渠道运作商。那么平台型媒体，也称为媒介平台，却是融集成资源、响应需求和创造价值于一体的综合服务提供商，它一种全新的媒介组织。[①]微信从本质上看，应该归属于平台型媒体。

一、平台型媒体

喻国明指出，现如今社会正处在利用传统媒体转型来实现稳定发展的崭新阶段，传统的发展思维无法继续执行，网络思维变成了目前媒体发展的保障。事实上，“媒体转型融合发展的主流模式应该是与互联网逻辑相吻合的平台型媒体”。[②]

平台原本属于工程学领域的一项概念，它是指为方便开展生产活动、建设工程所设定的工作台。包含了一层“使某项活动能够正常运作的支撑”含义，之后被引入经济学方面，形成了平台经济学。[③]这几年，这一新兴的概念逐渐被引进至传媒领域。

平台型媒体（Platisher）的含义为何呢？这一新兴的词汇实际上是平台商与出版商组合所产生的。2014年，美国学者乔纳森·格里克在其撰写的《平台型媒体的崛起》这篇作品里，第一次提出了平台型媒体的概念。[④]2014年9月，美国自由撰稿人Digidday对平台型媒体的定义作出了目前最佳的阐释：“平台型媒体是指既拥有媒体的专业编辑权威性，又拥有面向用户平台所特有开放

---

① 谭天：《基于关系视角的媒介平台》，《国际新闻界》2011年第9期。

② 喻国明：《基于互联网逻辑的媒体发展趋势》，《人民日报》2015年4月19日第5版。

③ 谭天：《基于关系视角的媒介平台》，《国际新闻界》2011年第9期。

④ 李嘉卓：《产消者：融合时代平台型媒体的核心》，《青年记者》2015年第7期。

性的数字内容实体。”[①] 简单来说，平台型媒体不仅仅依附于其自身力量制造信息内容并予以传递，还搭建了有序运作的平台。在平台之中包含很多规范服务与均衡力量，而且面对全部内容与服务供应者无偿开放，不管是大型单位或个体，它们的独特价值均可以在平台中完全呈现出来。所以一些学者指出，平台型媒体是基于平台战略而形成的自组织在线社会信息传播系统。[②]

基于此，平台新媒体的实质为“自由度高、具备社会属性的开放性服务平台。”优秀的新闻如果想被用户所接收，必须要达到用户的基础需求。将用户作为核心，融合其社交圈，确保在用户社交需要被满足的过程中能够获得新闻信息，利用整合优秀内容制造商所供应的新闻产品，达到新闻的集中化获得，真正提升用户得到新闻信息的便捷程度，使用户享受到优质的服务。[③] 比方说微信和Facebook，就媒体性质而言，两者均属于内容聚合媒体，并非内容生成媒体。它们融合的内容不但来源于用户生成内容，而且包含微信公众号和Instant articles等新型的新闻产品。在此之中，Instant articles来源于内容制造商所提供的高品质新闻产品，特别是《纽约时报》等拥有良好信用、知名度高的传统媒体，化解了新闻权威性不足等诸多问题。而在微信公众号的运营者阵营中，传统媒体尤其是主流媒体始终占据影响力排行榜的前列，传统媒体的微信公众号推送的文章，也属于专业化的新闻生产者制造的新闻产品，使用户在微信平台上既满足了社交需求又实现了新闻获取。

与大多数传统媒体不同的是，因为微信、微博、Facebook等诸多媒介平台拥有不计其数的用户，在数量方面占据明显的优势，因此其能够利用解析海量用户的大数据，精准的掌握用户的各类需要，从而有针对性地为其供应其所需

① 喻国明、焦建、张鑫：《“平台型媒体”的缘起、理论与操作关键》，《中国人民大学学报》2015年第6期。

② 吕尚彬、戴山山：《“互联网+”时代的平台战略与平台媒体构建》，《山东社会科学》2016年第4期。

③ 喻国明、焦建、张鑫：《“平台型媒体”的缘起、理论与操作关键》，《中国人民大学学报》2015年第6期。

新闻产品，一方面达到了用户的需要；另一方面平台也能从中获利。

平台型媒体是基于对用户绝对开放的前提下，将合适的计算方法和专业的编辑运行融合在一起所形成的媒体形态。它对全部的内容与服务供应者自由开放，包含机构与个体，许可全部用户在公共平台中生产与制造内容，进行新闻信息的流转和传播。每个人都能各得其所，在上面找到自己的通道、找到能够激发自己活力的资源。

从媒介的社会职能分工来说，平台新媒体承担的职责为综合服务的供应，它集技术类平台的自由特征和传媒领域的把关特性为一体，具有如下特点：①

其一，开放。在互联网思维之下，各类媒体如果想稳步发展，应当将开放放在核心位置。对平台型媒体来说，其开放需要实现去中心化，不但要在内容方面对外开放，而且要在技术方面对外开放。代表性案例为苹果商店。

其二，激活。平台型媒体通过对所有有形资源与无形资源、价值要素与市场要素予以整合，使原本不存在任何关联、很难高效运用的资源由于网络的交互功能得以激活，发挥出重要的作用，凝结成一股强大的力量。代表性案例为维基百科。

其三，服务。平台型媒体利用增值与基础服务这两项，一方面可以使用户自觉加入内容制造活动里来；另一方面能够利用双向交流途径对信息予以传递，以达到用户多样化的社交需求。此外，也能利用整合专项服务、技术支持等，达到传播内容的差别化、个性化、精准化、智能化，进而为用户增加价值，实现商业化运作。代表性案例为喜马拉雅电台。

不管是传统、新兴媒体或者是网络技术平台，都展开了平台型媒体之路的积极探索，“平台 + 服务”将成为媒体融合趋势的主要特征。就平台型媒体来说，它的用户既包括受众和消费者，也包括传播者和生产者。除了信息流和用户之外，更重要的是用户关系。因此，笔者按照用户之间交流对象的不同类

---

① 邵林：《基于互联网逻辑的平台型媒体研究》,《南京邮电大学学报》（社会科学版）2015 年第 4 期。

型，将国内目前最具代表性的平台型媒体分为以下四类：

表 2-1　国内平台型媒体的基本分类

平台型媒体类型	典型代表
社会化媒体	微信、微博、知乎、豆瓣、腾讯QQ、百度贴吧
资讯门户	今日头条、北京时间、一点资讯、趣头条
视频媒体	搜狐视频、优酷、哔哩哔哩、快手、火山小视频
音频媒体	酷狗音乐、荔枝电台、喜马拉雅FM、网易云音乐

“微信之父”张小龙始终坚持的“去中心化”概念，暗示了微信与平台型媒体存在密切的关联。事实上，微信早已具有平台型媒体的初始状态：微信用户自觉地通过平台来表达个人的诉求，创造与供应内容，各界学者、新闻媒体也利用微信平台来发表个人的原创作品，而微信平台对诸多内容予以把控、挑选，最终对外发出。它的用户是不计其数的，信息传递范畴较广，大数据计算方法非常准确。由于许多内容被整合在一起，并依据用户的偏好来精准发送，使得用户的忠诚度明显加强，越来越多的内容制造商进入平台中来，加快了平台型媒体的有序运行。①

二、作为平台型媒体的微信

基于内容聚合、用户关系为导向的微信，显然具备平台型媒体的“开放、激活、服务”的特征，因此，学界和业界普遍把微信作为平台型媒体的典型代表。为了便于称呼与写作，笔者把作为“平台型媒体的微信”，在文中有时候简称为“微信平台”或“微信平台媒体”，三者含义相同。

在继续展开微信平台的灾难新闻传播讨论之前，有必要先厘清有关微信与几个易混淆概念的关系。

① 郭一鸣：《刍议平台型媒体的发展历程及运营模式》，《记者摇篮》2017年第8期。

表 2-2　与微信有关的几个概念释义

相关概念	时间 / 标志性人	内涵	与微信的关系
新媒体（New Media）	1967/P.Gold Mark	新媒体这一名词最早出自 P.Gold Mark 之口，关于它的定义至今尚未统一。它其实是一个相对概念，随着科技发展，几乎每隔一段时间就会涌现出一种新的媒介：诸如电视媒体相对于广播媒体，网络媒体相对于电视媒体而言，均可归为新媒体。但随着网络技术的发展，新媒体特指互联网技术所衍生的数字化互动式媒体形态。①	微信隶属于新媒体
自媒体（We Media）	2003/Shayne Bowman，Chris Willis	指普通大众在数字科技不断发展、全球知识体系连接不断紧密的情况下，相互提供与分享自身的发现、经历，并由此产生的新闻的新途径。②	微信平台的活动主体之一
社会化媒体（Social Media）	2010/Kaplan A M，Haenlein M	基于 Web 2.0 的技术和意识形态构建的，允许用户创造内容并交换意见的互联网应用集群。③	微信隶属于社会化媒体
Web 2.0	2004/Dale Dougherty	随着新的网络应用网站的逐渐涌现，网络比以前更加重要，“com”虽然破灭了，但是他的破灭却成了 Web 的一些转折点，这一新的景象可以用 Web2.0 来描述。④	Web2.0 是微信与社会化媒体的技术基础

由表 2-2 可知，微信与新媒体、自媒体、社会化媒体、Web2.0 都有一定的意义相关，但作为本书研究的对象，笔者重点考察微信作为平台型媒体的特质和表现。

① 匡文波：《新媒体概论》，北京，中国人民大学出版社 2012 年版，第 4 页。

② Shayne Bowman, Cris Wills, *We Media: How Audiences Are Shaping the Furture of News and Information*, The American Press Institute, 2003, p.98.

③ Kaplan A M, Haenlein M, “Users of the World, Unite! The Challenges and Opportunities of Social Media, *Business horizons* vol. 53(1), 2010, pp.59–68.

④ 维基百科：Web 2.0，https://zh.wikipedia.org/wiki/Web_2.0，2018 年 2 月 1 日。

（一）微信的诞生与发展

1. 微信的概念

2011 年 1 月 21 日，腾讯企业研发出了微信，它是智能化手机聊天应用软件，能够对外发出视频、文字、语音、图片等，搭载了群聊、转发等诸多功能，而且使用的流量非常少，所以在短期之内，微信冲击了过去人们采用的短信等诸多联络形式，变成了智能手机用户最为主要的交流媒介。通过很长时间的发展，微信依附于其完善的功能、大力宣传与推广、方便快捷的交流方式，满足了越来越多用户的需要。截至 2018 年 2 月底，其累积的用户规模达到了十亿，发挥出了令人惊叹的影响力，引发了学术界的广泛探讨和关注。现如今，学术界对于微信所做的界定主要有三种观点：

第一种观点来自腾讯微信官方，定义为：“微信是一款跨平台实时通信工具；能够供个人或群体同时使用；利用手机与互联网来发出文字、图片、语音与视频。”微信官方的定义始于技术、终于功能，不是特别精准，因为微信的功能总是不断地扩展，嵌入的领域也不断地增多，很难一语概括。

第二种看法指出，微信属于社交平台。谢新洲等学者认为：“微信是依附于关系网所形成的具备私密性的社交平台。”①认可该看法的学者把微信和微博进行了比较，指出两者相比，微博的传播性质更为明显，微信仅仅为具备私密性的社交平台，并不存在变成主流媒介的技术基础。

第三种看法将微信视为新媒体。代表学者是匡文波，他指出“微信融人际关系、群体传播和大众传播于一体，是新媒体的一种新形态”②。支持这一观点的学者普遍认为，微信具备新闻传播的功能，它是当今中国新媒体阵营的核心成员之一。笔者也赞同这种观点。

综上所述，国内学界与业界一致认为：微信是一个依托于互联网信息技术，以即时通讯为核心，以智能手机、平板、电脑等为终端，向用户提供快速

---

① 谢新洲：《微信的传播特征及其社会影响》，《中国传媒科技》2013 年第 11 期。

② 匡文波：《中国微信发展的量化研究》，《国际新闻界》2014 年第 5 期。

推送文字、图片、语音、视频等信息，以及通过丰富多样的插件功能来满足人们求知、社交、娱乐等多方面需求的新兴媒介形态。

不仅如此，具有互联网基因、工具化、平台化的微信，如今在提供即时通讯、社会交往和信息传播等服务的同时，已经衍生出更多的平台型媒体的属性，对社会生活的方方面面起着重要的作用。

2. 微信发展的三个阶段

按照微信发展的完整历程与连通对象的差别，迄今为止，可把微信整体发展过程划分成三个时段，首先是起步期；其次是发展期，最后是稳定期。

起步期：人和人的连通阶段。微信起步期为 2011 年 1 月份直至 2012 年 7 月份，在此时期，腾讯公司对微信的功能界定是处于同步和异步中间的通信产品，能够利用很少的网络流量，达到人和人之间的实时通信；用户规模处于 2000 万到 5000 万之间，一线城市用户数量较多，并且大部分用户为白领等一些层次较高的群体；微信承载的功能为调换头像、传递照片、语音交流、多人聊天、利用 QQ 号导入手机通讯录、摇一摇等诸多功能，中国香港、中国澳门、中国台湾、美国、日本等诸多国家与地区的用户也能够通过手机号来注册微信。后来微信功能越来越完善，引入了朋友圈功能，能够将图片、文字等发布至朋友圈，与亲朋好友共同分享。在此阶段，微信主要传递形式为一对一，把实际生活里的亲属朋友利用微信联络在一起，达到人和人的连通，它是维系和传递线下人际关系的线上工具。

发展期：人和内容的连通阶段。微信发展期为 2012 年 8 月份直至 2015 年年底，在此时期，微信用户规模明显扩大。2012 年 9 月份，平台用户规模超出了 2 亿；2013 年年初，用户规模超过了 3 亿；2013 年 10 月份，用户规模达到了 6 亿，每日活跃用户规模达到了 1 亿；2015 年 4 月份，平台活跃用户规模超过了 5.5 亿，在此时期，微信版本经历了不断升级的过程，新的功能越来越多，并且已经囊括了 iOS、Android、S60V3、mac 等诸多系统。在此阶段，平台开发出微信公众号、摇一摇、二维码、定位功能、滴滴打车等诸多新型的服务功能，使得微信功能越发完善，形态基本确定。这一时期是微信迅速发展期，平台凭借各种实用而有趣的功能，累积了越来越多的用户群体，加强了知名度与影响力。

稳定期：2016 年至今。在此时期，其功能越发完善和成熟，并且非常重视挖掘平台具有的商业价值，对支付功能作出优化与调整。2016 年 10 月份，微信开发了群收款功能，将团体旅游、班费收取、聚会 AA 等现实生活里非常重要的收款流程放在线上完成。另外，“小小包麻麻”“黎贝卡的异想世界”等诸多微信公众号表现出超强的变现能力，在它们的影响下，越来也多的用户也开始涉足微信公众号领域。各类公众号由最初的 700 万增长到 1200 万，特别是新闻传播类公众号，数量明显增长。2017 年，历经跨越式发展的时期之后，微信具有的不足之处逐渐凸显出来，存在不良信息传播、大量顾客流失、公众号打开度降低等诸多问题，这使得腾讯公司必须正面应对，采取管理措施。在此时期，微信还对公众号付费项目进行了测验，开发出了“微信指数”等功能，精准判别微信公众号发展状况。2017 年，微信还推出了小程序，这对传统的手机客户端市场形成了巨大的冲击，影响了传统的利益格局。总体来说，在此时期，微信平台用户量仍然维持着快速增涨的态势，微信依然霸占着国内平台型媒体及手机 APP 市场的首席地位。

（二）微信平台的特征

媒介是各类信息的传播者，它把传播体系里诸多要素结合在一起，是信息传递的桥梁。纵观媒介的发展过程，历经报纸、电视、网络、移动互联网等诸多阶段，媒介的每一步发展都离不开技术的支持。当今社会，新型技术层出不穷，给传播格局带来了深刻的改变：突破了将传播主体作为核心的利益格局，使所有的公众都能够变成记者，大大扩展了信息传播途径，每个人都可能成为传播网络中的一个关键节点。作为一个基于移动网络的平台型媒体，微信具有以下鲜明的媒介特征。

1. 由单一工具变为集成入口：多渠道 + 多终端

传播媒介也被叫作传播渠道，指的是传播内容与信息依附的载体，对信息能否进行有效传播具有决定性影响。现如今，人类社会已步入全媒体时代，伴随媒介技术的革新，信息传播模式出现了明显的改变，由早期的单一化渠道变成多元化渠道。不同媒体之间的竞争从某种角度而言，便是传播渠道的竞争。

随着网络技术从 Web 1. 0 发展到 Web 2. 0，互联网用户也逐渐转变了早期被动获取信息的状态，凭借自身的话语权，自觉参加创造、发表内容，这就使得信息传播逐渐由早期的单向传播转变成现今的多元互动传播。传统媒体曾经的渠道优势已经日趋淡化，用户黏性越来越差。与之相反，新媒体凭借获得信息的便捷化、用户群体的规模化、操作灵活化等诸多显著优势，累积了大量的用户群体，逐渐变成了主流用户进行沟通、交流和娱乐的新型媒体。① 新媒体时代，不仅把传播渠道推向了一个新的高度和广度，也让多数优质的信息内容有了更多的入口。

微信的兴起和发展，是在移动互联网发展的浪潮中诞生和发展壮大的。2009 年，我国步入了 3G 时代，移动网络产业获得了巨大的发展机会。2013 年，我国工业和信息化部对移动、电信、联通三个运营商下发了 4G 牌照，这意味着我国移动互联网步入了快速发展期。微信诞生初期，只是面向手机用户来开发功能，首批用户被微信使用较少流量的优势吸引之后，逐步抛弃了智能手机交流和沟通的功能，对微信渐渐产生依赖。此外，微信的语音功能彻底将用户的双手解放，视频通话使人和人之间的沟通越来越真实，小视频功能通过动态情景的呈现具有更强的代入感。

基于以上技术优势和环境利好，为微信一方面秉持了移动客户端的优势；另一方面也并未忽略开发互联网的 PC 端。2012 年 9 月份，微信平台上线了网页版功能，将其当成联络手机和 PC 端的工具，增加了二者信息传播的顺畅度。除此以外，摇电视功能的上线，拓宽了微信终端沟通的渠道。2015 年，伴随微信摇一摇电视端口功能的完善，很多人在电视机前参与互动，一方面提升了电

① 金雨希、张燕：《有微信，更威信——论传统媒体如何借力微信》，《湖南大众传媒职业技术学院学报》2013 年第 4 期。

视节目的收视率；另一方面使观众也能积极参与其中。在2015年的央视春晚与“全国政协十二届三次会议”“十二届全国人大三次会议”期间，微信的摇电视功能实现了全天绑定、跨屏幕实时互动。微信不但弥补了电视节目交互性偏弱的不足，而且将电视和手机连通在一起，使受众与电视节目之间的实时交流成为了可能，观众在电视机之前利用摇一摇功能，便可以实时交互、投票、争抢优惠券或给自己的偶像送祝福等。不仅如此，观众参加了摇电视活动之后，其年龄、喜好、所处方位、节目收视时间等诸多大数据便会呈现于微信后台中，商家就能够据此进行分析，进而准确地传递信息内容或发送红包等。从另一个角度来看，自从经历了央视春晚的摇红包以及“两会”期间的解码活动之后，与微信特殊功能紧密结合的电视媒体，也因此转变成了崭新的“融媒体”。

2. 由手机软件变成多功能平台：贴身便携的移动“新器官”

经过近七年的发展蜕变，微信早已不仅是一款简单的智能终端网络应用软件，而是一个集即时通讯、社交网络、信息传播、游戏娱乐和电子商务为一体的综合性多功能工具平台。

随着移动互联网的飞速发展，移动终端凭借着其实时性、交互性、便捷性等诸多特点，累积了越来越多的用户，并让他们养成了随时随地发送和接收消息的行为习惯。总体来说，用户对新媒体的使用已成为一种日渐固化的行为习惯，移动化是传媒顺应时代与技术发展的一个必然选择，是媒体价值取向的一种体现形式。同时，移动互联网并不单单局限在和用户进行连接，也进入到了媒体后台，变成了它们的生产工具。[①] 微信是在移动网络浪潮里形成的产物，在其发展之初，是针对手机用户所开发的，后来经过与移动设施的绑定逐渐深入用户的生活中，其不断推陈出新的实用功能，既迎合了移动网络的发展趋向，又满足了用户多方面的需要，发挥出了巨大的功能。

伴随着手机功能的不断完善，其逐渐由传统单一化的通讯终端发展成多

① 宋迪、韩志国：《三网融合背景下的媒体发展战略——〈中国传媒科技〉第十期传媒沙龙综合报道》,《中国传媒科技》2010年第8期。

样化的移动多媒体终端。现如今，人类已步入 4G 时代，许多技术阻碍被打破，手机逐渐变成了功能多样、具备交互性的媒体终端。手机集合了拍照、通讯、录像等多重功能，被大众视作多媒体的制造工具，这在一定程度上对传统的新闻生产方式形成了巨大的冲击[①]：例如，微信拥有视频与照片分享等领先的功能，该功能基于手机的摄像头来实现；微信的语音通话与对讲功能，则基于手机的麦克风来实现；“附近的人”这一功能基于地理定位系统来实现；“摇一摇”功能则基于手机的重力感应器来实现……这都说明微信从诞生至今，每一步的发展都完美契合了智能手机的一切特征。有关数据显示，2017 年 iOS 和 Android 两大体系在智能手机市场占有率达到了 99%，手机版本更新步伐加快，越来越多的客户端被开发出来，使得微信基本上把全部的手机用户覆盖在内。[②]如今，中国的智能手机销售脱离了传统中端与高端市场，被推广至低端市场，这就为微信未来拥有更大的市场占有率创造了可能性。

除此以外，微信也开发出了“扫一扫”和“基于位置服务（LBS 定位）”等诸多新型的功能，这是手机通讯功能之外的新创造。“扫一扫”功能能够辨别二维码身份，通过手机摄像头来对二维码进行扫描，从而获得相关商品的部分信息；LBS 定位则能用于搜查周边的好友或者来寻找附近的银行、商场、饭店等。如此一来，大大拓宽了微信平台的传播渠道，发挥出了优势共享的功能。总而言之，微信融合了当前通讯工具的全部功能，是新型的多媒体平台的“集大成者”。

未来的科技手段层出不穷，微信的发展也必将突破目前有限的用户终端的限制，诸如 iTouch、iPad、小米产品等各种新型用户终端的出现，均为微信的发展创造了更大的空间。

---

① 熊澄宇：《整合传媒：新媒体进行时》，《国际新闻界》2006 年第 7 期。

② 飞龙：《两家独大：2017 年苹果与安卓手机市场份额高达 99.9%》，《IT 之家》，https://www.ithome.com/html/it/348402.htm，2018 年 2 月 23 日。

（三）微信平台的社会功能

在传播学领域，哈罗德·拉斯韦尔最先对传播具有的社会功能展开深入的探究，提出了著名的“三功能”说，具体来说指的是环境监测、社会联系与协调、社会遗产继承这三项功能。[①]赖特在此基础上，增加了一项休闲娱乐功能，提出了“四功能”说。威尔伯·施拉姆在前人研究的基础上，将传播的社会功能概括成三类：首先是政治功能；其次是经济功能；最后是一般社会功能[②]。

微信是新型的媒介平台，基于前文提及的无可替代的独特的媒介特征，它在整个社会生活中，发挥出社交网络、信息传播、经济服务以及休闲娱乐等多重功能。

1. 微信的通讯与社交功能

微信上线初期，和腾讯 QQ、移动飞信等诸多类似软件相同，借助手机流量和互联网来实现即时通讯，这也是微信最核心的功能。单个或者多个用户之间可以利用互联网来传播文件、音频、图片、文字等多种信息。不久之后，微信开发出朋友圈功能，使好友之间能够彼此分享个人的生活，利用评论与点赞等多种形式来进行人际互动，并且评论和点赞只对双方的相同好友可见。微信的这些功能满足了用户的社交需求，将人们现实生活中的好友群移植到微信平台上，构建起相对封闭的“熟人”传播圈子，实现了人际传播的线上延伸。依托于熟人关系所形成的微信，一方面突破了家人、朋友、同事等交往的时空限制；另一方面凭借语音、视频这两种更直接的沟通方式拉近了彼此的距离，建立起微信平台上的“强关系网”。

伴随微信使用者数量的增加，用户的好友也越来越多，微信群与朋友圈逐渐变成了手机用户线上社交的重要阵营。或者在朋友圈对他人进行点赞、评论，或者在微信群与志同道合的网友讨论某一话题，再或者将某篇文章或应用程序转发至朋友圈或微信群……这些行为逐渐变成了微信用户非常普遍的日常习惯。

① 郭庆光：《传播学教程（第二版）》：北京，中国人民大学出版社 2011 年版，第 103 页。

② 同上，第 104 页。

伴随微信新版本的不断开发和功能的日渐完善，诸如摇一摇、漂流瓶、雷达加好友等新型交友功能逐渐上线，微信承载的社交功能也进一步完善。初为好友的微信用户可以通过朋友圈向彼此分享自己的生活状态，频繁的沟通能促进双方了解和情感交流，叠加之前的强关系网共同形成强弱关系交织的社交网络。

2. 微信的信息传播功能

微信之所以成为现今新闻传播的主要渠道之一，这应该首先归功于微信公众平台的出现。2012 年 8 月份，微信推出了公众平台功能；2013 年 8 月份，微信公众平台被划分成两类，其一是订阅号，其二是服务号，两者统称为公众号。在此以后，微信逐渐变成了信息传递的重要渠道，其新闻传播功能日渐显现出来。微信公众号最早曾被叫作“官方平台”，后来发展成“媒体平台”，这说明微信运营人员考虑把微信当做媒介的进入口。在公众平台上线之后，主流媒体与一些自媒体迅速作出反应，创建了自己的公众号，努力吸引用户关注并有针对性地发布内容。依据艾瑞咨询对外公布的《2015 年微信公众号媒体价值研究报告》可知，2014 年所有微信用户中，79.3% 的用户关注了微信公众号，人均阅读 6 篇文章，20% 的用户选择从订阅号中来筛选内容并加以浏览，剩余 80% 的用户会选取在朋友圈阅读相关信息。在微信朋友圈之内存在的大量分享内容，均来源于订阅号，经朋友圈转发和分享之后，达到了二次扩散，传播威力放大了近 4 倍。①

根据《2017 微信用户 & 生态研究报告》显示，根据中国信息通信研究院调查，2016 年微信日均使用时长在 4 小时以上的深度用户占比，较 2015 年增加一倍。② 由诸多数据可知，微信已经与报纸、电视、互联网等共同组成了信

① 艾瑞咨询：《2015 年微信公众号媒体价值研究报告》，http://report.iresearch.cn/report/201506/2393.shtml，2018 年 2 月 1 日。

② 企鹅智库：《2017 微信用户 & 生态研究报告》，http://tech.qq.com/a/20170424/004233.htm#p=5，2008 年 2 月 1 日。

息内容的传播渠道。自从微信开发了公众号、朋友圈以及微信群等功能，微信平台就具备了大众传播的某些属性，不仅可以进行点对点的人际传播，还是可以进行点对面的大众传播，满足了用户对信息的需求。

3. 微信的经济服务功能

在累积了第一批用户之后，微信团队意识到仅靠社交方面的竞争优势无法长期挽留住用户，因此相继开发了微信支付、智慧城市等诸多新型的服务功能，这使得微信变成了功能完善、嵌入用户生活的综合服务式互联网应用。它所承载的经济功能不但体现在自身的内圈商业化优势，而且还包含第三方的商业运营活动，也就是外圈的商业化。

2013年8月份，微信版本5.0正式推出，这是微信平台商业化的开端。在这一版本之中，加入了“游戏中心”、“微信支付”与“表情商店”三项新型的功能。微信能涉足金融领域，至关重要的一步就是推出微信支付功能：利用银行卡的绑定达到了快速支付，操作简单，方式灵活，一方面顺应了移动支付的潮流；另一方面实现了利用内圈商业的盈利变现。之后，“手机充值”“生活缴费”“信用卡还款”可以方便用户补缴日常生活中的各种费用如水费、电费、网费等，或者直接还款到绑定的信用卡内；微信平台的“卡包”功能，能够让用户在参加各类活动时将得到的会员卡、优惠券等存放于内。

微信外圈的商业化起步更早。2012年5月份，微信开发出了4.0版本，在这版中加入了一个关键插件，也就是API接口功能，它使用户能够对朋友分享第三方提供的购物、出行、美食、住宿等外部链接，在一定程度上刺激了用户消费。之后微信又开发出了4.2版本，自此直接导入第三方提供的服务功能。至2018年3月份开发的6.6.5版本，微信的第三方商家包括了“滴滴出行”“摩拜单车”“火车票机票”“58到家”“美团外卖”“蘑菇街女装”“彩票”等。

4. 微信的娱乐服务功能

“微信，是一种生活方式。”从这句广告语可知，提供休闲娱乐的服务是微信一直秉持的发展方向。微信之所以能在其使用者之间大范围被推广使用，就是因其独具特色的语音等交流方式和为使用者提供的其他个性化服务。它的每一次变革都是从使用者的角度出发，满足使用者的潜在需求。2013 年微信 5.0 版本里新增的“表情商店”和“游戏中心”，一推向市场便获得了广大用户的喜爱。而现如今的微信很多功能都能频繁使用，比如“摇一摇”，春节期间各个电视台都会推出“摇一摇”，让用户与表演者互动。2015 年的正月初一，微信团队推出了摇电视的测验版本，这一功能使得手机用户能与直播的电视节目进行实时互动，摆脱了以往只能通过发送手机短信或电脑登录网页等方式的交流局限。只要打开微信摇一摇，和节目有关的所有信息便会显示在手机屏幕上方，不仅能看到节目预告，还能查找幕后花絮与观众评论等多项内容。

2017 年 12 年 28 日发布的微信 6.6.1 for iOS 版开始出现了“小游戏”这一小程序新类目，如今微信里面的小游戏更为丰富，有跳一跳、欢乐斗地主、星途 WeGoing、欢乐坦克大战、大家来找茬腾讯版、腾讯中国象棋、悦动音符等，不仅让用户的碎片化时间得到有效的利用，而且可以与微信好友分享自己的生活状态。微信开发者推出了可以满足使用者需求的各种版本，不仅增加了使用者黏性，同时也增强了使用者对微信的信赖度。

（四）微信平台的新闻传播

如前文所述，微信作为一个平台型媒体，具有信息传播的社会功能。但是，微信平台媒体是否存在新闻传播呢？如果存在，那么微信平台的新闻传播包括哪些方式？

首先，分别从“新闻”“信息”和“传播”的定义来看。国内学者们基本上认可陆定一对“新闻”含义所作的界定：新闻是对新近发生的事实的报道。[①] 同时，尽管“新闻”常和“信息”联用，如国家互联网信息办公室 2017 年 6 月 1 日正式实施的《互联网新闻信息服务管理规定》，但两者并不等同，区别

① 陆定一：《新闻必须完全真实——陆定一同志对本刊记者的谈话》，《新闻战线》1982 年第 12 期。

在于:“信息”的外延更加广泛，内涵也更为抽象，它是一切“表述”(或反映)事物的内部或外部互动状态或关系的东西，包括自然界的刮风下雨、生物界的鸡叫蛙鸣，人类社会的语言交流、书信来往等范畴。信息被划分成三种，其一是物理信息；其二是生物信息；其三是社会信息。就社会信息而言，它才是传播学考察的主要对象，指的是人类社会在生产和交往活动中所交流或交换的信息。显而易见，新闻也是一种社会信息，是面向大众公开的有价值的信息，对象是新近发生的事实，因为传播主体是人，所以难免具有一定的主观倾向性。

所谓“传播”，实质上是一种社会互动行为，人们通过传播，保持着互相影响、互相作用的关系。①传播学者阿耶尔更明确指出：“从广义的层面来看，传播是信息的传递，不仅包括接触新闻，而且包括表达感情、期待、命令、愿望或其他任何什么。”②

综上所述，笔者认为：广义的新闻传播同样存在于微信平台，它是传播者对新近发生的事实通过微信平台媒体进行的信息传递、观点交流以及情感分享。

其次，就微信的传播方式而言，微信平台的新闻传播主要存在人际传播、群体传播、大众传播(含弱大众传播)这三种方式。

人际传播是指“个体和个体的信息传递活动，是两个行为人彼此连通所构成的信息传播体系”③。微信平台所开发的“点对点”聊天功能便是人际传播的典型代表，用户只需借助智能手机和移动网络就能进行非面对面的信息交流。除了常见的图文、语音和视频传输之外，这种沟通方式最有特色的地方在于，能够利用微信平台实现同步的视频或语音聊天。

群体传播，是指“将共同目标和协作意愿加以连接和实现的过程”，它是群体发展必不可少的生命线。”④微信中的群体传播，主要是以“微信群”为载

① 郭庆光:《传播学教程(第二版)》，北京：中国人民大学出版社 2011 年版，第 4 页。

② 同上，第 3 页。

③ 同上，第 71 页。

④ 同上，第 80 页。

体在其中开展。微信用户通常会基于现实的社会关系建立微信群，比方说亲戚、朋友、同学等。不管是何种微信群，它的目的均是方便信息沟通、增进人际关系。因为具备某种共同的社会关系，所以微信群的内部人员通常拥有相同的价值取向、利益诉求以及目标等，讨论的内容多为群内人员普遍关注的热门话题。他们就某一话题发表自己的看法、观点和意见，从不同角度提供不同的信息，通常情况下微信群内的对话不会突然停止，而是在较长时间段内对热衷的话题不断进行交流。因此，微信群的信息传播活动具有相对稳定性和延续性。例如在 2013 年的雅安地震中，灾民通过微信群共享灾难救助知识，向家人报平安，传递动态灾情；救援小组也建立了各自的工作群，确保救助工作顺利进行。①

大众传播是一种极为复杂的社会现象，国内外不同的学者都试图给它下过定义，相对而言，郭庆光的最为经典：大众传播是指“专业化的媒介组织，运用先进的传播技术和产业化手段以社会上一般大众为对象而进行的大规模的信息生产和传播活动。”② 这个原定义特别适合传统媒体时代，但在以 UGC 为表征的 Web2.0 时代来临之后，它的内涵和外延都得到了显著的扩展：依然以一般大众为广泛的传播对象，具有“一对多”的传播特点，但传播主体不再局限于专业化的媒介组织，政府和公众也都能加入其中；媒介渠道不再成为稀缺的垄断资源，新闻的传播也不必依赖产业化手段，人人都有可能成为“公民记者”。

因此，以微信平台来举例，其存在的大众传播主要表现于朋友圈与公众号的信息流通圈内。微信公众号的新闻传播，最具有传统意义上的大众传播的特质：其认证主体几乎囊括了目前所有的传统媒体，拥有大量的订阅受众，能依据后台统计的受众的性别、地域、新闻阅读数和反馈信息等数据，对用户的类别和需要进行具体划分，一方面能够达到群发信息的可靠效果，另一方面也

① 潘丽娜：《微信在突发事件报道中的新作为——以雅安地震为例》，《青年记者》2013 年第 23 期。

② 郭庆光：《传播学教程（第二版）》，北京：中国人民大学出版社 2011 年版，第 80 页。

能确保一对一的精准推送。而微信的朋友圈，则是拥有许多好友的微信个人用户，他们可以“一对多”不加限制地群发新闻或者有选择地分组，面对特定好友分享和扩散文字、图片、音频或者视频信息。值得注意的是，因为朋友圈属于半封闭的信息传播场域，而且新闻的传播行为及效果受传受双方的主观限定较多，所以朋友圈的信息发布实际上只能归类为弱大众传播的模式。

综上所述，微信具备不同于传统媒体的技术特点与传播方式，如下表 2–3 所示。因此，微信平台符合新闻传播渠道应有的特征，同时弥补了原有传播方式的新闻到达率低的缺陷。微信公众号 + 朋友圈 + 微信群 + 微信好友的多种渠道的联动式传播，为微信平台新闻传播的兴起和发展奠定了技术基础——公众号推送的内容经过朋友圈、微信群、微信好友分享，传播范围和广度得以成倍扩大。

表 2-3　微信的技术特点与传播方式

<table>
<tr><th>项目</th><th>微信</th><th>传统媒体</th></tr>
<tr><td>使用平台</td><td>智能移动端、PC 端</td><td>报纸、杂志、广播、网站（PC 端）</td></tr>
<tr><td rowspan="3">传播方式</td><td>人际传播（微信好友的一对一交流）</td><td rowspan="3">大众传播方式为主，兼具人际传播（热线接听、留言与回复）</td></tr>
<tr><td>大众传播（微信公众号的信息推送）</td></tr>
<tr><td>弱大众传播（朋友圈的一对多信息发布）</td></tr>
<tr><td>把关人</td><td>无传统意义上的把关人</td><td>有把关人</td></tr>
<tr><td>传播特点</td><td>移动平台的便携性、互动性强，依靠社会关系网进行贴身传播，加入门槛低，受众主动订阅内容，保护隐私，传播方式多样</td><td>传播范围广</td></tr>
</table>

通过对微信传播的技术特征、传播主体、传播方式的分析可知，微信平台的新闻传播呈现出以下特点：

其一，传播主体的多元化。微信平台的发展受到的外部约束较少，直至最近的 2017 年 6 月 1 日正式实施《互联网新闻信息服务管理规定》，第二条才明文指出："本规定所称新闻信息，包括有关政治、经济、军事、外交等社会公共事务的报道、评论，以及有关社会突发事件的报道、评论"；第五条明文指出"通过互联网站、应用程序、论坛、博客、微博客、公众账号、即时通信工具、网络直播等形式向社会公众提供互联网新闻信息服务，应当取得互联网新闻信息服务许可，禁止未经许可或超越许可范围开展互联网新闻信息服务活动。"① 国家加强监管的同时也意味着，如今微信平台的新闻传播已经迈入了政府、媒体和公众多种主体并重发展的阶段。一方面，公众通过微信平台传播新闻、表述看法、获取用户的认可，呈现出独特的去中心化特征；另一方面，传统媒体积极融入微信的公众平台，经过几年的精耕细作，以人民日报、央视新闻、凤凰网为代表的传统媒体开设的微信公众号，如今一直雄踞在微信平台影响力排行榜的前列，重掌了新媒体场域的话语权，凝聚了一大批忠实受众。这就使得基于微信平台媒体的新闻传播出现了明显的去中心化和再中心化的博弈趋势。

其二，传受双方互动便捷、不同渠道联动传播。微信平台的新闻传播渠道包括订阅号推送、微信好友转发、朋友圈转发、微信群传播、其他互联网平台分享，这是微信平台的新闻联动式传播的技术基础。例如，当微信新闻的生产者编辑出一条新闻信息之后，通过对指定用户的定时推广，而接收到的用户能够自主选择是否阅读这条信息，并进一步地选择点赞、评论，或转发到朋友圈。朋友圈是对新闻信息的二次传播，其他好友如果在其中发现以上那条新闻，并判断为有趣或有价值，在予以评价、点赞之余，又会继续转发给个人好友，或分享至微信群。后者（成员）又可将该条新闻转发到自己的朋友圈……如此循环，微信平台的新闻传播的范围不断扩宽，影响力也不断增强。此外，在传播过程中，信息接收方或者中转方的留言和评论，又加强了新闻传播的互动性。

① 《互联网新闻信息服务管理规定》，http://www.cac.gov.cn/2017-05/02/c_1120902760.htm，2018 年 2 月 15 日。

其三，传播趋势的窄向化和专业化。基于移动端的互联网应用普遍具有碎片化的特征，微信平台的新闻传播也不例外。微信平台的媒介特征，使新闻传播能够依托于熟人关系网进行，明显提高传播内容的可信度及二次传播的几率；但同时也制约了病毒式扩散的频繁出现，唯有当新闻内容具备极强的公共属性时，才有可能被大量公众号同时传递，或者在特意的运作之下，变成朋友圈与微信群共同探讨的核心议题。所以，对于新闻生产能力最强的微信公众号而言，微信平台的新闻传播趋势，在于精确区分不同的订户群体，对其中的意见领袖施加影响，通过传播力较强的他们把新闻迅速分享至微信群、朋友圈或第三方网络平台，实现多级多次传播，不仅有利于实现最大化的新闻传播效果，而且还能扩大自己的影响力、带来更多的新增订户。

（五）微信平台的灾难新闻传播特征

根据上文所述，微信平台的灾难新闻传播是指传播者关于社会性灾难或自然性灾难通过微信平台媒体进行的信息传递和观点交流。除了具备平台型媒体的诸如信息的个性化、实时性、交互性和多媒体等优势之外，基于微信平台的灾难新闻传播还呈现出自己的独特之处。

1. 三维沟通矩阵，全景呈现灾难

微信依托于智能手机这一移动终端，应用领先的媒体技术手段，对多元内容予以融合，符合了用户的多元需要。微信是位于腾讯 QQ 与手机通讯录中间的工具，它本身建构了三维沟通的矩阵，利用文字、语音、视频、图片等诸多技术手段，借助 Flash 与 Java 等新媒体形式，将资源整合在一起：由信息类型而言，可将语音、视频、图像、文字放在 *X* 坐标之内；从传播渠道来看，可将手机通讯录、移动客户端、手机 QQ、手机邮箱等置于 *Y* 坐标；从功能角度来说，可将微信摇一摇、微信二维码、LBS 定位等放于 *Z* 坐标。在三维沟通矩阵之中，各条沟通链重合在一起，使微信平台实现了多方共享、交流互通。①

① 单晓彤：《微信传播模式探析》，《新闻世界》2013 年第 2 期。

在领先的传播技术手段影响下，信息交互的每一个节点都可以成为传送或接收的中心。传播形式早已摆脱了传统由上至下的单一形式，利用微信传播体系，灾难的目击者能够自由表达，再加上公众号的专业化信息传递，综合性的灾难事件报道，包含前因后果和发展动态等就会被公众所知。传统媒体提供实时性的深度报道，公众利用“个人化”的信息片段，两种渠道的消息被整合在一起，实现了多元交互的传播效果。通过微信朋友圈、公众号等诸多渠道来转发分享文字、图像、音频、视频等信息，构成了多维矩阵下的信息复合式传播。

2. 海量用户多平台、跨时空共享信息

微信平台打破了时空局限，在面临频频发生的各类灾难时，它所具有的实时在线功能表现得非常显著，只要能联网，通讯就不会中断。不仅如此，微信还是一种开放自由的便民化服务平台，可以把来自其他网络平台的信息分享至微信内部，譬如，用户浏览到一条关于某个突发灾难的新闻，可以选择利用微信朋友圈进行分享，或通过微信群转发和评论，当然也可以直接传送给自己的好友，这样就使越来越多的公众可以掌握该灾难事件的发展动态。

现今，所有的智能化手机均能够安装微信 APP。在对灾难新闻进行传播的过程中，用户仅需利用微信进行点击操作，就能够把信息对外快速传播。根据这几年的实际情况可知，很多灾难事件最早的曝光者并非新闻记者，而是源于社会各个层级的一般民众，他们最先通过微信平台来发送信息，新闻媒体接着进行跟踪报道，从而证实其真伪或具体细节。2017 年 8 月 8 日的“四川九寨沟突发地震”、2018 年初发生的“香港巴士侧翻事故”等新闻都是首发于微信端口，进而被新闻媒体予以证明，最后引起了民众的广泛探讨。

微信平台是“互联网 +”最为主要的呈现形式，它包含着跨界整合、沟通所有的内涵。① 灾难事件一旦爆发时，微信便如同连接器一样，把人员、物资和救援服务等融入连接器中，实现交互沟通，发挥出巨大的实用价值，也成为

① 马化腾等:《互联网 + 国家战略行动路线图》，北京：中信出版社 2015 年版，第 110 页。

社会各界参与救灾最为有效的形式之一。

3. 抵达率高，聚合性强

微信人际传播最为显著的表现是实时通信，两个单一的主体互加好友之后，传播内容发送之后便可立即到达，潜移默化地增强了信息的传播效率。用户在订阅微信公众号内容或接收好友信息时，拥有更大的自由选择度，因为对接收的信息也有较高的认可度。总的来说，微信是依托熟人关系对信息进行传递的平台，信源具有较强的可信度，而不管是传播内容或者是传播渠道，也都表现出了极强的聚合性。

依托于腾讯QQ与手机通讯录强大的关系网，微信这一平台在对灾难信息进行传递时，速度明显更快，效果也更为显著。除此以外，微信能够面向广大用户，通过后台统计对其进行分类。如此一来，便提升了灾难信息传递的有效性和针对性。有别于微博新闻的碎片化报道，微信公众号更注重深度报道和综合分析，推送的内容具备专题特征，能够强烈吸引用户的关注，增强其黏性，有助于相关新闻的二次传播。另一方面，利用微信平台进行新闻传播的时候，传受双方的信息交换是在一个半封闭的场域内进行的，很少受到外部噪音的干扰，由于相对密闭的“迷你场”彼此阻隔，假如并未通过关系链互相连接，就根本看不到其他“迷你场”的信息传播。所以，相对稳定封闭的社交环境放大了“意见领袖”的传播效果，通常后者由微信公众号和发言活跃的用户自觉充当——纵然这种传播只会在这一封闭的“迷你场”发挥作用。

4. 舆情监控困难，舆论轨迹模糊

微信基于即时通讯的定位，新闻信息大部分是在“半封闭的传播路径”中流动，因此在传播过程中，信息的内容具有较高的私密性。

微信平台的半封闭特点，使得信息进行传播的时候具有一定的私密性，虽然能够规避外部的干涉，但也在一定程度上会造成互联网监管主体无法查看相关信息。这种相对私密的模式，给互联网的舆情监控提出了新的挑战。现阶段，针对微信平台形成的网络舆论并不存在高效的监控方式，特别是对语音的监察，技术上很难实现。此外，从数量上来说，面对已达10亿平台用户，如果想对他们发布的所有信息实施动态化的管理，不管是理论或是实践中根本无法实现。

尽管微信平台的传播模式具备一定的私密性，但它所传递的新闻内容却具备明显的公共性。以灾难新闻为例，由传播效果而言，有关灾难性事件的相关报道能够在短期之内聚焦社会各界的目光；由涉及主题可知，灾难新闻覆盖到经济领域、文化领域、政治领域、科技领域等诸多方面。因此，微信平台上的灾难新闻一经传播就容易激起各方舆论，但是对这种舆情却很难进行控制和监控。总之，正因为舆情定位不够清晰，政府在对舆论进行监督时，较难追踪微信平台的舆论轨迹在哪里。

综合来看，微信平台通过深度参与成为灾难新闻最主要的传播媒介，基于微信平台的运作，产生了线上和线下的信息融合与舆情交叠，在一定程度上使虚拟世界和现实世界产生了关联。除此以外，报纸、电视、互联网、广播等诸多传统媒体对灾难性事件所作的持续跟踪报道，也会引起新旧媒体之间的议程设置与框架互动。

第三节　主要理论来源

一、利益相关者理论

因为web 2.0具备交互性、公开性等诸多特征，微信平台上的传者和受众的界限不再泾渭分明。如此一来，就使得灾难新闻的传播主体较之传统媒体时代有了无限的可能，即人人都可能成为灾难新闻传播的主体。由利益关联者理论入手进行深入探究，便于厘清当今时代灾难新闻传播主体的多元特征及相互关系。

1708 年，在历史中最先产生了“利益关联者”词汇，用于代表人类在公司的某种生产和经活动里“投入赌注”。1959 年，著名学者 Penrose 在其编写的《The Theory of the Growth of the Firm》这本书里，第一次指出人力资源及其关系网组成了公司的集合体，这一观点受到了后续研究者的支持和沿用。[①]1963 年,“利益关联者”的系统概念第一次被斯坦福研究院正式对外提出。在当时美国一部名叫“股东”(shareholder) 的戏剧启示之下，斯坦福研究院的理论家们创造了利益关联者 (stakeholder) 这一词汇，代表全部和企业存在密不可分关联的主体。他们指出，利益相关者，与公司组织具有各种各样的利益关联，在其协助与扶持之下，公司生存与发展成为了可能。[②] 虽然学者们所采用的概念仅仅是由某个主体对公司发展是否具备价值进行界定，但这种界定方式也令人们清醒地意识到：除了公司的股东之外，在实际生活里还存在有着利害关联而且对公司发展具有重大影响的利益主体。

美国著名研究者 Ansoff 率先将利益关联者理论引至管理学领域与经济学领域，1965 年，其指出公司假如想实现预期目标，需要均衡管理人员、基层员工、股东、上下游供货商等诸多利益相关者的关系，化解矛盾和冲突。[③]1970 年之后，国外普遍认可了利益关联者理论，并在高校开设相关课程。1980 之后，利益关联者理论应用范围明显扩展，影响力也越来越显著，西方各国的企业管理方式受到了这一理论的启发，产生了巨大的改变。[④]

此后，学界对“利益相关者”概念的理解层出不穷，解读也越来越多。1984 年，美国学者 Freeman 作出如下界定：“由广义层面而言，它指的是那些可以帮助或阻碍企业目标的实现，并且被企业发展进程所影响的所有个人和

---

① Penrose E T, *The Theory of the Growth of the Firm*, Oxford University Press, 1995, pp.143–144.

② Freeman R E, *Strategic management: A stakeholder approach,* Cambridge University Press, 2010, p.33.

③ 付俊文、赵红：《利益相关者理论综述》,《首都经济贸易大学学报》2006 年第 2 期。

④ 贾生华、陈宏辉：《利益相关者的界定方法述评》,《外国经济与管理》2002 年第 5 期。

群体。”[①] 这一界定不但把对公司目标达成具有影响的个人与群体看作利益关联者，而且也把被公司发展过程中的行为活动所影响到的其他人群包含在内，比方说员工、顾客、供货商等等。2003 年，Freeman 进一步将政府、媒体、环保组织等也加入探究范围，他指出：“利益关联者是可以对公司生存、发展及未来方向具有影响的全部群体。”[②] 另一名著名学者 Clarkson 于 1993 年，在有关利益关联者管理的专项会议中提出：“公司是一个完整的体系，利益关联者是该体系必不可少的构成部分，他们与公司的生存、发展共同运行，公司发展目标在于为全体利益关联者谋得价值与利益”，这一观念获得了学术界的广泛认同。[③] 此外，Donaldson 与 Preston 认为：利益相关者是指一些在公司内部开展正当活动，而且由此取得利益与财富的个人与群体。[④]

步入 21 世纪，利益关联者理论获得了进一步的补充与完善，逐渐变成企业管理与契约理论必不可少的组成部分。依据现代契约理论，社会的本质，属于一张完整的契约网络，所有社会成员的均衡发展都是基于契约关系而实现的，而他们的生死存亡一直与特定的人群存在密不可分的关系——这些特定的利益主体与相应的社会成员之间结成了诸多契约、形成各种利益关联，旨在共同搭建契约网，以应对彼此之间以及内外部环境带来的各种不确定性。利用文本合约或口头默许，帮助行动者消除有碍理性决策的各种不确定因素。[⑤] 具体而言，就是拥有不同类型资产的利益相关者，利用契约对彼此的责认、权力和

---

① Freeman R E, Evan W M, “Corporate Governance: A Stakeholder Interpretation”, *Journal of Behavioral Economics* Vol. 19(4), 1990, pp.337–359.

② Frederick W C, “The Moral Authority of Transnational Corporate Code”, *Journal of Business Ethics* Vol. 10(3), 1991, pp.65–77.

③ Clarkson M, “Conference on A Risk-Based Model of Stakeholder Theory: Proceedings of the Second Toronto Stakeholder Theory”, *Centre for Corporate Social Performance&Ethics,* Tornoto, University of Tornoto, 1994, pp.154–161.

④ Donaldson T, Preston L E, “The Stakeholder Theory of the Corporation: Concepts, Evidence, and Implication”, *Academy of Management Review* Vol. 20(1), 1995, pp.65–91.

⑤ 杨瑞龙：《现代契约观与利益相关者合作逻辑》,《山东社会科学》2003 年第 3 期。

利益予以配置。Archie B. Carroll 等学者指出，如想达成相同的价值目标，首要之事就是建立符合相同期待的契约。① 契约关系形成的基础为相互信赖与利益关联。道德契约、法律契约、慈善契约等均是基于这两个前提所形成的，假如它们一旦被破坏，那么利益相关者的共同目标就难以达成。

至于利益相关者的类型，学者们由不同视角入手，形成了相异的看法。Charkham 依据彼此之间的关系，把利益关联者划分成两种，首先是契约型利益关联者 (Contractual Stekeholders)，其次是公众型利益关联者 (Community Stakeholders)。② 20 世纪 90 年代末期，美国著名学者 Mitchell & Spenc 基于其他研究学者的理论成果，构建了“利益相关者特征模型”(stakeholder salience model，SSM) 。③ 这一模型从急迫性、正当性和权力性三项标准入手，对每位利益相关者各自打分，并按照分数的高低划分成不同的类型。

借助利益相关者理论出发，我们得以多维度、多层面地考察微信平台上灾难新闻的各个传播主体之间的利益组成和博弈过程。就灾难新闻的传播活动而言，其中牵涉到的利益相关者，他们追逐的目标并不相同。对政府而言，它是为了拯救灾民、消灭险情、履行社会责任；媒体，则是为了实现新闻理想、追求新闻价值；公众，则是为了确保安全、趋利避害，同时也为了传播和获取更多的信息。

二、框架理论

“艺术家们都明白，画作周围的那个框能够影响观众如何理解作品并对之作出反应。因此，他们都极为重视自己作品的呈现方式，例如挑选能帮助观众

① 曾庆香：《微公益传播研究——主体·模式·影响》，武汉大学 2014 年博士学位论文。

② Charkham J P, “Corporate Governance: Lessons from Abroad”, *European Business Journal* Vol. 4(2), 1992, p.8.

③ Mitchell R K, Spence L J. “Toward a Theory of Stakeholder Salience in Family Firms”, *Business Ethics Quarterly* Vol. 21(2), 2011, pp.235–255.

正确欣赏作品的画框。当新闻记者决定如何表述政治世界时，他们经常无意识地陷入同样的过程中。他们会挑选那些最能够影响受众理解和评估议题与政策的图片和语言。然后这种类比的简单直白，掩盖了新闻中构架过程及其结果的复杂性。”这段话来自伊利诺伊大学香槟分校的图克斯伯里（Tewksbury）和威斯康星大学麦迪逊分校的席福乐（Scheufele）写的《新闻框架理论与研究》一文的开头，作者把框架的缘起分为两个层面，一个是来自宏观的社会学领域，另一个是来自微观的认知心理学领域，他们认为框架理论尽管和诸多学科具有密不可分的关系，然而就其实质而言，依旧需要回归到海德的归因理论和戈夫曼的框架分析。①

（一）起源与分类

框架的概念经历了从贝特森（Bateson，G）的人类学到戈夫曼（Erving Goffman）的符号互动理论，再到新闻传播学的历程。人类学家贝特森于 1955 年率先提出“框架”（frame）这一概念，他认为人类的心理框架是一组讯息或具有意义的活动。② 更多的宏观或“社会学”框架研究，很大程度上是从归因理论（海德，1959）和框架分析（戈夫曼，1974）的假设衍生出来的。海德（F.Heider）的归因理论假定公众无法对繁杂多变的客观世界作出正确的理解，所以个体尝试由感官信息来推测存在的可能性因果关系。③ 戈夫曼也假定公众无法客观解读世界，所以通过自觉判断与阐释经验，以期能够了解所处的真实世界，他由此推导出：在媒体的新闻传播过程中，会出现许多相异的用于洞察与描绘世界的方式，这依附于新闻媒体所用的“新闻框架”，也称为“媒介框架”（media frame）。1974 年戈夫曼出版的《框架分析：经验组织论》奠定了框架理

① Tewksbury D, Scheufele D A, “News Framing Theory and Research”, *Media Effects Advances in Theory & Research*, 2009, pp.17–33.

② 贾国飚：《论新闻的框架研究》，《新闻爱好者》2006 年第 2 期。

③ 邵静：《媒介框架论：新闻传播中框架分析研究的现状、特点和走向》，《中国传媒报告》2011 年第 1 期。

论的社会学研究基础。他首次提出一套系统的框架理论，将框架定义为人们用来认识和解释社会生活经验的一种“诠释图式”（Schemata of interpretation），可以帮助用户“界定、感受、明确一些陌生的不计其数的客观事实。”①

相比而言，缘起社会学的框架理论更关注社会现实的建构问题，而心理学领域的框架理论侧重于人类心理活动与行为习惯的转变。而在新闻传播领域中，该理论主要体现在对新闻框架的运用以及框架效果的研究当中。

（二）内涵与应用

框架理论诞生后，作为一个实用且易用的概念，迅速应用到新闻传播学领域。20 世纪七八十年代，包括盖伊·塔奇曼（Gaye Tuchman）和托德·吉特林（Todd Gitlin）等人在内，将戈夫曼提出的框架理论当作参考，基于此提出了媒介框架的相关理论。

塔奇曼认为框架存在于新闻生产的整套流程之中。她细致地介绍了新闻制作核心环节里的一系列框架，比方说空间网络、新闻来源、价值与内容、表现形式等等，认为“新闻生产的行为是现实本身的建构而不是现实的图像的建构。”她进一步指出：新闻框架不但和新闻生产息息相关，而且承担了稳定生活秩序、协调现实生活等多重功能。②对新闻记者来说，框架代表着精简繁杂多样的客观现实，依据通行做法，快速把它们融入新闻报道之中，并通过特殊的规律呈现新闻事件。这一整套新闻记者的分类、筛选、判别与采编活动，便构造出一系列的新闻框架。

把框架理论应用至传播学领域的探讨，最具代表性的是 1980 年吉特林所编写的《新左派运动的媒介镜像》这本书，其一方面应用了框架理论对 20 世纪 60 年代爆发的学生运动以及大众媒介与之存在的关系作了深入分析，并且对戈夫曼提出的理论概念作出了补充与完善，给框架下了更明确的定义：框架

---

① Goffman E, *Frame analysis: An essay on the organization of experience*, Cambridge, MA, US: Harvard University Press, 1974, p.21.

② ［美］盖伊·塔奇曼:《做新闻》，麻争旗等译，北京：华夏出版社 2008 年版，第 134 页。

是“关于存在着什么、发生了什么和有什么意义这些问题上进行选择、强调和表现时所使用的准则。”框架是连续不变的认知与叙述范式，同时也是“选择、强调和排除”的稳定范式。①

20世纪80年代，框架理论获得了飞速发展，一些学者把它叫做“探究媒介和民意关系的新型范式”，学术界对此进行深入研讨。美国著名学者加姆森(Gamson)是这一领域主要开创者。他在戈夫曼的基础上综合了社会学和心理学的研究，认为框架的定义可分为两类，一类为“界限”(boundary)，指人们观察世界的范围，即取材的范围，包括取舍的应有之义。框架如同人类洞察客观世界的镜头，所有加入至内的情景，均变成人类眼中的客观世界的组成部件，可将其延伸至对社会现实的规制。另一类为“架构”(building frame)，它指的是基于框架所构造的内容，它属于意义和内涵的连接，人类据此对客观外部世界进行解读，换言之，它是一种观察事物的世界观。②

而恩特曼(Entman R.M.)指出，框架包括两项功能，首先是“选取”，其次是”显现”，把框架的含义界定成“利用某一定义、因果关系、道德评价，后者推介某类处理方法，以选取与显现事物的某一方面。”在此之中，框架的使用者根据感受的客观事实进行筛选，并通过文本信息传递出来，以体现“意义解释、归因推论、道德评估及处理方式”的建议。③框架存在于传播过程的四个环节之中：传者、文本、受者和文化。

从戈夫曼到塔奇曼、吉特林，从框架到新闻框架，这些定义延承了社会学和心理学上的框架概念，但他们的定义切入点并不相同，一些强调传媒的新闻构造，一些强调人们的意义构造。但总的来说，“框架”的关键内涵得以保存，即传播主体经由主观认知对社会现实进行的建构。

---

① Gitlin, T, *The Whole World is Watching*, University of California Press, 1980, pp.3, 26.

② Gamson W A, Croteau D, Hoynes W, et al., “Media Images and the Social Construction of Reality”, *Annual Review of Sociology* Vol. 18(18), 1992, pp.373–393.

③ Entman R M, “Framing: Toward Clarification of A Fractured Paradigm”, *Journal of Communication* Vol. 43(4), 1993, pp.51 – 58.

20世纪90年代之后，学者们对框架理论的研究热情持续不减。尽管新闻生产者在传播新闻时，往往会采用互不相同的新闻框架，而通过这些框架分析可以辨识出传播者的某些特征。然而学术界指出，方式选取具备的多样性，可利用深入剖析辨别新闻框架的特点。学者关于框架的分类也依据不同的标准分为很多种，de Vreese基于前人成果，对框架的类别作出了归纳和细分：一些框架与具体的议题存在密不可分的关系，可将其称为“具体议题框架”；另一部分框架超越了具体议题限定，能够在不同的报道题材中被广泛应用，更有甚者能够突破时空限制、在不同的文化语境内运用，这种框架被称为“通用框架”。①

1993年，潘忠党和柯斯基在前人学者的理论基础上对框架的含义做了界定：媒介框架就是符号工作者长期组织言说（包括口语和视觉）的过程，长期以后形成固定的认识、解释和呈现形态，以选择、强调以及排除。②台湾著名学者臧国仁将框架概念解读为两层含义：由动词属性来说，它是界定外部世界，在心中再造现实框架的过程；由名词属性来说，它是形成了的框架。此外，该学者把框架分成高、中、低三个层次。③

进入21世纪之后，我国学者也开始关注这一领域，出现了一批有影响力的学术成果，并且表现出多样化和开放性的特征。李希光等人对框架的定义如下：“新闻写作的立场、视角构成了一则新闻报道的框架。”④黄旦对新闻框架的理论进行了总结，认为它的核心问题为媒介创造，也就是说，媒介如何反映

---

① Vreese C H, “News Framing: Theory and Typology”, *Information Design Journal & Document Design* Vol. 13(1), 2005, pp.51–62.

② Zhongdang Pan, Gerald M. Kosicki, “Framing Analysis: An Approach to News Discourse”, *Political Communication* Vol. 10(1), 1993, pp.55–75.

③ 臧国仁：《新闻媒体与消息来源：媒介框架与真实建构之论述》，台北：台北三民书局1999年版，第51页。

④ 李希光、赵心树：《媒体的力量》，广州：南方日报出版社2002年版，第7页。

客观世界，同时对受众的解读加以引导。①

实证研究中案例颇多，常以单个媒体对社会热点话题的报道为框架研究对象。此外，关于跨地区、跨国家的媒体报道的比较分析的研究也不少。

董天策等对中国香港与中国台湾的两个报社关于“连战访问大陆”报道作出框架剖析，指出就两个报社的运营性质来说，一个是市场化报刊，一个是党政类报刊，这是导致其报道框架表现出显著差别的深层次原因。②

罗以澄、陈刚以“华南虎照片”事件为研究对象，通过对新华社、《华商报》、《广州日报》、新浪网（专题）的报道做了量化剖析，由框架高级、中级、低级三大层级入手，对媒体在颇具争论的焦点事件里怎样设定新闻框架、重现争论、引导受众舆论等做了深入的分析。③同样是对争议性事件的框架分析，曾繁旭针利用框架分析，研究了在意识形态、商业利益以及专业主义等方面秉持不同立场的报纸，如《人民日报》《南方都市报》和《科技报》对于气候变化议题的报道中存在的框架争夺、共鸣与扩散。④

张涛甫和伍庆祥以昂山素季事件为典型案例，考察缅甸媒体如何定义、叙述敏感事件，比较民主化进程中官方媒体和民营媒体的报道框架差异。⑤曾妮研究了《国际先驱论坛报》涉及美军虐囚事件的相关报道中出现的相互矛盾的两个报道框架，得出美国的媒介同政府是各自独立又互相依赖的密切关系，美

① 黄旦：《传者图像：新闻专业主义的建构与消解》，上海：复旦大学出版社 2005 年版，第 232 页。

② 董天策、徐宁：《从“连战访问大陆”看市场化报纸的时政报道——香港〈东方日报〉与国民党〈中央日报〉报道框架的比较分析》，《西南民族大学学报》(人文社科版)2005 年第 6 期。

③ 罗以澄、陈刚：《论新闻媒体对争议性事件的报道框架——以“华南虎照片”事件为研究对象》，《当代传播》2008 年第 4 期。

④ 曾繁旭、戴佳、郑婕：《框架争夺、共鸣与扩散：PM2.5 议题的媒介报道分析》，《国际新闻界》2013 年第 8 期。

⑤ 张涛甫、伍庆祥：《社会运动中的媒体行动者——以缅甸媒体的昂山素季事件报道为例》，《国际新闻界》2011 年第 10 期。

国媒体的自由是有局限的。①王秀丽、韩纲、帕梅拉·J·休梅克以美国的《新闻调查》节目为研究对象，采用内容分析方法来检视塞莫特克提出的“冲突、人情味、经济影响、道德和责任归因”五个一般性框架的在该节目中的显现度。②

近年来，伴随着互联网媒体层出不穷，网络用户总量明显增长，网络民意对媒介框架的影响作用越来越明显。同样是通过内容分析法，吴世文基于对“邓玉娇案”特定背景的观察，将同一事件在政府、党报、市场化媒体和网民的文本之间的框架互动纳入研究范围，得出“网上公众意见和网下新闻报道间存在双向互动关系”的结论。③

传播学的研究者在探讨框架问题的时候，常常将新闻文本作为研究对象。他们运用了量化内容分析和质化的文本解读等方法，研究新闻报道中呈现的象征符号和表意元素及其阐释意义，揭示新闻得以“建构、传递和发展”的框架———句法结构、脚本结构、主题结构和修辞结构等。④为了避免在文本研究过程中掺杂主观色彩，坦卡特等尝试着把量化研究和框架分析相结合，选取了11个指标形成了一个标准通用的框架列表，用来指导学者们对文本框架进行相对客观地归类。这套框架列表的具体指标包含：新闻标题、导语、图片、注释、信源、数据、图表、结论等。⑤由框架理论出发，我们得以多维度多层面地考察微信平台上灾难新闻不同传播主体的媒介框架呈现及互动。

---

① 曾妮：《局促的自由——美国媒体关于伊拉克虐囚报道的框架分析》，《国际新闻界》2005年第1期。

② 王秀丽、韩纲、休梅克：《〈新闻调查〉1996—2005：一种框架分析》，《国际新闻界》2011年第12期。

③ 吴世文：《新媒体事件的框架建构与话语分析》，济南：山东教育出版社2014年版，第74—78页。

④ Zhongdang Pan, Gerald M. Kosicki, “Framing Analysis: An Approach to News Discourse”, *Political Communication* Vol. 10(1), 1993, pp.55–75.

⑤ S. D., Grandy, O., and Grant, Jr. A. E, *Framing Public Life: Perspectives on Media and Our Understanding of the Social World*, Routledge, 2001, p.95–106.

第三章　微信平台灾难新闻的传播主体及其框架建构

微信作为平台型媒体，不仅改变着人们工作和生活的传统模式，也成为社会迅速应对灾难的重要手段，各种类型的新闻传播主体活跃其间。正是缘于政府、公众、媒体这三类传播主体的彼此竞争、协商、妥协、合作，才形成了当代中国基于微信平台的灾难新闻传播景观。

第一节　微信平台灾难新闻传播的主体构成

Web 2.0 时代新闻的传播者与受众之间的界限并不清晰，两者在一定的时空可以相互转换。换句话说，每个人都有机会变成灾难新闻的传播主体。基于利益关联者理论，我们得以多维度、多层面地考察微信平台上灾难新闻的各个传播主体的多元特质及其“多边”关系。

基于本质论的角度而言，灾难新闻的传播主体之所以能形成统一的看法，其根本原因在于他们拥有相同的利益目标。基于方法论的角度而言，灾难新闻传播中的利益相关者欲达成共识、实现利益互惠，必须以沟通为手段。公众的全部沟通行为均是由怎样生产与发展能传递信息的符号入手，以达到价值与利益的共同分享。显而易见，微信平台灾难新闻的发布、传递与参与正是这些利益相关者共同谋求利益、实现多方共赢的过程。

一、灾难新闻传播中的利益相关者

最先对“传播者”展开深入探究的是美国学者卢因，他在 20 世纪 40 年代最先提出了“把关人”理论，后来在怀特的证实之下得以大范围推广。此后的传播者（也称为“传播主体”）研究大致经历了从个体到组织再到社会制度的一系列过程。新媒体时代来临之后，伴随网络信息传播方式的革新，大众传播逐步失去了信息垄断的优势，群体传播与人际传播依托网络取得了良好的传播成效，它们中间的分界线越发模糊。

把管理学领域的利益相关者理论应用至本研究中可见，灾难新闻传播中的利益相关者应当被划分成三大类：政府传播者、媒体传播者和公众传播者。在当代中国社会中，不管是公众、媒体还是政府，均拥有单独的政治与经济利益。这几年，中国频繁爆发不少灾难性事件，促使公众更为重视自己的安全问题，并且对相关新闻传播的客观性和时效性也提出了更高的需求。

政府传播者承担着灾害预警、灾害救援、灾损发布的责任，是灾害讯息最权威的新闻来源。公众传播者有效弥补了专业传播者在灾害突发现场的“缺席”，及时记录第一现场的影像，发挥了重要的作用。媒体传播者联结政府与公众，是议程设置和舆论引导的关键力量，作为社会公器，代表公众行使社会守望的职能。

作为灾难新闻传播的三大核心主体，政府、公众与媒体缺一不可，相辅相成，共同组成了一个完整的系统。

（一）政府：权威信息的发布者

本研究所指的“政府”是广义层面上的，它指的是以国家机关为核心的社会公共部门的整体，是国家之中拥有政治权力的所有组织系统，并非狭义层面上的概念，即仅指国家行政机关。

政府是国家必不可少的组成部分，同时具有作为公共管理机关的属性和作为组织统治工具的属性。[①] 对中国政府而言，理论上它和全体民众的切身利益是根本一致的，然而在实践操作过程中，特别是伴随社会阶层不同利益的逐渐分化，政府和公众的利益诉求又存在着明显的差异。灾难产生之后，政府作为管理主体必须承担信息传播的主导角色，通过信息传播塑造组织形象，从宏观上掌握危机管理的主动权，最大限度的减轻经济亏损。作为应急管理必不可少的一环，灾难新闻的有效传播就要求政府部门遵从相关法律与政策，提高信息把关能力，增强议程设置观念。

在灾难爆发的第一时间，政府部门必须采用行之有效的举措，做出计划和部署。整合各类资源，利用最合适的渠道发布最准确的信息，一方面满足公众知情权；另一方面指引公众正确应对危机。具体来说，灾难信息传播中的政府传播者具有以下特点：

1. 以塑造政府形象为传播目标

政府的首要职责在于对社会事务予以管理，为公众提供服务，因此满足公众知情权也是它的任务之一。灾难一旦爆发，政府的信息公开程度，不仅影响着大众传媒对灾难事件的报道态度，也决定着社会公众对灾难事件的了解水平。

传统媒体时代，政府作为灾难新闻的重要传播主体，通常会为灾难信息奠定基调。伴随新媒体时代的来临，政府对信息的把关能力遭到弱化，许多并未通过政府审查的信息利用互联网平台对外扩散，政府传播者的垄断优势渐渐丧失，使得政府部门必须遵循信息规律、转变传播形式、拓展传播领域。[②]2008 年 5 月 1 日出台的《中华人民共和国政府信息公开条例》[③]，通过立法的形式对政府职能部门信息公开行为作出了明确规定，在一定程度上直接导致了《新闻

① 王时中等:《现代政府管理通论》，南京：江苏人民出版社 1999 年版，第 52 页。

② 徐占品、刘利永:《新媒体时代灾害信息的传播特点——以北京 7.21 特大暴雨山洪泥石流灾害为例》,《新闻界》2013 年第 5 期。

③ 国务院;《中华人民共和国政府信息公开条例》，2007 年 4 月 5 日。

联播》等传统媒体在汶川大地震里表现出巨大进步，报道的客观性和新闻的时效性都明显增强。[①]政府积极参与灾难新闻的传播，目的并不仅仅是服务人民的信息需要，更多的是希望加强和公众之间的有效互动，根本目的在于维护政府正面形象。

2. 主要采用组织传播的方式

组织目标的达成，离不开有效的信息交互。政府作为传播主体，必须要利用组织内部上级和下级政府部门之间的信息交换来实现传播效果。在灾难爆发以前，把有关灾难预警的数据符号转化成话语符号，对灾难出现的时间、途径、范围予以明确；当灾难出现以后，政府部门必须要对上级汇报人员伤亡及财产损失状况，由相关职能机构来组织开展救灾工作。与此同时，政府作为传播主体，必须要利用组织外传播，通过召开新闻发布会或者借助大众传媒的渠道，把审核过的灾难新闻面对大众予以公布，《中华人民共和国政府信息公开条例》第十五条明确要求“行政部门应该把自觉公布的政务信息，利用政府公告、报刊、电视、网站、新闻发布会等诸多方便大众知情的形式对外公开。”[②]

由此可见，政府的组织外传播方式包含两种，首先是利用政府部门自持媒体对外公布相关信息，具体来说包含政府官方网站与微信、微博、移动客户端等；其次是利用大众媒体对外传播信息。高效地组织外传播，是政府部门、各界媒体与社会公众的共同利益诉求：灾难事件关乎个人的生命和财产安全，深受社会各界的广泛关注，也是媒体与公众最期待的新闻议题之一；政府部门在应对突发灾难时，离不开大众传媒的支持，凭借其强大的号召力来稳定社会情绪、引导网络舆论、保障政府权威。因此，通常在灾难爆发以后，政府会举行新闻发布会，面对台下的新闻媒体传递最新的灾情动态以及救援信息，新闻发布会蕴含两大功能，其一是发布信息；其二是统一口径。

---

① 徐占品、李华等：《在探索中发展：〈新闻联播〉灾害事件报道的嬗变》，《防灾科技学院学报》2008年第3期。

② 国务院；《中华人民共和国政府信息公开条例》，2007年4月5日。

3. 发布的信息具有权威性

政府享有处理社会公共事务的合法地位及能力，因此作为信息发布主体具有极强的权威性，也是最为集中的信息源。2006年《国家突发公共事件总体应急预案》明文要求：突发公共事件的信息发布应当及时、准确、客观、全面。在突发性事件出现的最早阶段，必须对整个社会公布简明扼要的信息，接着公布初期核查状况、灾难应对举措与大众防御举措等。依据事件处理状况来落实后期信息公布工作，发布信息采用的方式具体包含授权公布、新闻通稿与报道、接受媒体访问、召开新闻发布会等等①。这些渠道具备权威性，具体来说，首先体现于信息公开的等级非常高，比方说灾害事件的提前预告和预警信息必须要通过国务院及相关机构对外公布；其次，对外公布的信息非常关键，一般是关乎国计民生问题或者威胁到大众生命财产安全的诸多信息；最后，公布流程非常严格。在对外公布信息时必须遵照规定的流程比方说地震预告必须要首先填清预告卡，接着通过相关部门研讨，最终呈交国务院对外公布，不许个体或相关组织对外公布。同样，政府在某些情况下还控制了媒体对灾难事件报道的信源，例如，政府为确保消息来源的统一，会要求所有媒体运用某个指定权威媒体发布的稿件，比方说新华社等。

社会主义新闻传播事业是中国共产党所带领的社会主义国家各类新闻媒体单位、媒介组织的统称。②政府职能机关通过制定新型的新闻政策、聘任领导班子成员、调整和约束媒体行为等方式对新闻事业予以管理。灾难事件具有极高的报道价值，但也有蕴含一定的风险，因此灾难新闻在历史上一直被视为严格管控的对象。

4. 信息传播贯穿灾难事件全过程

依据导致灾难产生要素的差别，可将突发性灾难划分成两种，其一是自

① 国务院：《国家突发公共事件总体应急预案》，《中国中医基础医学杂志》2006年第12期。

② 童兵：《理论新闻传播学导论（第二版）》，北京：中国人民大学出版社2011年版，第5页。

然灾难；其二是社会灾难。在所有灾难里，一些灾难能够提前预知，比方说气象灾难等。现如今，中国逐渐构建了健全的气象预报系统，通过天气预报及时防范灾难已经能够实现；但另一些灾难由于技术的阻碍，虽然能够作出提前预警，不过预报的精准度不高，比方说地震等自然灾害。如何对地震灾害予以及时准确的预警，是全球面临的共同问题，如今中国正逐步构建与完善地震预报体系。灾难的预报需要通过等级较高的政府机关对全体公众进行通告，对外公布的信息通常是有关灾难事件的最为关键的信息，它的及时公开能够规避自然灾害蔓延造成的各种损失。例如，1975年出现的盐城大地震，在提前做了地震预警后，挽救了6万余人的性命，减少了很多不必要的经济损失。再比方说2011年日本东部爆发的9.0级大地震，因为提前预报成功，死伤人员数量明显降低。在当今社会，一旦灾难爆发，政府部门立刻变成了灾难信息发布的最权威主体，对灾后救援工作是否可以有序进行具有决定性影响。2008年我国爆发了汶川大地震以后，政府领导的紧急救援队在最短时间内集合，奔赴汶川参与救灾工作；总指挥部利用权威性的媒体平台对外公布了灾害亏损相关数据与救灾状况，据此可知，政府部门是灾难爆发之后全程参与信息传播的唯一主体。

（二）媒体：社会舆论的引导者

本书提及的“媒体”指的是传统层面的大众传媒，包含国内广播、报纸、电视、新闻门户等诸多媒体。灾难爆发之前，政府传播者主要承担着预警责任。当灾难出现之后，公众对信息拥有巨大的渴求，不管是政府传播主体或者是公众传播主体，均很难达到公众的知情需要，因此作为传播主体之一的媒体就担负起信息传递的重责，是应对和处理灾难事件必不可少的核心环节。

由传播学角度而言，媒体天然具备大众传媒所具有环境监视的功能。在灾难信息传播中，灾难信息预警的传递就是对环境监视过程中出现的情况预报，分两种情况：一种面向政府，另一种面向公众。媒体是处在政府与大众中间的中介，三者共同成构成了交叉互动关系。媒体既受政府制约，又在一定程度上影响政府；既引导公众，又必须满足公众的需求。换句话说，媒体有服务公众的义务，密切关注灾难事件的发展动态，同时也是政府沟通的窗口，积极打通两个舆论场。

所以，在灾难新闻传播的整个进程中，媒体是必不可少的传播主体，是沟通政府和大众的有效中介。在新技术手段的影响之下，媒体与新闻记者的主观能动性明显增强，这就使得在灾难新闻报道中，媒体和政府之间因为利益诉求不同而展开竞争与博弈成为了可能。具体来说，灾难信息传播中的媒体传播者具有以下特点：

1. 秉持新闻客观性原则和受众至上原则

媒体传播者的信息传播是基于新闻专业主义要求所开展的一项活动，包含客观主义和受众至上等重要原则。新闻客观主义指的是在对新闻事件进行报道时，本着客观的态度，它是新闻记者遵从的行为模式，需要传递信息的主体尊重事实真相、依据客观事实的原本面貌来对新闻事件予以报道和追踪。受众至上原则指的是在对新闻事件进行报道时，必须要尊重读者、听众或用户的实际需要来对相关新闻予以报道。媒体工作者基本上都通过了专业培训和长期锻炼，拥有较高的新闻业务能力，能够精准地掌握受众的心理需要，可以把灾难性事件的浅层表象和深层内涵同时发掘出来，以充分满足受众对灾难新闻的多方需求。媒体传播主体通常也是某类大众传媒集团，其具备大众传播的资格与基础，长期累积的职业经验和新闻传统，让媒体传播者深切意识到只有遵循受众至上原则，才能增强自身的核心竞争力。因此，一旦灾难爆发，大众传媒都会争分夺秒地派遣新闻工作者到达一线，搜集第一手灾害消息并予以全面报道，进而承担了作为大众传媒应当肩负的社会使命和责任。

2. 主要采用大众传播的方式

灾难的发生会给人类社会带来显著的影响，首先它具有极大的破坏性，会威胁到灾民的生命安全，造成巨大的财产亏损，破坏社会物质与精神文明；其次容易引发大众的恐惧心理，并可能引起流言滋生。马斯洛提出的需求层次理论明确指出，人类的需求包括五类，从低至高分成：生理、安全、情感、尊重与自我实现。[①] 灾难的出现对个体的生命与财产安全造成巨大的威胁，这属于人类最低层但也最基本的生理和安全需求。所以这类事件一般会迅速变成公众广泛探讨的焦点议题。灾难事件具备明显的破坏性特征，加上政府的灾害预报经常存在失灵的情况，再伴随着大众传播对灾难新闻的不间断地快速传播，导致全体公众在面对灾难时容易陷入恐慌之中。如此一来，滋生了诸多的谣言，更加剧了人们的恐惧心理。[②] 因此，为了面向大众提供更多全面而真实的信息，大众媒体应该凭借自己的资源优势，采集灾难事件的各方面信息，编辑成灾难新闻，再利用优势渠道对外进行播报。另外，传统媒体的大众传播媒介同时也是政府进行舆论生产、舆情监测的基础，各类媒体依据其各自的功能定位，将灾难新闻经过把关之后，及时广泛地传播出去，对于引导受众舆论和澄清虚假信息具有不容忽视的积极影响。

3. 信息的内容具有全面性

灾难爆发之后，为了指引社会舆情朝着正确的方向发展，媒体必须要对各方面的相关信息进行整合。因为媒体作为重要的信息传递者，拥有一大批新闻采集团队和领先的新闻专业设施，它们所发布的新闻通常具有全面性的特点。特别是这几年出现的灾难报道，公众不但能够发现政府关心与灾区救助的正面基调，而且能够发现反思归因、行政问责以及避灾自救等多种信息。信息内容所具有的全面性，不仅得益于大众媒体拥有的充足资金、人员、物力以及新闻采编经验，而且还得益于各大媒体的通力合作：不管是传统的媒体或者是新兴的媒体，也不管是基于纸质传播媒介或者电子传播媒介，报纸、广播、电视、网站等各类媒体在新闻报道的合作过程中均显示出优势互补的特征，尽管存在视角的不同和形式的差异，但也从另一个角度体现出新闻报道的多元性和全面性。尽管在很长一段时间内，作为新闻传播主体的各大媒体，在灾难报道方面，往往秉持着小心谨慎的态度。进入新世纪之后，伴随新媒体的不断涌现，

---

① 贾小明、赵曙明：《对马斯洛需求理论的科学再反思》，《现代管理科学》2004年第6期。

② 徐占品：《安全恐慌下的谣言传播特点》，《青年记者》2012年第35期。

政府开始转变思想，逐渐采取尊重公民知情权的信息公开方针，这就使得媒体能够摆脱束缚、真正走上新闻专业主义道路，灾难报道中讯息内容的全面性也得到了切实保障。

（三）公众：灾难突发时的亲历者和记录者

公众之所以被认为是灾难新闻传播的利益相关者，是因为灾难事件涉及的不单单是某一个体的利益，而且还牵涉到大部分社会成员的公共利益。迄今为止，学者们并未对公众的内涵作出清晰的界定，著名学者哈贝马斯对此作了深入的探究，指出公众是一个广义的群体概念，即指一切拥有私人身份的主体，假如其接受了良好教育并持有一定资产，那么便可被视作听众与观众，在市场上消费一些能够被探讨的对象。① 论文提及的公众主要是指围绕灾难事件而联系在一起的能动的民众群体，他们关心与灾难相关的公共利益，既是灾难信息的接收者，也是相关讯息的传播者和反馈者。

据民政部、国家减灾委员会办公室发布的《2017 年全国自然灾害基本情况》显示，2017 年各类自然灾害共造成全国 1.4 亿人次受灾。② 一旦爆发灾难，公众就成了首当其冲的受害对象，所以其对灾害事件的一切信息产生强烈的需求。公众不但会自觉寻找多条渠道来搜寻和灾难有关的各类信息，并把它们当成正确决策与采取行为的根据，而且也会通过彼此之间的人际沟通，凭借着个人的主观经验对各类信息予以判断、验证与传递，结果可能产生有影响力的社会舆论，一方面能够对政府行为进行监督；另一方面又可以对媒体报道进行批判。

伴随新媒体技术手段的革新以及公众媒介素养的明显增强，导致传统层面的受众身份出现了巨大改变，除了接收信息并进行反馈以外，公众逐渐掌握了手机、相机、iPad 等诸多媒介来记录生活中的各种现实，并通过微信、知乎、

① ［英］J.C. 亚历山大编：《国家与市民社会：一种社会理论的研究路径》，邓正来译，北京：中央编译出版社 2002 年版，第 163—164 页。

② 民政部 . 2017 年全国自然灾害基本情况》，http://www.jianzai.gov.cn//DRpublish/ywcp/000000000027782.html，2018 年 2 月 1 日。

豆瓣等媒介进行公开发布。由某种层面上而言，公众早已由受众转变成了传播主体，特别是面对突发灾难时，充当着现场亲历者和客观记录者。[①]公众传播者在灾难事件中发挥着重要作用，具体如下：

1. 解决新闻媒体的“缺位”问题

灾难通常具有突发性特征，并且破坏性极大，以极快的速度对社会造成巨大的损害，在这种情况下，职业的新闻记者很难第一时间赶到现场，造成缺位的客观事实。于是，在灾难爆发的初期，往往出现公众对灾难新闻的井喷式需求与新闻记者难以迅速到位之间这一对矛盾，这时，公众作为传播主体，变成了化解这对紧急矛盾的最核心环节。当灾难发生时，部分灾民身处灾难现场，了解最直接、最客观的灾难信息，并利用相机、手机、平板电脑等设备记录并传递灾情，比方说美国爆发的“9·11”事件、上海陈毅广场踩踏事件、巴黎恐怖袭击、伦敦地铁爆炸……许多关于灾害现场的第一手信息，均是由在场的普通民众拍摄并保存的。这些图片、音频和视频资料后来变成了媒体新闻报道的核心素材，也是学界进行灾难新闻研究的重要资源。一言以蔽之，“公民记者”在当代灾难新闻传播的过程中，具有不可替代的重要地位。

2. 通过人际传播进行灾情传递及自救

现实生活中，在灾难信息传递不畅、国家救援尚未到位之前，不少灾民便已经着手自救与互救，这实际属于面对灾难时的人性使然。在救灾过程中，受灾的民众同样拥有对信息传播的强烈需求，然而受传播范围的约束，使公众的信息传播局限在人际传播方式。据报道，汶川地震发生后，不少受访的灾民均认为：地震爆发之初，最主要的救援形式为互相救助与自救。由于灾害引发的破坏非常大，专业救援队伍很难在短期之内抵达现场救助灾民。灾害爆发之后的 72 个小时之内被称为“黄金救援期”，这个时候，就必须依靠灾区民众，通过准确的信息传递，协助救援工作的高效开展。例如，公众利用对周边环境的熟悉告诉在场的其他灾民到什么地方来救助被掩埋在废墟之下的人们。在救灾

① 徐占品：《论灾害信息传播的背景、维度与价值》,《新闻爱好者》2012 年第 7 期。

过程中，公众既是传播者也是受传者，人和人彼此交互信息，利用反馈对信息去伪存真，进而引导自救与互救工作的有序进行。

3. 灾民传播的信息具有实用性

受灾的民众在传递信息时，是基于个人对信息的需要与社会交往需要而行动的，具备显著的实用性特点。心理学专家指出，受人们趋利避害思维与主观经验认知的影响，普通大众面对灾难事件都会即刻作出反应，尤其是当政府部门与主流媒体并未对外公布准确可靠的信息时，公众的人际传播能够获得良好的成效。[①] 身处灾区的受众在进行灾难信息传播的时候，无论是记录灾情还是传递信心，他们的出发点都是为了满足个人对信息的需要。另一方面，这种实用性还根源于人际传播的特点：灾难爆发之后，当地的受众根据其居住地区被分成若干小型团体，在每个团体内部，所有成员的信息传播目标是统一的，即进行多方救助。但限于人际传播方式的约束，他们传播的全部信息均来源于个人经验与主观认知，如此一来，信息传递就不可避免地具有实用性特征。除此以外，在现实生活中，公众基于各种社会关系而结成了联系紧密的关系网，当灾难突发时，彼此牵挂的公众，他们的互救需求就更为急迫。遵循“时间便是生命”这一救助原则，灾区的公众传播者的首要任务就是协助快速展开救援工作。在此阶段，所有的信息传递均是围绕自救与互救而进行，“实用性”成为灾区公众对信息进行选取与传播的最高准则。但是，当灾害发生后，来自灾民的第一手资料通常并未细致处理或审慎把关，而是利用非专业的手机终端等设备联网对外公布的，具有明显的碎片化特征，多半是个人的亲身经历和主观感受，所以，信息真伪难以判别，不免夹杂流言和谣言的泥沙。

二、微信平台灾难新闻传播的主体构成

进入到大众传播时代之后，挖掘、整合、传递新闻的主体为新闻单位系

① 杨晓丽：《美国自然灾害应急管理中的信息传播研究》，华中师范大学 2009 年硕士学位论文。

统内的专业工作者。伴随新型媒体层出不穷，新闻报道的专业化生产流程被突破，在人人都可能是记者的意识影响下，新闻传播主体范畴明显扩大。对应在微信订阅号的使用群体里面，其中的账号主体分为非认证（个人）和认证（政府部门和企事业单位）两种，结合前文所述的灾难新闻传播主体，又可分为政府、媒体和公众三类。微信平台上的灾难新闻传播同样是多元化的传播主体合力促成的产物。传播主体之间是相互影响的，并且这种影响关系往往是多方向的，且处于动态的变化之中，成为舆论形成、发展、波动等演变的基础和动力。[①]在传播灾难新闻的时候，唯有政府部门、各界媒体与公众三种传播主体彼此协作，相辅相成，才可以确保灾难新闻传播的客观性、准确性和全面性。

微信平台的新闻传播功能，在微信的不断进化中应运而生；从即时通讯工具到成为新闻传播的主要渠道，是开发出微信公众号功能以后才真正实现的。微信公众号的新闻传播方式，契合了互联网移动终端的发展需求，使得用户通过小量零碎的时间就能掌握新闻消息。另外，微信运营者限制了公众号发布新闻的频率和数目，确保因为“信息轰炸”的效果而引发用户的厌烦情绪。微信公众平台依靠以上优势累积了海量的用户群体，这就保证了其中致力于新闻传播与内容生产的用户获得了较为平稳的基础环境，能够鼓舞越来越多的新闻传播主体生产和提供高质量的新闻内容。

（一）政务微信：指尖上的政民对话

政务微信指政府部门在微信平台注册的官方公共账号，用于在微信平台上实时发布各类公共政务信息，发布新闻消息，提供相关法律和政策在线咨询，和公众进行沟通，对舆论进行及时引导等，被叫作“指尖上的政民对话”。政务微信一方面转变了传统政府部门的信息处理方式；另一方面推动了社会的对

① 夏雨禾：《突发事件中的微博舆论：基于新浪微博的实证研究》，《新闻与传播研究》2011年第5期。

话机制、信任机制和动员机制的创新。①

现阶段，政务微信公众号在全国发展迅速，从行政层级来看，目前政务微信公众平台已经搭建了一个从国家中央部委、省/直辖市、地市、区县，到基层的街道/乡镇、村委/居委/社区的系统性完整的垂直覆盖式网格政务微信网络。截至2017年12月，微信平台上面的政务微信公众号总数接近10万个。现阶段，政务微信公众号开设数量名列前茅的机构包含公安部门、政府办公室、检察部门、计生委、司法部门、人民法院、税务部门、共青团等等，几乎全是为大众提供公共服务的部门。显而易见，政务微信变成了如今政务新媒体的核心部分。

政务微信公众号具备的功能较多，具体包含五种：（1）定期为用户推广内容；（2）自觉为用户提供实用有效的线上服务；（3）和用户通过线上平台予以交流与互动；（4）为用户提供联络方式与链接地址；（5）为用户提供相关信息与事务办理进展的查询渠道。由功能视角而言，政务微信的诞生与政府信息公开及形象树立具有密不可分的关系。与政府的新闻客户端、官方微博等新媒体进行对比，微信在中国拥有规模最为庞大的用户作为支持，使政务微信公众号累积了众多的忠实用户；微信平台凭借着其交互性、精准性为政民之间的沟通提供了更深度更精准的服务，可以听民声、答民疑、解民忧；同时，作为具备私密性和即时性的有效沟通工具，用户无须担忧个人和政务微信的沟通过程被他人知晓——以上优势令政府部门和广大公众之间的距离变得越来越近。

2013年4月20日，四川省雅安县爆发了7级大地震，相距100余公里的成都同样感觉到了地震。初闻消息的市民心怀恐惧，都集中于广场等空旷地带。不到20分钟，政府新闻办公室的“微成都”公众号发出了有关地震等级、震源、覆盖区域等多方面的消息，十余万关注了该公众号的用户立刻通过手机等媒介获得了这条来自官方的确切消息，平复情绪、返回家中。由此可见，微信政务公众号发挥出了抚慰民众、减轻灾难负面影响以及引导舆论等功能，彰

① 郭泽德：《政务微信助力社会治理创新——以“上海发布”为例》，《电子政务》2014年第4期。

显出了政府信息发布的权威性与有效性。

政务微信作为政府部门传递权威消息、阐释相关政策以及舆情监察的新工具，还能够针对热点问题发出理性的声音，传递正确的价值理念引导公众舆论。比方说 2014 年 12 月份上海出现的外滩踩踏事件，灾难爆发初期，谣言层出不穷，基于公安局的调研结果，“上海发布”最早对外公布灾难发生时的真实情况，很多人通过该微信公众号的订阅或者朋友圈、微信群的分享获得了这些可靠消息，谣言及虚假信息得到了肃清，社会秩序安定也得到了保障。

2018 年 2 月中下旬（春节期间），受 67 年来琼州海峡持续时间最长的大雾天气影响，海口的三大港口轮渡被迫多次间歇性停航，当时，每天滞留上万车辆，高峰期一度超过 2 万辆、排队长达 20 公里、受困马路的滞留旅客近 10 万人。此事引起全国关注。海口市人民政府新闻办公室的政务微信“海口发布”从 2 月 20 日开始不断发布最新的灾情信息、救援进展和出行建议，稳定了受困旅客的情绪，避免产生更为严重的次生灾害。

以党政机关为新闻传播主体的政务微信，突破了过去科层制的信息传播形式，是网络时代社会各界进行交流与互动的新型模式。这一应用已逐渐变成了社会的潮流。①

（二）媒体微信公众号：开拓新的新闻场

在媒体行业竞争日益加剧的背景之下，再加上微信具有特殊的传播属性，越来越多的传统媒体将焦点放置于微信平台上，申请了公众号，试图开拓出媒体融合环境下的另一条新闻传播路径。

2013 年 1 月 1 日，《人民日报》开通微信公众号，并引起各界关注。在此以后，全国上下各大主流媒体也相继追随。目前尽管缺乏对传统媒体开设公众号与新闻推广状况等相关信息的详细而准确的统计信息，但基于刺猬公社每周发布的中国地区纸质媒介公众号排行榜可知，至少有 17070—18070 家纸媒

① 毛斌等：《新常态下政务微信的优化路径研究》，《情报杂志》2016 年第 8 期。

开通了微信公众号，其中最具权威的主流报刊，例如《人民日报》《南方周末》《光明日报》和各个省级与市级日报、晚报等无一例外地开设了微信公众号。他们的微信公众号的内容选择与栏目设计，与以往纸质媒介的对比，文本风格灵活多变，报道具有更高的时效性，贴近生活，聚焦热点，立刻受到广大用户的青睐，阅读和点赞量位居微信公众号总排行榜的前列。

除了纸媒之外，卫星电视、中央及省市各级电视台、广播频道至少创建了一个自己的微信公众号。其中"央视新闻"的影响力位居首位，"央视财经"的平均阅读量居于其次。凭借娱乐节目广受观众青睐的湖南电视台、浙江电视台的微信公众号的阅读量排名也非常高。另据统计可知，主流新闻门户，例如新华网、凤凰网、新浪网等都开设了微信公众号，不仅每天推送 4—10 次的新闻合辑，而且还利用点赞、评论等形式和用户进行沟通，搜集民间意见、探讨焦点话题。

在公众号开通不到两年的时间内，"人民日报"微信公众号在 2014 年中国微信 500 强的微信公众号排名中位列三甲，发布的内容常常收获上万次的阅读和转发，这与中国第一大报的权威性密不可分。据此可知，传统媒体运营的微信公众号背后，依靠的是强大的新闻采编团队、充足的人力与资金支持，这些优势延伸到新兴的微信平台上，把早期流失的用户再次吸引至自己身边。传统媒体的这次尝试，不仅在新闻实践活动中获得了显著的成功，而且在社会舆论引导中彰显出强大的影响力。

具体就灾难新闻的传播而言，传统媒体开设的微信公众号依附于手机终端，拥有移动性、及时性和便捷性等优势，因此在灾难事件中争取新闻报道的广泛性和时效性等方面体现出巨大优势。以 2013 年四川雅安地震为例，"央视新闻"第一次让公众感受到媒体的微信公众号在灾难新闻报道里具有不容忽视的功能："央视新闻"官方微信在 2013 年 4 月 20 日 8:16 面向全体订户推送一条"四川雅安爆发了 5.9 级地震"为题的灾难新闻，反应速度超过了其他所有传统媒体的微信公众号。在此之后，"央视新闻"公众号相继发布了 6 条和地震有关的信息，首先保证了灾难信息传递的时效性。不仅如此，除了发布地震救援信息,“央视新闻”还将视频直播和微信寻亲平台等多项创举融入其中。4月 20 日夜晚,“央视新闻”把自己的微信二维码名片放置于电视荧屏上，吸引更广泛的受众关注这起灾难事件。在这期间，微信辅助灾难新闻报道收到了很好的效果,“央视新闻”公众账号订户也增加了 10 万。

除了面对灾难进行第一时间的及时报道之外，微信公众号的后台还能获得订阅用户的全部信息，基于完善的用户分组功能，能够依据地区、年龄、性别、爱好等的差别来精确分组，这就为新闻信息的精准传递提供了可能。① 这种基于微信特点的精准传播方式，解决了传统媒体在以前历史发展中无法攻克的技术难题，即信息的到达率，这也为媒体在灾难事件中协助救援服务的开展提供了更好的技术帮助。

（三）意见领袖和普通个人：平等参与公共事务

随着移动互联网技术和内容聚合平台工具的发展，个人生产内容（UGC）时代正式开启，传播者和受众的界限变得模糊。存在于微信平台的新闻生产也突破了传统的媒介组织形式，不具备职业身份的普通公众也能成为新闻内容的创造者和传播者。因此，微信平台上的传播主体，除了政府和媒体之外，就是数量巨大的公众。按照影响力大小，公众又可分为意见领袖和普通用户两类。

有学者认为微信平台上的意见领袖，可被划分成两种：首先是位于朋友圈强关系网核心位置的意见领袖；其次是以微信订阅号弱关系网为典型代表的意见领袖。② 此处提及的强弱关系等概念均来自美国社会学家 Mark S. Granovetter 的“弱连接（Weak Ties）理论”，该理论指出，亲朋好友、邻里、同事等诸多熟人组成了社会关系网，他们是每个个人接触最多的群体，尽管范围受限，然而相对固定，而且认知相对深刻，所以这种社会关系被叫作“强连接（Strong Ties)”。另外，个人接触的社会关系具有广阔而交互的特性，稳定性较差，因

---

① 蔡雯、翁之颢:《微信公众平台：新闻传播变革的又一个机遇——以“央视新闻”微信公众账号为例》,《新闻记者》2013 年第 7 期。

② 陈雪奇、刘敏:《微信场域中的意见领袖》,《当代传播》2015 年第 3 期。

此产生的认知也处于较浅的层次，属于弱连接社会关系。两者对比而言，就强连接关系而言，容易局限于相对封闭的信息流通路径，无法将外部信息整合在一起；就弱连接关系而言，由于其接触的范围非常广泛，圈子内部的信息交互性更强。所以，Granovetter 认为弱连接在整个社会关系网络之中拥有传播快速、成本低廉、效率极高的优势①。

微信平台上的众多意见领袖利用微信公众号或者微信朋友圈来发布、转载有关焦点事件的新闻信息，通常会造成信息爆炸式的传播现象，对互联网舆论的走向产生重大影响。随着时间的推移，用户新闻生产逐渐走向专业化和组织化，部分微信公众号的创建者和内容生产者凭借自身的内容质量、历史积淀和传播影响力，成为微信平台上的意见领袖。他们中的代表有："壹读""大象公社""果壳网""同道大叔""咪蒙"等，他们发布的微信公众号文章，动辄就有几万甚至 10 万 + 的阅读量，传播面之广甚至超过了部分传统媒体。

近几年，电脑和手机的价格下限不断刷低，手机摄像、录音等功能更加完善，普通个人为创造新闻而投入的成本越来越低，顺手简单拍摄并且通过朋友圈或微信公众号上传、分享自己所见所闻的行为已经十分普遍。相对于政府、媒体、意见领袖的那种组织化的新闻生产过程，一般公众的新闻传播活动具备非专业性和不定期等诸多特征。举个例子，普通个人通过微信朋友圈发表的某条新闻，通常缺乏对当事者进行的访问，也没有对相关事件认真追查，只是通过某段视频或一张照片来传递片面信息，这就造成内容难以核实、新闻客观性降低。更有甚者，有一些微信用户有意制造和传播虚假新闻，比方说"紫菜是塑料所制造的""肉松变出了棉絮"等诸多谣言在微信朋友圈与微信群广为转发，甚至被某些把关不严的媒体微信公众号进行转载，变成了热门新闻事件。据此得知，经过普通公众之手进入朋友圈等多种微信渠道的信息，被多次阅读、分享和转发甚至纳入大众传播渠道，也能形成巨大的传播力，突破人际传

① 张胜兵：《弱连接对不同类型在线社交网络信息传播范围的影响研究》,《计算机工程与科学》2015 年第 1 期。

播和群体传播的限制——此时，信息也就转变成了新闻。

当灾难爆发时，普通公众是灾难事件中的知情者、信息发布者，甚至是最直接的受害者，也是相关信息的最大需求者之一。传统媒体时代，大灾害信息由政府和媒体把关，议程设置过程由专业新闻单位来进行主导，一般受众通常只能被动地接受相关议题。[①]伴随数字媒介技术的推陈出新，公众的信息传播观念明显加强，新闻媒介素养有所提升，微信平台也成为他们公平与自主地参与社会公共事务的渠道。[②]现实生活中，无论是意见领袖还是普通公众，都不再习惯单纯和被动地接受主流媒体的议程设定，更多的是依据自己收集到的信息对“媒介议程”进行判别，进而利用人际传播形式构建出一个个各具特色的“分众议程”，共同决定社会公共议程的产生与发展。

简单来说，在灾难信息传播过程中，公众可以借助微信平台的力量来参与社会公共事务的讨论，进而影响公共议程的形成。同时，这种趋势还有利于增强政府信息的透明化程度，监督政府部门对社会问题的有效治理。[③]

第二节　个案研究：以“2·15海南雾灾”事件为例

本章选择2018年2月爆发的“2·15海南雾灾”事件为典型案例进行内容分析，以期深入发掘不同传播主体在微信平台上建构灾难新闻的“细部”过程。在本案例中，研究对象是政府、媒体和公众三大类灾难新闻传播主体，但是为

① 白嘉新：《社会化媒体条件下我国报纸新闻生产策略研究》，渤海大学2015年硕士学位论文。

② 沈申奕：《突发公共事件中的政策、媒体、公众议程互动研究》，华东师范大学2011年硕士学位论文。

③ 许鑫：《网络公众参与：机制、局限与意义——基于三个网络公共事件的比较分析》，《浙江传媒学院学报》2014年第2期。

了便于更细致地比较研究，在某些场景中，笔者把媒体又分为官方媒体（例如人民日报、新华社等）与市场化媒体（例如南方都市报、澎湃新闻等）两类，有时候，又将二者合在一起作为“媒体”统一表述。

一、案例选择

（一）案例简介

2018年2月中下旬（春节期间），受自1951年有气象记录以来琼州海峡持续时间最长的大雾天气影响，海口的三大港口轮渡被迫多次间歇性停航，大量车辆和旅客不能及时出岛，引发全国关注（为了研究便利，下文将该灾难事件统一简称为“2·15海南雾灾”）。当时，每天滞留上万车辆，高峰期一度超过2万辆、排队长达20公里、滞留旅客近10万人。从2月18日起，海口市政府及众多部门、社会各界通力配合，彻夜不眠疏导滞留旅客。截至2月26日零时，共计输送了138902辆车和713820名旅客安全过海，已无旅客滞留，过海旅客和车辆通行速度恢复至以往春运水平，2月26日10点30分，海口市客货滚装运输突发事件一级应急响应终止，这场因67年一遇的罕见大雾引发的海口大滞留事件就此落下帷幕。

除了海南历史上最严重的出岛旅客滞留事件，本次大雾造成的另一次生灾害是一起船舶相撞事故：2月22日零时46分许，在广东湛江徐闻县海安新港航道1号至3号灯标之间水域发生一起两艘船舶碰撞事故，事故造成其中一艘货船沉没，5人落水，其中3人被救起，2人至今下落不明。

被誉为“黄金水道”的琼州海峡是中国的三大海峡之一，也是海南通往内陆的重要通道，连接琼粤两省。在琼州海峡，2月见到大雾并不稀奇，据1961—2006年的监测数据显示，1月的平均雾日最多，为5.7天；2月约为5.3天，且大部分为平流雾。平流雾来去突然、生成迅速，风向有利时，可在几分钟内布满整个港口、航道，对船舶航行安全威胁极大，而且预报难度大，严重妨碍船舶的靠港和离泊。因此，海事部门根据海上交通安全法和海口港港章规定暂停船舶进出港作业。

恰逢春节黄金周的返程高峰，自驾游车辆快速增长的现象也客观上加剧了进出琼州海峡的“拥挤”。数据显示：自2010年海南建设国际旅游岛以来，每年的春节到海南自驾游的汽车都保持在15%以上的幅度增长，造成海口多年春节黄金周出现不同程度的滞港情况，根据2018年节前进岛车流增量预计，今年要出岛的车辆增量预计到达20%，2018年春节黄金周七天需要出岛的车辆达到9万辆，旅客40.8万人次。

琼州海峡因雾封航，导致大量旅客和车辆滞留，对人民的生活和城市的交通产生严重影响，在微信平台上迅速引发了大量的关注和讨论，仅从微信公众号的灾难新闻传播来看：不仅海南省和海口市的政务微信公众号持续推送灾情与救援信息，全国各地的报纸、广播、电视、网站等专业媒体也同步发声，省内外的个人和企业的微信公众号积极加入救灾信息的传播阵营。

（二）选择理由

本研究选取本次“2·15海南雾灾”作为微信平台上灾难研究的个案，主要基于以下几个方面的考虑。

1. 危害性大，一级预警

大雾属于灾害性天气，因为能见度低，极易诱发交通事故。同时，雾和空气中的污染物质结合在一起还会对人的身体健康带来极大的危害。自然灾害作为灾难事件的重要组成部分，本身就极其复杂，在2012年10月份，国家质检总局对外公布的《自然灾害分类与代码》国家标准（GB /T 28921—2012）中，首次通过国家最高级别的方式对自然灾害类型作出了清晰的区分。[①] 其中，编号011200的“大雾灾害”被定义为：近地层空气中悬浮的大量微小水滴或冰晶微粒的集合体，使水平能见度降低到1千米以下，对人类生命财产特别是交通安全造成损害的自然灾害。

2007年11月1日施行的《中华人民共和国突发事件应对法（主席令第

① 张宝军等：《我国自然灾害分类的标准化》，《自然灾害学报》2013年第5期。

六十九号)》第 42 条规定:“可以预警的自然灾害、事故灾难和公共卫生事件的预警级别,按照突发事件发生的紧急程度、发展势态和可能造成的危害程度分为一级、二级、三级和四级,分别用红色、橙色、黄色和蓝色标示,一级为最高级别。”① 本轮琼州海峡的大雾,浓度最高时能见度小于 200 米。最长单次停航时间约为 11 小时,造成了上万旅客和车辆滞留问题。对此,2 月 19 日 20 点,海口市委市政府开始启动港口滞港应急一级预案。

2. 次生灾害严重,影响面广

次生灾害也称二次灾害,指的是在重大自然灾害(原生灾害)发生后,与其伴生或衍生(引发)的灾害。它往往会形成一条灾害链,持续地给人类社会带来深重的灾难,甚至有时,次生灾害带来的危害会远远超过主灾。② 本次雾灾过程中,因为能见度低而造成一船沉没、两人失踪的撞船事故,属于它的次生灾害之一;由于港口持续停航而造成史上最严重的出岛车辆和旅客滞留,则属于它的次生灾害之二。据心理咨询师分析,长时间疲劳、周围环境过于拥挤、慢性缺氧、睡眠缺乏等都容易诱发“旅途性精神病”——人容易缺水、缺钠、缺钾,造成脑细胞脱水,感到烦躁、头晕、乏力;严重时会发生休克、尿闭、急性肾功能衰竭等身体反应;部分人还会出现抑郁、狂躁、幻觉、恐慌等心理症状,产生伤害自己和他人的行为。③

1967 年罕见大雾让琼州海峡持续封航,一度滞留上万辆汽车、数万名天南海北的旅客,因出岛车辆长时间受堵而引起了举国上下的强烈关注。大雾在中国南部沿海影响范围广、出现频次高,海南省作为国家重点扶持打造的国际旅游岛,吸引了全国各地的游客,因此本次大雾造成损失也不仅仅局限于本省。见图 3-1。

---

① 新华社:《中华人民共和国突发事件应对法(主席令第六十九号)》,中央政府门户网站,http://www.gov.cn/zhengce/2007-08/30/content_2602205.htm,2018 年 2 月 1 日。

② 金磊:《灾害研究的两大关注点:次生灾害与保险》,《安全》2005 年第 1 期。

③ 佚名:《谨防次生灾害“雪上加霜”》,《瞭望》2008 年第 Z1 期。

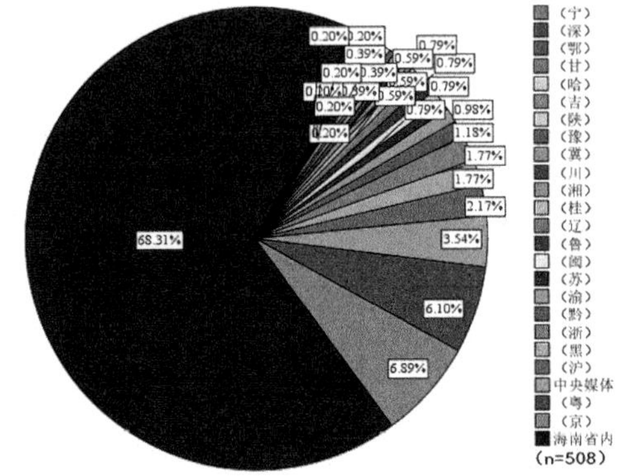

图 3-1 “2·15 海南雾灾”灾难新闻传播中微信公众号文本的地域分布

3. 传播主体多元而活跃

不同于在特大灾难的新闻传播过程中通常由媒体抢占了核心资源及最大话语权，在中小规模的灾难事件中，因其发生频率更高且更具接近性，公众往往能够更不受限制地参与其新闻传播及事务讨论之中。因为受灾人群的辐射地域广泛，所以本次雾灾在微信公众平台上已经演变成一个全国性的热点议题，参与灾难新闻传播的主体也更加多元。从微信公众号的归属来看，除了政府及各职能部门之外，还包括中央和地方的专业媒体，不仅涵盖官方媒体还包括市场化媒体，在积极发声的个人或企业中，既有自带流量的民间意见领袖，也有平凡的普通公众（见图 3-2）。因此，以本次“2·15 海南雾灾”作为个案，契合了本书研究问题的需要，具有典型意义。

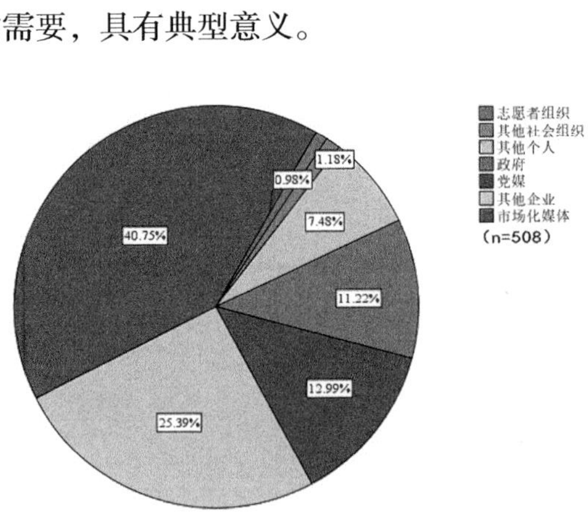

图 3-2 “2·15 海南雾灾”灾难新闻传播中微信公众号的不同主体分类

（三）阶段划分

为了深入剖析上述个案，本研究在还原事件之前，必须首先对事件的发展阶段进行划分。灾难新闻作为一种特殊的报道主题，具有危机传播的属性。因此，笔者借鉴危机传播的阶段划分，并参考以下几位学者的观点，以时间为序对上述个案的灾难新闻传播阶段进行划分。

危机传播阶段理论最早见于罗伯特·希斯的《危机管理》一书，他在书中针对危机管理的过程，将危机划分为四个阶段，分别为缩减阶段、预备阶段、反应阶段和恢复阶段，他的这一划分方式主要是基于政府或组织的危机管理阶段，但是也一定程度上忽略了危机本身的发展阶段问题，具有政府管理的价值性倾向。[①] 而在众多论著中，最受广泛认同并成为众多领域研究指导的理论基础的是斯蒂文·芬克提出的“危机传播四阶段理论”。1986 年，管理学者斯蒂文·芬克[②] 首次提出了危机生命周期理论，在该理论中，芬克通过医学术语的运用，形象生动地展示了危机管理中四个阶段（危机潜伏期、危机突发期、危机蔓延期与危机解决期）的特征，认为危机的形成和发展就像人的生命周期一样，在不同阶段都会显现不同的征兆，表现出不同的特点。

本研究借鉴斯蒂文·芬克的危机传播四阶段理论，将本次“2·15 海南雾灾”划分为爆发期、蔓延期和平息期三个阶段。爆发期，是指事件刚刚爆发的一段时期，人们在该时期内努力寻找更多的信息，并作出最快的应对。蔓延期，是指事件向更大范围蔓延和扩展的一个时期，越来越多的行动者进入事件的场域，推动事件向前发展，掀起事件的高潮。平息期，是指事件得到处理或被人们淡忘而逐渐平息。[③] 具体如下：

---

① ［美］罗伯特·希斯：《危机管理》，王成等译，北京：中信出版社 2001 年版，第 18—19 页。

② Steven Fink, Crisis Management: Planning for the Invisible, New York: American Management Assotiation, 1986, pp.1–5.

③ 吴世文：《新媒体事件的框架建构与话语分析》，济南：山东教育出版社 2014 年版，第 76—77 页。

第一阶段：爆发期（2月15—19日）。这一阶段自罕见大雾凝成开始，到海口市委市政府开始启动港口滞港应急一级预案为止。

本次大雾是从15日（除夕）开始凝成的，主要由于前期下垫面受冷空气影响，比较冷；后期冷空气减弱后转为偏南风回暖，暖湿气碰到冷的下垫面后凝结成雾。这种平流雾，在海上影响比较大，而且会持续数天，对海峡通航、航空运输和公路交通都会造成一定影响。大年初三以来，海口的几个港口附近每大滞留上万车辆，19日下午出现三次反复停航，滞留旅客超过4万人、小车约1.5万辆，造成滨海大道、丘海大道等路段全面堵塞。海口市委市政府先后启动客货滚装运输突发事件三级、二级应急响应，并于19日（大年初四）20时启动了一级应急响应。当晚，海南省海峡办、市交通港航局、海口海事局、市委宣传部、秀英区政府、市交警支队等13个单位在各港区设立现场指挥部，对滞港情况进行应急处置。

第二阶段：蔓延期（2月20—26日）。这一阶段自政府领导救灾行动开始，至2月26日10时30分起终止海口市客货滚装运输突发事件应急响应为止。

大雾持续不散，海口共出动交通、环卫、港航部门的工作人员以及志愿者、救援义工、驻琼官兵等5.8万余人，24小时轮班进行应急救灾。截至2月26日上午10时，三个港口运转状态良好，待渡车辆809辆，无旅客滞留，通行速度已恢复至春运正常水平。同时，随着灾难事件在微信平台上滚雪球似的传播和扩散，越来越多的政府部门、媒体和公众加入了新闻传播者的阵营——除了发布或转发灾情和救援服务信息之外，对于本次雾灾产生的自然与社会原因、救援过程中的好人好事、部分不文明的现象、海南岛的历史背景等都进行了广泛深刻地探讨。

第三阶段：平息期（2月27—3月9日）。这一阶段由于大部分游客已经离岛，并且大雾天气有所好转，再无出现车辆滞留情况，事件渐渐平息并开始淡出人们的话题中心。

这一阶段的节点性事件主要有两个：为了应对即将到来的又一轮长达20小时的大雾，2月28日凌晨“秀英港预约排队系统”正式推出，在秀英港试运行。这一便民举措改善了旅客长时间排队、城市道路拥堵等现象，对进港车辆起到引导和维持秩序的作用。3 月 3 日下午，海口市旅游发展委员会召开"抗雾保运"爱心行动总结表彰大会，对积极参与救灾的涉旅行业协会、企业及个人予以表彰。至此，本次"2・15 海南雾灾"基本画上句号。

二、抽样方法

（一）研究样本：微信订阅号

2012 年 8 月 23 日微信公众平台上线，首次开放认证，自此，微信的沟通平台更为广阔，它不再只是个体之间人际交流的平台，而变成一个开放多元的信息内容聚合平台。政府、媒体、企业以及无数的个人公民入驻其中，并且利用这一平台与海量的微信用户进行沟通，使信息能够更为直接、快速、广泛地传播开来。

微信公众号按照应用方式可以分为订阅号和服务号两大类。订阅号主要指的是能为用户提供信息和资讯的那一类，它具备大众媒介的部分特点，尤其适用于新闻信息的传播，但他们也会受到来自于微信运营方的一些限制：每天推送给订阅者的次数和信息数目是固定的，并且这些群发信息不会出现提示，只能自动存储在一个名叫"订阅号"的大文件中。服务号则主要指为用户提供服务信息的公众号，适合一些政府部门和企业，推送的消息会出现在用户的聊天列表中，而他们受到的限制主要来自于关注者的需求。因此，本书所涉及的微信公众号指的全部是订阅号，目前学界普遍认为这种传播模式更具备大众传播的特点。

（二）抽样范围

本研究以微信订阅号为主要依托，以本次"2・15 海南雾灾"灾难事件的爆发作为起点，以笔者搜索当日作为终点，综合运用搜狗微信搜索平台、清博大数据等多个网络数据采集工具，限定"海口""大雾""秀英港""堵"为关键词进行组合搜索，共获取 2018 年 2 月 15 日至 3 月 9 日事件相关微信订阅号文章共 563 篇。经过人工筛选，排除与本次雾灾无关的样本后，最终获得样本共计 508 篇。在此，所得样本的 1 篇文章将构成本研究的 1 个分析单位。

分析单位是社会研究的基本要素，选择并确定分析单位是研究设计的一项重要内容，指的是所描述和解释的个体单位。① 分析单位是内容分析中最小的要素，是进行抽样的基础，在内容分析中起着关键的作用。② 根据前文论述，本研究着重分析政府、媒体和公众作为灾难新闻的传播主体在微信平台上的框架建构和互动，因此还必须在分析单位中按照微信订阅号的账号主体属性进行具体细分。

（三）时间分布

“2·15 海南雾灾”灾难事件中，政府、媒体（官方媒体和市场化媒体）、公众的微信文本的时间分布见图 3–3。

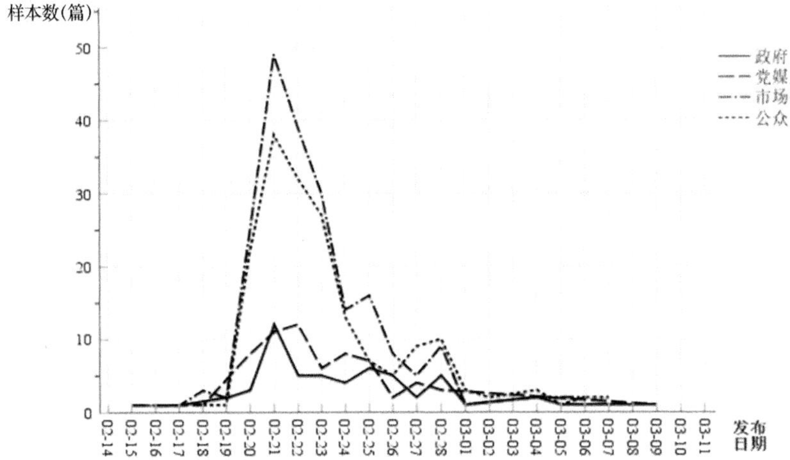

图 3–3 “2·15 海南雾灾”政府、官方媒体、市场化媒体和公众微信文本的时间分布

① ［美］艾尔·巴比：《社会研究方法（第十一版）》，邱泽奇译，北京：华夏出版社 2009 年版，第 319 页。

② 张小山：《社会研究中与分析单位有关的若干问题》，《黑龙江社会科学》2008 年第 3 期。

具体看来，政府文本、官方媒体文本、市场化文本和公众文本主要分布在2月18日至3月1日，其中有两次高峰：2月21日和2月28日。这源于两个节点性事件：2月20日8时，海口出岛过海车辆已滞留超1万辆，截至21日8点，待渡车辆仍有9612辆。海口三港周边多个路段拥堵严重，“2·15海南雾灾”导致的旅客滞留情况已经到了最严重的地步，这一新闻立即被人民日报、央视新闻、南方都市报、澎湃新闻、成都商报等高影响力媒体推送至官微，并引发了许多属于公众的微信订阅号的转发以及对“天价”机票的讨论。同时，海口市人民政府新闻办公室的政务微信“海口发布”与海口广播电视台的微信公众号“热带播报”等都在其微信订阅号上发布了一条《海口市人民政府关于临时调休的紧急通知》，向全体市民宣布海口市政府的应急举措。2月28日零时“秀英港预约排队系统”投入试运行，并在椰城市民云APP、新海港微信公众号、12345微信公众号、椰城市民云公众号上线。自此，海口秀英港从原来传统的随到随排模式向预约模式转变。这一便民举措的实施，立刻得到海南省内外的各方微信订阅号的积极推广和引导告知。

据斯皮尔曼相关性检验显示，四类文本的时间分布趋势都两两显著相关：政府文本与官方媒体文本（r=0.729，$p < 0.01$）；政府文本与市场化媒体文本（r=0.839，$p < 0.01$）；政府文本与公众文本（r=0.784，$p < 0.01$）；官方媒体文本与市场化媒体文本（r=0.823，$p < 0.01$）；官方媒体文本与公众文本（r=0.690，$p < 0.01$）；市场化媒体文本与公众文本（r=0.859，$p < 0.01$）。其中，公众文本与官方媒体文本的相关性最低（r=0.690）、公众文本与市场化媒体文本的相关性最高（r=0.859），政府文本与其他三者的相关性居中（r=0.729，r=0.839，r=0.784）。但总体来看，四者之间的相关系都十分显著，并且是双向的。一方面，诸多媒体报道和公众文本，引用政府文本作为信源以及评论、讨论的素材，作为介入事件的策略之一。另一方面，媒体报道和公众文本在一定程度上引起了政府的回应。例如，各方对于天价机票的讨论，推动政府部门协调民航局及各航空公司，最终促成增加航班以解决游客出岛的部分困难。

政府文本、媒体（官方媒体与市场化媒体）文本和公众文本的相关性在某种程度上映射着当代中国社会国家、媒体与公众之间的关系。

三、类目建构

本研究采用的是假设——验证的方法分析政府、媒体与公众在微信平台上的框架建构。因此，在全部阅读样本的基础上，归纳总结出微信平台上不同的新闻传播主体建构灾难事件的几个框架，并用消息来源验证这些框架是否成立。

（一）基本框架和次级框架的类目建构

在新闻生产的微观层面，媒介效果理论是用来预测和解释通过接触一则信息，个人是如何被影响的。很多关于框架效应的理论都是在这个层面来展开论述的。被引用最多的就是恩特曼的研究。他认为，演说、新闻报道、小说文本的框架主要有四种：界定问题、因果解释、道德评价、处理建议等。[①] 这四种框架被用来描述传播文本的力量，当然，恩特曼指出，特定的文本不一定同时包括这四种框架。总之，这四种框架可以被视为四个构成要素，它们组成描摹和映射人们认知、理解和阐释特定议题（或曰信息传播影响人们认知）的过程的“连续体”。[②] 这一研究成果后来被广泛应用于新闻报道文本的框架研究中。

结合“2·15 海南雾灾”的事件发展演变以及微信平台上不同传播主体的发声和讨论，本研究在初步阅读的基础上提出以下 7 个框架，并借助关键词的提取了旗下的次级框架。根据恩特曼的理论，媒体往往通过选择或者拒绝某些关键词来强化主题、凸显报道对象和塑造媒介形象。刘九州也认为，中国当代

① Entman R M, “Framing: Toward Clarification of A Fractured Paradigm”, *Journal of Communication* Vol. 43(4), 1993, pp.51—58.

② 吴世文：《新媒体事件的框架建构与话语分析》，济南：山东教育出版社 2014 年版，第 85 页。

传媒话语的传输功能，常常取决于“关键词”的选择和运用。① 因此，在任何新闻传播实践中，不同传播主体对关键词的选择性使用，都是最终的话语策略之一。通过分析本案不同样本中使用的关键词，可以透视政府、媒体和公众在微信平台上的态度和倾向（见表 3–1）。

表 3-1　“2 · 15 海南雾灾”灾难新闻传播中微信公众号的框架类型和次级框架关键词举例

框架类型	次级框架	关键词举例
灾情信息框架	天气、路况、港口信息	大雾、海口、港口、天气、路况
	游客滞留，海陆空难行	车辆、滞留、拥堵、停航、机票
	其他次生灾害	船舶、碰撞、严重
反思归因框架	灾情产生的自然原因	海事局、解释、释疑、科普、回应、发言
	灾情产生的社会原因	运力、瓶颈、旅游、凸显、规划、一体化
救援服务框架	作为指挥者的政府形象	保障、系统、领导、海口市、全城、总动员
	救援主体的社会各界	社会、组织、部门、交警、志愿者、服务、救援、帮助、积极、爱心、温暖
	救援服务的具体措施	预约、通知、试运行、应急
人文关怀框架	针对救援人员	晒伤、发红、特写、真情、架起、担当
	针对受灾群众	慰问、探望、口述、翻唱、受困、逃生
	东北人与海南岛的渊源	东北、发展、关系、分析
对策建议框架	为公众提供本次雾灾期间的出行建议	建议、提醒、前往、预计、避开、恢复
	呼吁政府从长远上提出根本解决方案	跨海、大桥、隧道、建设、海港、通道
道德评价框架	受灾群众的不文明表现	不文明、扰民、乱丢、垃圾、行为、展现
	灾情伴生的其他问题	机票、天价、需求、调控、股市、投资者
其他框架	对本次救灾表现点赞等	人民、中央、党报、央视、表彰、点赞、赢得、暖心、大爱

---

① 刘九洲：《对中国当代传媒话语的情景分析——以 1950 年至 1977 年〈人民日报〉元旦社论关键词为例》,《三峡大学学报》（人文社会科学版）2008 年第 5 期。

本研究提出的七个初级框架包括：①灾情信息框架，即对灾难相关信息和灾情衍生后果的客观描述；②反思归因框架，即对灾难产生的自然原因和社会原因的思考和总结；③救援服务框架，即对政府、社会各界、企业组织、热心市民的救援行动描写，以及告知具体的救援服务措施；④人文关怀框架，即对整个事件中涉及的人物采取一种人文关怀的视角描写，包括救援者、受灾者，以及目前海南社会人口结构的人文思考；⑤对策建议框架，即对事件处理和问题解决提出对策建议，既包括具体的避灾建议又包括呼吁政府制定长远的规划；⑥道德评价框架，即对整个事件中个别突出的现象进行道德评判，本案中主要表现为少数游客的不文明举止以及天价机票等问题；⑦其他框架，所有不能归入上述任何一类的框架，主要就是各方对海口救灾表现的赞扬，以及海口各级机关的开会总结等。

（二）消息来源的分类

消息来源，也称为信源，是一篇新闻报道的资料来源和途径，也是建构框架的重要指标之一。台湾学者臧国仁认为：“消息来源为社会行动之竞争者，彼此竞相在媒介领域中争取言说论述的主动权。这些竞争者各自透过组织文化动员资源与人力，建构符合组织框架的言说内容，并试图接近媒介，以争取其接纳论点，成为新闻框架的核心与基本立场，从而影响社会大众，建构社会主流思潮。”①

消息来源不仅提供新闻，而且还决定新闻的可信度。因此，本研究将微信平台上的消息来源划分为两大类：原创和转载（含加工综合）。其中，转载部分又可细分为三小类：①转载自政府部门信源；②转载自专业媒体信源；③转载自其他个人或企业的微信公众号。旨在通过分析不同传播主体在消息来源上的不同选择，来探究它们框架构建之间的区别与联系。

---

① 臧国仁：《新闻媒体与消息来源——媒介框架与真实建构之论述》，台北：三民书局1999年版，第32—44页。

四、编码与数据处理

编码操作主要由两名编码者（笔者和一名同专业的研究生）完成。在进行编码工作之前，与另一名编码者进行多次沟通，明确研究主题、编码指南和操作注意事项。为了保证编码质量，进行两轮编码预试。首先对 508 个研究样本进行从 1—508 编码，确保每个研究样本的 ID 唯一性。第一轮预试，利用随机数生成器生成 1—508 范围的 30 个不同的数字，对应研究样本的 ID 抽取出 30 个样本，两名编码者独立分别进行编码。对编码数据进行霍尔斯蒂（Holsti）信度系数计算，得到信度系数为 0.85；同时对编码间可靠性进行科恩 *kappa*（Cohen' *kappa*，κ）信度系数计算，得到 κ=0.81，单个变量的编码一致性在 0.70（议题框架）至 1.00（推送位置）之间，并对两份编码数据逐一对比，找到不一致之处，两名编码者进行沟通分析其原因，进一步统一测量标准。第二轮预试，与上一轮步骤相同随机抽取 50 个样本，两名编码者独立分别进行编码。对编码数据进行信度检验，得到霍尔斯蒂（Holsti）信度系数为 0.94，科恩 *kappa* 信度系数为 0.87。经过对每个变量的单独计算，得到单个变量的编码一致性在 0.77（报道对象）至 1.00（推送位置、总字数）之间，说明两名编码者的编码一致程度很高，编码质量得以保证。最后对研究样本正式编码。本研究采用统计分析软件 SPSS23.0 进行数据统计分析，使用了卡方检验、频次分析、交叉分析、图表等统计量。

五、分析与讨论

按照社会建构论的解释，处于不断变化的社会事实是人们根据客观事实，经由特定的社会过程建构出来的。因此，我们应该从过程的、动态的角度看待社会现象。在此视野下，“2・15 海南雾灾”在微信公众平台上的生成、传播和扩散也就表现为一个逐步被社会建构的过程。接下来，本书将探讨政府、媒体和公众是如何建构本次雾灾事件，在建构过程中使用何种框架，不同的框架又是如何呈现等问题。

（一）政府的框架建构

表 3-2 政府文本的框架表述与框架显著度①

框架类型	次级框架	爆发期		蔓延期		平息期		合计	
灾情信息框架	小计	4	100%	12	30.00%	2	15.38%	18	31.58%
	天气、路况、港口信息	4	100%	9	22.50%	1	7.69%	14	24.56%
	游客滞留，海陆空难行	0		2	5.00%	1	7.69%	3	5.26%
	撞船事故	0		1	2.50%	0		1	1.75%
反思归因框架	小计	0		1	2.50%	1	7.69%	2	3.51%
	灾情产生的自然原因	0		1	2.50%	1	7.69%	2	3.51%
	灾情产生的社会原因	0		0		0		0	
救援服务框架	小计	0		20	50.00%	7	53.85%	27	47.37%
	作为指挥者的政府形象	0		4	10.00%	3	23.08%	7	12.28%
	作为救援主体的社会各界	0		15	37.50%	1	7.69%	16	28.07%
	救援服务的具体措施	0		1	2.50%	3	23.08%	4	7.02%
人文关怀框架	小计	0		3	7.50%	0		3	5.26%
	针对救援人员	0		3	7.50%	0		2	3.51%
	针对受灾群众	0		0		0		1	1.75%
	东北人与海南岛的渊源	0		0		0		0	

① 框架显著度（Frame Salience，FS），即通过某个框架的使用频率来衡量该框架的显著性程度。本研究用每一个框架表述的篇数除以该时段内样本的总数。

续表

框架类型	次级框架	爆发期		蔓延期		平息期		合计	
对策建议框架	小计	0		3	7.50%	2	15.38%	5	8.77%
	为公众提供本次雾灾期间的出行建议	0		3	7.50%	1	7.69%	4	7.02%
	呼吁政府从长远上提出根本解决方案	0		0		1	7.69%	1	1.75%
道德评价框架	小计	0		0		0		0	
	受灾群众的不良表现	0		0		0		0	
	灾情伴生的其他问题	0		0		0		0	
其他框架	对本次救灾表现点赞	0		1	2.50%	1	7.69%	2	3.51%
合计		4	100%	40	100%	13	100%	57	100%

（备注：表 3–2 统计了各个框架表述的文本篇数及其框架显著度）

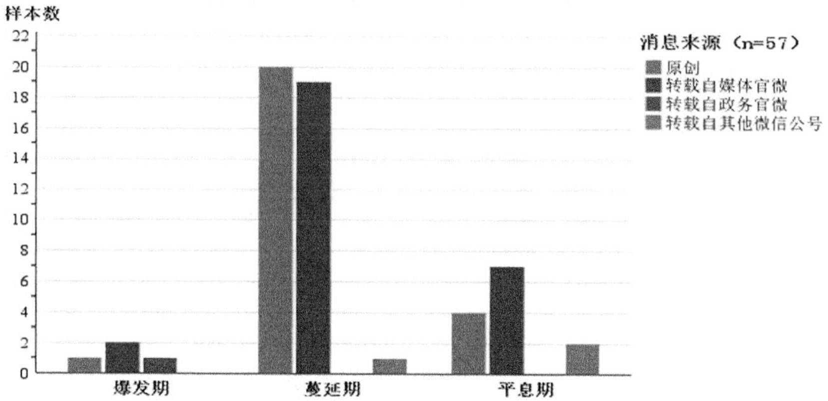

图 3–4　政府文本的消息来源

1.“2・15 海南雾灾”爆发期

框架建构方面，政府有关部门在事件爆发期主要使用了灾情信息框架

（FS=100%）（见表3–2），次级框架全部是天气、路况、港口等信息，信源来自原创和转自媒体及政务微信（见图3–4）。2月16日，海南省政府网推送了一条《未来七天海南岛大部地区天气较好》的公众号文章，转载了一篇海南省气象局的气象预报，其中提到“琼州海峡风力加大；早晚有雾，能见度较差，通航条件较差”。2月19日，海口市政府服务中心的官微“智慧海口联动指挥中心”发布了一篇转载消息《通知 | 受大雾影响，目前海口三港暂时停航》，发布停航信息：受大雾天影响，根据海口海事交管中心要求，新海港、秀英港于19日13时起暂停船舶发班海口至海安，开航时间等待海事通知；再次提醒：目前港口待渡车辆较多，请勿此时前往港口造成长时间滞留。这篇文章的素材是取自“热带播报、海口网、椰网、秀英区假期联席办”四个信源而综合加工而成。同日，海南省三沙市气象局的官微“三沙天气”发布了一篇原创文章《未来一周返程天气走起，琼州海峡“大雾”会早晚悄没声儿的出现》，文中对海南岛东部海面、西沙、中沙和南沙群岛未来一周的天气情况做了预报，并且插入引用了一小段海口网当天发布的海口停航信息。这几个信源本身具有一定的权威性，所以，在爆发期中，无论是原创还是转载，政府文本的信源与该时期的框架类型和次级框架高度吻合。

2.“2·15海南雾灾”蔓延期

框架建构方面，政府有关部门在事件蔓延期主要使用了救援服务框架（FS=50%）（见表3–2），次级框架突出了作为救援主体的社会各界，主要采用本级政府有关部门和媒体发布的信息，少量素材来自公众的微信订阅号（见图3–4）。这些信源能够证明其所采用的初级框架和次级框架。对比爆发期，灾情信息框架的比例略有降低（FS=30%），但次级框架增加了两个：游客滞留和撞船事故。同时，除了救援服务框架之外，人文关怀框架（FS=7.50%）、对策建议框架（FS=7.50%）和反思归因框架（FS=2.50%）也出现在初级框架列表中，其下属的次级框架不仅描述了政府和社会各界的救援行为、应急举措，而且还涵盖了对救援人员的特写，而且包括对雾灾形成的自然原因的专家解释，以及为公众提供海口当日的出行建议。具体而言，2月20日，共青团三亚市天涯区委员会的官微“天涯青年”发布了一篇原创消息《@所有人 海口三港滞留车辆超万，建议过海车辆暂不前往》；2月26日，海口市公安局交通警察支队的官微“椰城交警”发布原创文章《他脸部溃烂，但网友却说他“帅爆了！”真相是……》，热情赞扬了海口市交警支队秀英大队四中队的交警胡伟，他因长时间站在烈日下疏导交通，而造成脸上已经出现了大面积晒伤、发红以及严重脱皮的情况。在蔓延期即将结束的尾声，2月25日，中共海口市委宣传部的官微“文明海口”发布了一篇原创报道《海口全城抗雾疏堵！光明日报、经济日报纷纷点赞！》，对海口各界救灾表现作出一个阶段性总结。蔓延期是本研究整体样本量最多最集中的时间段，可是政府的框架建构显然忽视了灾情产生的社会原因与提出根本解决方案这两个方面。

3.“2·15海南雾灾”平息期

框架建构方面，政府有关部门在事件平息期虽然依然以救援服务框架为主（FS=53.85%）（见表3–2），但对策建议（FS=15.38%）和反思归因（FS=7.69%）的框架比例有所上升。次级框架突出了作为指挥者的政府形象，以及更新的救援服务措施，同时继续为海口各界的救灾表现点赞。信源主要来自媒体，其次是原创，从公众的微信订阅号采集的素材比例也有所增加（见图3–4）。2月27日，海口市人民政府新闻办公室的官微“海口发布”推送了一条来源自《海口日报》的总结性报道《八天八夜 此岸彼岸——海口“抗雾保运”工作纪实》，正面肯定了海南省和海口市各级政府的坚强领导和社会各界的大力支持。在次级框架中，增加了提议政府从根本上解决问题的呼声。3月4日，海口市科学技术工业信息化局的官微转发了一篇《瞭望》新闻周刊的微信订阅号文章《解琼州海峡通道之困，要不要建跨海大桥或隧道？》，认为“出入岛”困境要从管理上破题，当下最好做法是加强海运和航空通行能力建设。

（二）媒体的框架建构

媒体的新闻框架建构，本书按照其不同属性和市场定位，将新闻传播主体分为官方媒体和市场化媒体两类进行比较。具体如下：

1. 官方媒体的框架建构

表3-3　官方媒体的框架表述与框架显著度

框架类型	次级框架	爆发期		蔓延期		平息期		合计	
灾情信息框架	小计	4	100%	21	38.89%	1	12.50%	26	39.39%
	天气、路况、港口信息	4	100%	19	35.19%	1	12.50%	24	36.36%
	游客滞留，海陆空难行	0		2	3.70%	0		2	3.03%
	撞船事故	0		0		0		0	
反思归因框架	小计	0		1	1.85%	0		1	1.52%
	灾情产生的自然原因	0		0		0		0	
	灾情产生的社会原因	0		1	1.85%	0		1	1.52%
救援服务框架	小计	0		17	31.48%	5	62.50%	22	33.33%
	作为指挥者的政府形象	0		2	3.70%	1	12.50%	3	4.55%
	作为救援主体的社会各界	0		12	22.22%	1	12.50%	13	19.70%
	救援服务的具体措施	0		3	5.56%	3	37.50%	6	9.09%
人文关怀框架	小计	0		1	1.85%	0		1	1.52%
	针对救援人员	0		1	1.85%	0		1	1.52%
	针对受灾群众	0		0		0		0	
	东北人与海南岛的渊源	0		0		0		0	

续表

框架类型	次级框架	爆发期		蔓延期		平息期		合计	
对策建议框架	小计	0		7	12.96%	2	25.00%	9	13.64%
	为公众提供本次雾灾期间的出行建议	0		6	11.11%	2	25.00%	8	12.12%
	呼吁政府从长远上提出根本解决方案	0		1	1.85%	0		1	1.52%
道德评价框架	小计	0		5	9.26%	0		5	7.58%
	受灾群众的不良表现	0		1	1.85%	0		1	1.52%
	灾情伴生的其他问题	0		4	7.41%	0		4	6.06%
其他框架	对本次救灾表现点赞	0		2	3.70%	0		2	3.03%
合计		4	100%	54	100%	8	100%	66	100%

（备注：表 3–3 统计了各个框架表述的文本篇数及其框架显著度）

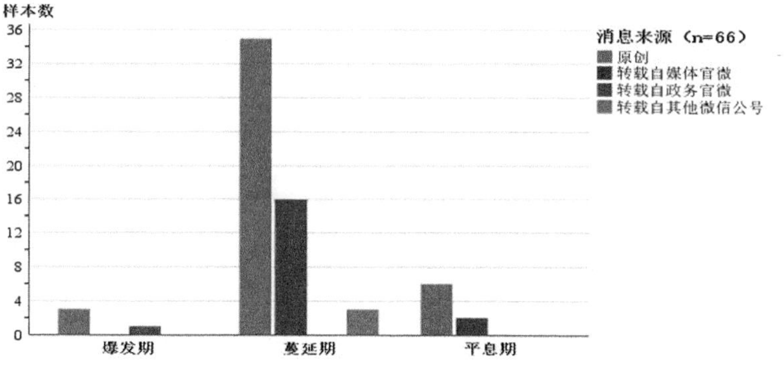

图 3–5 官方媒体文本的消息来源

（1）“2 · 15 海南雾灾”爆发期

框架建构方面，官方媒体在事件爆发期有 4 个样本，主要使用了灾情信息框架（FS=100%）（见表 3–3），次级框架全部是天气、路况、港口等信息，信源除了一篇转载自政务微信外，其余来自原创（见图 3–5）。2 月 16 日，海南新闻频道的微信公众号发布了一则春节气象消息《旺旺旺的不仅有狗年运势，还有气温！春节假期，海南将升温至 30℃》，文中用蓝色字体突出提示了“琼州海峡和海南岛东部海面早晚有雾”，转载自海南省气象局。2 月 18 日，海口市属专业新闻媒体“海广网”的微信公众号发布了一则原创消息《注意啦！受浓雾影响，海口秀英至海安航线客滚船 8 点 20 分起暂停通航》。该消息字数不超过 100，配图只有 1 张。信源与框架类型和次级框架完全一致。

（2）“2·15 海南雾灾”蔓延期

框架建构方面，官方媒体在事件蔓延期综合运用了所有初级框架，其中主要使用了灾情信息框架（FS=38.89%）和救援服务框架（FS=31.48%）（见表 3–3）。而次级框架的分布也较为均衡：占比最大的是天气、路况和港口信息；其次是突出作为救援主体的社会各界，值得一提的是，增加了对于灾情伴生的其他问题的道德评价，同时还思考了灾情产生的社会原因，并呼吁政府从长远上提出解决方案。当然，也不忘对海口本次救灾表现表现点赞。2 月 21 日，央视新闻的官微发布了一篇 100000＋的原创文章《大雾，海南，“还”难！》，全景描述了“2·15 海南雾灾”的灾难后果和救援情况。2 月 22 日，《经济日报》的官微推送了一篇文章《海南旅游遭遇“回家难”，机票一张超万元！这算不算“趁雾打劫”？》，综合了人民日报、央视财经等多家国家媒体的新闻信息，对航空公司“趁雾打劫”的行为予以批评。2 月 24 日，“央视新闻”发表了原创文章《大量游客仍滞留海南　琼州海峡能建跨海大桥吗？》，对雾灾造成的车辆拥堵、旅客滞留事件进行了归因分析，并援引专家的观点：是否修建海底隧道应从多角度论证。从信源上来看，主要采取原创的形式；其次，取材自其他媒体官微，还有少量报道转载自公众的微信订阅号（见图 3–5）。这些信源都能验证官方媒体在蔓延期所使用的框架。

（3）“2·15 海南雾灾”平息期

框架建构方面，官方媒体在事件平息期只采用了三个初级框架：救援服务框架（FS=62.50%）（见表 3–3），对策建议框架（FS=25.00%）和灾情信息框架

（FS=12.50%）。在次级框架中，最突出的是最新的应急措施。2月28日零时，"秀英港预约排队系统"投入试运行，因此，海南日报、海口日报、海广网等多家官方媒体的微信公众号都在当日推送出这条重要的政府信息，不仅告知，并且配以大量图片手把手教广大用户如何操作使用。由于2月28日之后海口陆续还有大雾袭来，造成间歇性的港口停航，因此，官方媒体在平息期的其余次级框架多以出行建议和天气路况信息为主。信源方面，官方媒体的新闻内容大部分来自原创，少部分转载自其他媒体。

2. 市场化媒体的框架建构

表 3-4　市场化媒体的框架表述与框架显著度

框架类型	次级框架	爆发期		蔓延期		平息期		合计	
灾情信息框架	小计	6	85.71%	93	51.38%	3	15.79%	102	49.28%
	天气、路况、港口信息	6	85.71%	57	31.49%	3	15.79%	66	31.88%
	游客滞留，海陆空难行	0		31	17.13%	0		31	14.98%
	撞船事故	0		5	2.76%	0		5	2.42%
反思归因框架	小计	0		6	3.31%	1	5.26%	7	3.38%
	灾情产生的自然原因	0		5	2.76%	0		5	2.42%
	灾情产生的社会原因	0		1	0.55%	1	5.26%	2	0.97%
救援服务框架	小计	0		37	20.44%	9	47.37%	46	22.22%
	作为指挥者的政府形象	0		6	3.31%	0		6	2.90%
	作为救援主体的社会各界	0		27	14.92%	2	10.53%	29	14.01%
	救援服务的具体措施	0		4	2.21%	7	36.84%	11	5.31%

续表

框架类型	次级框架	爆发期		蔓延期		平息期		合计	
人文关怀框架	小计	0		6	3.31%	1	5.26%	7	3.38%
	针对救援人员	0		0		0		0	
	针对受灾群众	0		5	2.76%	0		5	2.42%
	东北人与海南岛的渊源	0		1	0.55%	1	5.26%	2	0.97%
对策建议框架	小计	1	14.29%	19	10.50%	2	10.53%	22	10.63%
	为公众提供本次雾灾期间的出行建议	1	14.29%	16	8.84%	1	5.26%	18	8.70%
	呼吁政府从长远上提出根本解决方案	0		3	1.66%	1	5.26%	4	1.93%
道德评价框架	小计	0		18	9.94%	2	10.53%	20	9.66%
	受灾群众的不良表现	0		4	2.21%	0		4	1.93%
	灾情伴生的其他问题	0		14	7.73%	2	10.53%	16	7.73%
其他框架	对本次救灾表现点赞	0		2	1.10%	1	5.26%	3	1.45%
合计		7	100%	181	100%	19	100%	207	100%

（备注：表 3–4 统计了各个框架表述的文本篇数及其框架显著度）

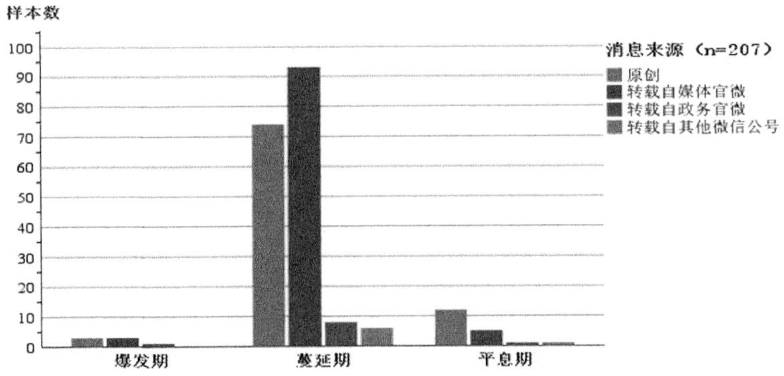

图 3–6　市场化文本的消息来源

（1）“2·15 海南雾灾”爆发期

框架建构方面，市场化媒体在事件爆发期主要使用了灾情信息框架（FS=85.71%）以及对策建议框架（FS=14.29%）（见表 3-4），次级框架全部是天气、路况、港口等信息和出行建议，信源大多媒体和政府，少量属于原创（见图 3-6）。2 月 17 日，海口综合广播 101.8 频道的“海口 1018”转发了一条交通信息《更新丨受大雾影响，目前海口三港暂时停航》，新闻来源是热带播报、海口网、椰网、秀英区假期联席办。大雾锁港，海口广播电视台交通 954 频道 2 月 18 日通过公众号发布了一则简短的出行提示《秀英港因大雾停航，过海车辆请就近停车场停放》，接近着 2 月 19 日又发布一则原创消息《受大雾影响，海口新海港、秀英港、南港全部停航》。这几则新闻报道所用的信源能够验证市场化媒体的框架选择。

（2）“2·15 海南雾灾”蔓延期

框架建构方面，市场化媒体在事件的蔓延期与官方媒体一样，综合运用了所有框架。其中位居前列的框架是灾情信息（FS=51.38%）和救援服务（FS=20.44%），对策建议框架（FS=10.50%）与道德评价框架（FS=9.94%）紧随其后（见表 3-4）。从次级框架的分布角度来看，除了针对救援人员的特写关怀稍显缺失之外，市场化媒体已经覆盖了列表中其余所有的次级框架。其消息来源也最为广泛，主要转载自其他媒体，其次才是原创，同时不排斥政府信源和公民新闻。新闻的转载，一方面表明媒体间“议程设置”的效果较为突出；另一方面也证明市场化媒体的一致追求：时效性和致力于挖掘事件背后深层次的社会原因。

2 月 21 日，澎湃新闻的微信公众号发布了一篇《7 小时走一公里！我被滞留在一个叫海口的停车场（密恐慎入）》的文章，综合了南方都市报、新快报、新华社、央视新闻、中新网、视觉中国、南方日报、每日经济新闻、海南日报、南方视觉（nfrbsy）等媒体信源，阅读量很快突破了 100000+。较晚介入本次雾灾事件的市场化媒体，则更易使用反思归因的报道角度：2 月 24 日，凤凰网海南频道的官微推送了一篇《为防海南“堵局”就须建跨海大桥？》讨论了解决出岛难题的几种可能性，并且纠正了对所谓“天价机票”的误解，体现了市场化媒体的新闻专业主义精神。

雾灾中也浮现出少数滞留旅客的不文明现象，2月21日，19楼的官微发布了一篇综合性报道《春节中国第一堵城诞生，海口！7小时走1公里，上万辆自驾车滞留海口！游客长按喇叭抗议，网友吵翻了……》，对那些在马路上乱扔垃圾、长按喇叭扰民的游客给予差评。同日，河南电视台都市报道频道的官微也推送了一篇《这位河南车主，刷爆海南朋友圈！大家都在等你回应……》，呼吁游客们严格要求自己的一言一行，努力成为一个受欢迎的人。其信源来自“@5905452浪子、颍河路小霸王、壹町家的犬牙、@海南日报”，跨越了微信和微博双平台，涵盖了公众和官方媒体两大类。这种广泛分布的信源，从侧面印证了市场化媒体框架的多样性选择。

（3）“2·15海南雾灾”平息期

框架建构方面，市场化媒体在事件平息期依然综合运用了所有框架，只不过救援服务框架（FS=47.37%）上升至首位；其次才是灾情信息框架（FS=15.79%），人文关怀的框架比蔓延期有所上升（FS=5.26%）（见表3–4）。在次级框架中，除了最突出的应急措施“秀英港预约排队系统启动”和天气路况港口信息之外，其余的分布也相对均衡。从信源角度来看，信源的采纳依然全面广泛，只不过在平息期市场化媒体更多地采用自家原创的形式，转载其他媒体则退居次位。一方面，可能缘于有关灾情的关键信息和后果影响已经基本明晰，不再依赖其他第一手的信息渠道；另一方面，灾情已经得到控制，人文主义关怀和历史性地思考才是后续深度报道的制胜法宝。

2月28日，虎嗅网的官微转发了大象公会的一篇深度报道《不是东北人选择了海南，而是海南选择了东北人》，从历史的维度探讨了东北人与海南岛的感情纠葛。此文一出，阅读量迅速突破10000+。3月4日，经济观察报的官微推送了一篇原创的评论文章《押注海南“堵局”：政策密集发出　资本加速进入》，从投资的角度全面分析了海南潜在的资本商机。

（三）公众的框架建构

表 3-5 公众的框架表述与框架显著度

框架类型	次级框架	爆发期		蔓延期		平息期		合计	
灾情信息框架	小计	0		49	34.03%	2	6.25%	51	28.65%
	天气、路况、港口信息	0		32	22.22%	2	6.25%	34	19.10%
	游客滞留，海陆空难行	0		15	10.42%	0		15	8.43%
	撞船事故	0		2	1.39%	0		2	1.12%
反思归因框架	小计	0		8	5.56%	3	9.38%	11	6.18%
	灾情产生的自然原因	0		2	1.39%	0		2	1.12%
	灾情产生的社会原因	0		6	4.17%	3	9.38%	9	5.06%
救援服务框架	小计	1	50.00%	42	29.17%	20	62.50%	63	35.39%
	作为指挥者的政府形象	0		2	1.39%	0		2	1.12%
	作为救援主体的社会各界	1	50.00%	39	27.08%	9	28.13%	49	27.53%
	救援服务的具体措施	0		1	0.69%	11	34.38%	12	6.74%
人文关怀框架	小计	0		4	2.78%	1	3.13%	5	2.81%
	针对救援人员	0		0		0		0	
	针对受灾群众	0		4	2.78%	0		4	2.25%
	东北人与海南岛的渊源	0		0		1	3.13%	1	0.56%

续表

框架类型	次级框架	爆发期		蔓延期		平息期		合计	
对策建议框架	小计	1	50.00%	15	10.42%	4	12.50%	20	11.24%
	为公众提供本次雾灾期间的出行建议	1	50.00%	8	5.60%	2	6.25%	11	6.18%
	呼吁政府从长远上提出根本解决方案	0		7	4.90%	2	6.25%	9	5.06%
道德评价框架	小计	0		25	17.36%	1	3.13%	26	14.61%
	受灾群众的不良表现	0		14	9.72%	0		14	7.87%
	灾情伴生的其他问题	0		11	7.64%	1	3.13%	12	6.74%
其他框架	对本次救灾表现点赞	0		1	0.69%	1	3.13%	2	1.12%
合计		2	100%	144	100%	32	100%	178	100%

（备注：表 3–5 统计了各个框架表述的文本篇数及其框架显著度）

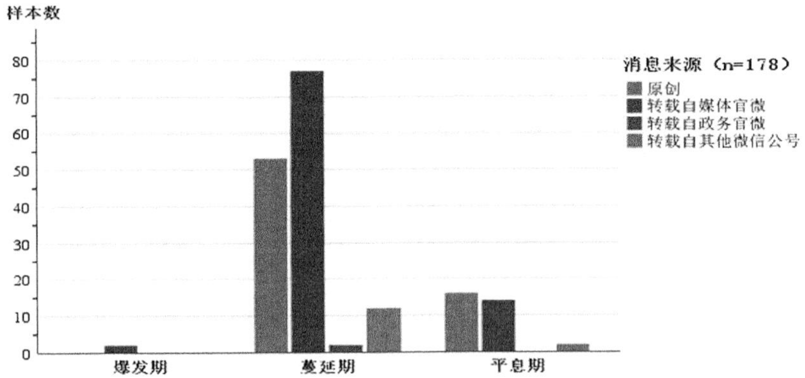

图 3–7　公众文本的消息来源

1.“2·15 海南雾灾”爆发期

公众的组成最为复杂，在本次雾灾事件中，他们既可能是各类企业、社会组织、志愿者 NGO，又可能是热心市民或者普通个人。框架建构方面，公众在事件爆发期主要使用了救援服务框架（FS=50%）和对策建议框架（FS=50%）（见表 3–5），对应的次级框架则是社会各界救援者和当日出行提示，信源全部来自媒体（见图 3–7）。

2 月 18 日，海口在线转发了一条通知消息《秀英港因大雾停航，过海车辆请就近停车场停放》；2 月 19 日，万宁在线重复了《【通知】秀英港暂停船舶进出港；海安港海口—海安航线客滚船暂时停航》，文中还描述了海口志愿者进行救援服务的情景。该新闻的文字和图片素材来源于热带播报和海口网。这说明，在灾难爆发的前期，除了身处第一现场的公众之外，绝大部分公众虽然也属于利益相关者的群体成员之一，但限于各种主客观因素，信息来源很大程度上只能依赖媒体。而这种信源渠道的狭窄也就限定了他们的框架选择。

2.“2·15 海南雾灾”蔓延期

框架建构方面，公众在事件蔓延期综合运用了多种框架。其中，最主要的灾情信息框架（FS=34.03%）、救援服务框架（FS=29.17%）和道德评价框架（FS=17.36%）（见表 3–5），次级框架则突出了天气、路况、港口信息，依然保留了社会各界救援者形象，最值得关注的是对部分受灾群众的不良表现和灾情伴生的其他问题的探讨。这个时期，消息来源也突破限制，变得更加多元，媒体因其专业度与公信力依然成为公众信源的首选，原创的新闻内容也越来越多，同时还兼收并蓄了来自政府和其他公众的信息（见图 3–7）。

2 月 20 日，志愿者 NGO“老陶义工社”的官微发布了一篇《大雾频现码头停航，爱心义工温暖陪伴》的文章，介绍了当天志愿者们的救援行动，同时转载了海口网的救援物资信息，并提供了来自海口公安交警的出岛港口交通提示。公众中不乏意见领袖的角色，2 月 22 日，名为“一只鸡腿子”微信订阅号推送出一款 10000+ 的杂文《你不想再来海南，正好》，讽刺和谴责了滞留旅客的各种不文明行为。2 月 22 日，壹读在推送的《老板我想请个假，我困在海南回不来了……》里分析了海口近十万旅客滞留的根本原因不在于天灾，而在于“人祸”——海南的发展规划理念，缘于海南机场的吞吐能力严重不足、海南省旅游管理部门及民航部门没能正确预估本次春节假期的人流量、错估了自己的交通运输管理水平……2 月 23 日，“停机坪”发布了一篇解释性文章《出港海南票价 2 万是“打劫”？这锅太重，我们不背》，针对之前不少媒体在缺乏调查的情况下将飞机头等舱与经济舱的票价混为一谈的报道行为予以驳斥。与爆发期不同的是，公众在蔓延期的框架构建，更倾向于道德评价和反思归因，从解决社会问题的角度来表态。

3.“2·15 海南雾灾”平息期

框架建构方面，公众在事件平息期主要以救援服务框架为主（FS=62.50%）（见表 3–5），对策建议（FS=12.50%）和反思归因（FS=9.38%）的框架比例有所上升。次级框架除了应急措施“秀英港预约排队系统启动”和“全城救援总动员”被突出之外，其余的分布也相对均衡：延续蔓延期的反思和提议，同时为海口各界的救灾表现点赞。信源主要来自原创，其次才是媒体，少量取材于其他公众的微信订阅号（见图 3–7）。3 月 1 日，“潇洒剑客”发表原创文章《海口“抗雾保运”反思录》，一方面表扬了海口各界的抗雾救灾表现；另一方面反思了造成本次混乱的各方面原因，向政府部门提出完善硬件设施、建立突发事件应急工作机制的建议。3 月 6 日，海南宿博旅游服务有限公司的官微转发了“3 月 3 日，海口市旅游发展委员会举办‘抗雾保运’爱心行动总结表彰大会”的新闻。此后，“2·15 海南雾灾”开始逐渐淡出公众的视线。

（四）对不同传播主体框架建构的再思考

表 3–6 呈现了政府、官方媒体、市场化媒体和公众在“2·15 海南雾灾”事件发展的三个阶段各自所使用的最主要的框架。

表 3-6　公众的框架表述与框架显著度

	爆发期	蔓延期	平息期
政府	灾情信息框架（100.0%）	救援服务框架（50.00%）	救援服务框架（53.85%）
官方媒体	灾情信息框架（100.0%）	灾情信息框架（38.89%）	救援服务框架（62.50%）
市场化媒体	灾情信息框架（85.71%）	灾情信息框架（51.38%）	救援服务框架（47.37%）
公众	救援服务框架（50.00%） 对策建议框架（50.00%）	灾情信息框架（34.03%）	救援服务框架（62.50%）

注：政府文本与官方媒体文本（r=0.859，$p < 0.01$）；政府文本与市场化媒体文本（r=0.752，$p < 0.01$）

政府文本与公众文本（r=0.834，$p < 0.01$）；官方媒体文本与市场化媒体文本（r=0.908，$p < 0.01$）

官方媒体文本与公众文本（r=0.793，$p < 0.01$）；市场化媒体文本与公众文本（r=0.750，$p < 0.01$）

第一，官方媒体和市场化媒体所组成的专业媒体阵营，所采取的主要框架完全一致，在事件的爆发期和蔓延期都采用灾情信息框架，在平息期采用救援服务框架，尽管在不同阶段的所占比重有所区别。

第二，对于公众来说，由于大多数人缺乏获取灾情信息的渠道和调查事件的专业背景知识，因此，转发其他信源的救援服务信息和具体避灾建议是介入公众讨论的最直接有效的方式。而进入蔓延期，随着灾情的延续以及相关信息的大量曝光，公众也自发地积极参与到灾情信息的传播当中；由于信源高度依赖媒体，因此从蔓延期到平息期，公众的主导框架都与媒体的选择趋势高度吻合。

第三，市场化媒体与公众在事件中都展示了最多样化的框架运用，在蔓延期同时采用了媒体、原创、政府和公众四种信源提供方式。稍有不同的是，这种全信源覆盖，市场化媒体一直持续到平息期，而公众的对于政府信源的轻视，使得它在蔓延期的占比最低，而在平息期则被完全放弃。

第四，对于政府来说，他是面对和处理灾难问题的第一责任人，理所当然应该承担救援任务。因此，除了灾难爆发的第一时间提供真实准确的灾情信息之外，在事件的蔓延期和平息期，政府毫不动摇地把救援服务放在首要位置。但是，所采取的框架高度集中，这表现在三个阶段的主导框架占比均在50% 以上，显示了其他几种框架分布的多样性不足。类似的情况，也发生在作为党和政府喉舌的官方媒体身上，在事件的爆发期，灾情信息这一框架的占比高达 100%。

虽然，政府、官方媒体、市场化媒体和公众所采取的框架诸有不同，但是它们所采取的框架也有许多显著的相关性。据皮尔逊相关性显示，四者之间，官方媒体框架与市场化媒体框架的相关性最高（r=0.908，$p < 0.01$），其次是政府框架与官方媒体框架（r=0.859，$p < 0.01$）。相关性相对较低的是政府框架与市场化媒体框架（r=0.752，$p < 0.01$）、公众框架与市场化媒体框架（r=0.750，$p < 0.01$）。但从数值上来看，在本次“2・15 海南雾灾”事件中，政府、官方媒体、市场化媒体和公众所采取的框架皆属于高度相关。这说明，在微信平台上，灾难新闻的传播主体之间可能存在框架建构的相互影响。

第三节　多元框架的竞合：三者之间的博弈

框架理论的一个前提性假设是对某一新闻事件，不同的媒体建构的框架是不同的。因为，新闻框架是建立在具有权力关系的意识形态之上的，使用新闻框架裁选现实并将其呈现于媒介的过程是实现意识形态霸权的重要组成部分，当然意识形态领域存在控制与抵抗的斗争，不同的意识形态对同一事件常有不同的解释，它们彼此互相竞争以争取社会大众的认同与支持，当主流或官方意识形态的解释框架不稳定时，就是竞争者框架逐渐凸现的时刻。[①②]从上一节的分析中可以看到，在微信平台上的灾难新闻传播中，不论是政府、媒体还是公众，在框架建构和消息来源的选择和偏向上都呈现不同，有时候甚至重组出大相径庭的意义。为了最大程度争夺受众的认同，它们建构的框架之间形成了多种形式的竞争与合作，也因此构成了微信平台上灾难新闻多种态势的传播图景。

2018 年是改革开放之后第 40 个年头，中国已经进入利益博弈时代，有关灾难的新闻话题往往会涉及政府的形象、相关利益阶层的道德评判，因此代表不同利益诉求的利益相关者们所建构的灾难新闻传播框架难免形成或竞争、或合作、或竞争为主、或合作为主的具体形态。

为什么政府、媒体和公众之间的新闻框架能够发生互动呢？从三类新闻传播主体发生互动的条件上来看，微信平台为三者的互动提供了新的可观察的场域，而围绕事件所形成的问题或者议题提供了三者互动的话题内容，灾难事件的社会性决定了三者之间能够形成社会性的事件关系。而在事件过程中，通过微信平台上发出自己的声音，则是各方互动的前提。

所谓互动，是指三者之间相互沟通和对话的状态与过程；所谓博弈，是指三者之间相互竞争、相互争夺的状态与过程。[③]本研究接下来将横向比较政府、媒体与公众在灾难新闻的框架建构上的互动和博弈。基于官方媒体框架与市场化媒体框架呈现出强相关性的结果（r=0.908，$p < 0.01$），本研究在后文将二者合在一起作为“媒体”统一表述。但在必要的地方，还是将二者分开论述。

① Gitlin T, “The Whole World is Watching: Mass Media in the Making & Unmaking of the New Left: With a New Preface”, *Foreign Affairs* Vol. 4, 1980, p.98.

② Gamson W A. “The 1987 Distinguished Lecture: A Constructionist Approach to Mass Media and Public Opinion”, *Symbolic Interaction* Vol. 11(2), 1988, pp.161–174.

③ 吴世文：《新媒体事件的框架建构与话语分析》，济南：山东教育出版社 2014 年版，第 113 页。

一、爆发期：灾情披露为主，救援与对策为辅

在“2·15 海南雾灾”爆发期，公众主要使用救援服务框架（FS=50.00%）与对策建议框架（FS=50.00%），而政府和官方媒体则统一使用灾情信息框架（FS=100.00%），市场化媒体则以灾情信息为主（FS=85.71%），对策建议为辅（FS=14.29%）（见图 3–8）。

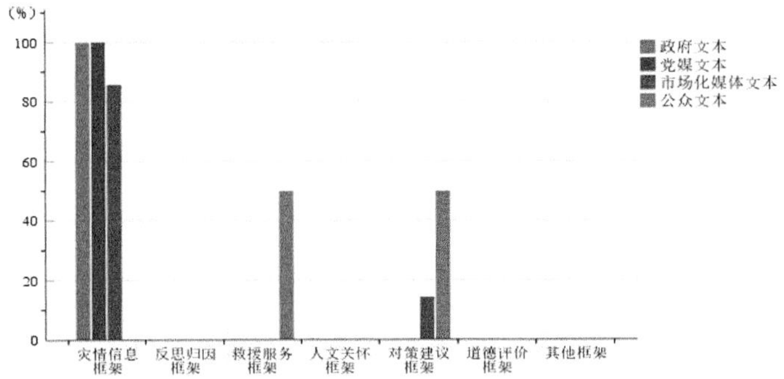

图 3–8 “2·15 海南雾灾”爆发期各传播主体的框架类型

从具体的次级框架来考察（见表 3–7），政府和官方媒体文本，集中火力在诸如天气、路况和港口信息的灾情讯息方面进行不间断报道。而市场化媒体与公众，不约而同地选择了为公众提供雾灾期间的出行建议。另一方面，成分更加多元的公众，还从社会各界救援主体的报道角度予以关注。由此可见，政府和媒体拥有获取灾情信息的优先渠道，所以在新闻框架的选择上面，官方媒体与政府保持高度一致，而市场化媒体与公众的框架存在一定程度的重合。

表 3-7 “2·15 海南雾灾”爆发期各传播主体的框架呈现

框架类型	次级框架	政府文本	官方媒体文本	市场化媒体文本	公众文本
灾情信息框架	小计	100.00%	100.00%	85.71%	0
	天气、路况、港口信息	100.00%	100.00%	85.71%	0
	游客滞留，海陆空难行	0	0	0	0
	撞船事故	0	0	0	0

续表

框架类型	次级框架	政府文本	官方媒体文本	市场化媒体文本	公众文本
反思归因框架	小计	0	0	0	0
	灾情产生的自然原因	0	0	0	0
	灾情产生的社会原因	0	0	0	0
救援服务框架	小计	0	0	0	50.00%
	作为指挥者的政府形象	0	0	0	0
	作为救援主体的社会各界	0	0	0	50.00%
	救援服务的具体措施	0	0	0	0
人文关怀框架	小计	0	0	0	0
	针对救援人员	0	0	0	0
	针对受灾群众	0	0	0	0
	东北人与海南岛的渊源	0	0	0	0
对策建议框架	小计	0	0	14.29%	50.00%
	为公众提供本次雾灾期间的出行建议	0	0	14.29%	50.00%
	呼吁政府从长远上提出根本解决方案	0	0	0	0
道德评价框架	小计	0	0	0	0
	受灾群众的不良表现	0	0	0	0
	灾情伴生的其他问题	0	0	0	0
其他框架	对本次救灾表现点赞	0	0	0	0
合计		100.00%	100.00%	100.00%	100.00%

（注：χ^2=12.923，*df*=6，*p*=0.044）

二、蔓延期：多种框架集体登场，议题全面覆盖

“2·15 海南雾灾”的蔓延期，是多种框架集体登场交相竞辉的时期（见图 3–9）。政府除了道德评价框架尚未运用，其余六个框架都有涉及，其中最主要使用的是救援服务框架（FS=50.00%）；其次是灾情信息框架（FS=30.00%）；而人文关怀框架（FS=7.50%）与对策建议框架（FS=7.50%）不相伯仲。而官方媒体与市场化媒体的主导框架，依然是灾情信息框架（FS=38.89%、FS=51.38%），其次才是救援服务框架（FS=31.48%、FS=20.44%）；增加了道德评价框架（FS=9.26%、FS=9.94%）。公众的主导框架，在这个阶段也转到灾情信息（FS=34.03%）上面来，并且与媒体的框架分布趋势基本保持一致，完整覆盖到七个框架的方方面面。

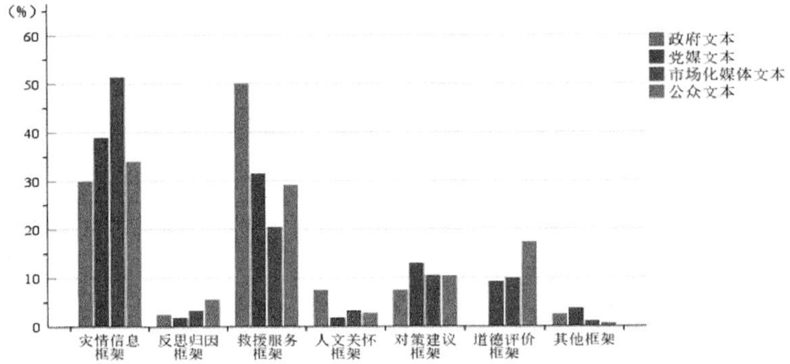

图 3–9 “2·15 海南雾灾”蔓延期各传播主体的框架类型

从具体的次级框架来考察（见表 3–8），政府部门注重解决具体事件，所以报道火力集中在救援服务上面，同时聚焦救援人员和受灾群众，以人文主义关怀的视角进行报道。同时，针对公众关心的灾难原因，进行了自然因素层面上的归因解释。

基于新闻专业主义追求，从事新闻生产的官方媒体和市场化媒体，这个阶段开始对灾难产生的深层次原因进行反思，并尝试提出解决根本问题的方案，与公众对突破现有困境的呼吁形成互动。通过对反思归因框架的分析可以发现，公众比媒体更为关注灾难产生的原因，并且主要关注的是灾难背后的社会

原因（见表 3–8）。

此外，对于灾难伴生的其他问题，与政府始终保持沉默不同，官方媒体、市场化媒体与公众积极参与到对不良现象的道德评价中来。从中央到地方，从省内到省外，各地媒体和公众对本次雾灾事件中少数滞留旅客的不文明行为、“天价机票”等负面新闻展开激烈的讨论。

从《海口日报》、海口网的官微发布的几篇救援点赞类新闻可以看到，报道中的部分素材直接来源于公众（例如直接刊登某位市民的微信朋友圈的截图，图片上是一位小女孩和她的母亲向志愿者和救援部门人员伸出双手点赞），由此可见，媒体与公众的新闻框架已经形成了某种程度上媒体间的议程设置。

表 3-8 “2 · 15 海南雾灾”蔓延期各传播主体的框架呈现

框架类型	次级框架	政府文本	官方媒体文本	市场化媒体文本	公众文本
灾情信息框架	小计	30.00%	38.89%	51.38%	34.03%
	天气、路况、港口信息	22.50%	35.19%	31.49%	22.22%
	游客滞留，海陆空难行	5.00%	3.70%	17.13%	10.42%
	撞船事故	2.50%	0	2.76%	1.39%
反思归因框架	小计	2.50%	1.85%	3.31%	5.56%
	灾情产生的自然原因	2.50%	0	2.76%	1.39%
	灾情产生的社会原因	0	1.85%	0.55%	4.17%
救援服务框架	小计	50.00%	31.48%	20.44%	29.17%
	作为指挥者的政府形象	10.00%	3.70%	3.31%	1.39%
	作为救援主体的社会各界	37.50%	22.22%	14.92%	27.08%
	救援服务的具体措施	2.50%	5.56%	2.21%	0.69%
人文关怀框架	小计	7.50%	1.85%	3.31%	2.78%
	针对救援人员	5.00%	1.85%	0	0
	针对受灾群众	2.50%	0	2.76%	2.78%
	东北人与海南岛的渊源	0	0	0.55%	0

续表

框架类型	次级框架	政府文本	官方媒体文本	市场化媒体文本	公众文本
对策建议框架	小计	7.50%	12.96%	10.50%	10.42%
	为公众提供本次雾灾期间的出行建议	7.50%	11.11%	8.84%	5.56%
	呼吁政府从长远上提出根本解决方案	0	1.85%	1.66%	4.86%
道德评价框架	小计	0	9.26%	9.94%	17.36%
	受灾群众的不良表现	0	1.85%	2.21%	9.72%
	灾情伴生的其他问题	0	7.41%	7.73%	7.64%
其他框架	对本次救灾表现点赞	2.50%	3.70%	1.10%	0.69%
合计		100.00%	100.00%	100.00%	100.00%

（注：χ^2=86.993，*df*=45，$p < 0.001$）

三、平息期：救援服务为主，对策与建议并重

在“2·15 海南雾灾”的平息期，多元框架的运用稍有退潮（见图 3–10）。这一阶段，灾情已经基本得到控制，一系列应急措施纷纷实行并取得了较好的效果。因此，政府、官方媒体、市场化媒体和公众，不约而同地把救援服务框架放在首要位置（FS=53.85%、62.50%、47.37%、62.50%）。整体位居第二位的是对策建议框架，政府（FS=15.38%）、官方媒体（FS=25.00%）和公众（FS=12.50%），只有市场化媒体把它排第三位（FS=10.53%）。在平息期，公众的框架分布与市场化媒体基本趋同，完整覆盖到七个框架的方方面面。政府和官方媒体的框架类型却明显减少。

从具体的次级框架来考察（见表 3–9），政府部门继续专注解决实际问题，并且能从根本上考虑解决本次雾灾的深层次问题。但也依然对灾情伴生的一些浅层的负面问题视而不见。官方媒体依然把灾情通报和出行建议放在仅次于救援服务的核心位置，而其他类型的框架则无暇顾及。

市场化媒体与公众，此时开始用另一种人文视角来探讨本次雾灾事件背后

的其他文化问题。例如，分析东北人与海南岛的历史渊源和情感纠葛，不仅丰富了报道体裁，也让文风更为亲切悦目。由此可见，市场化媒体与公众的新闻框架持续了之前的多元风格，并通过转载的形式确认了某种程度上媒体间的议程设置。

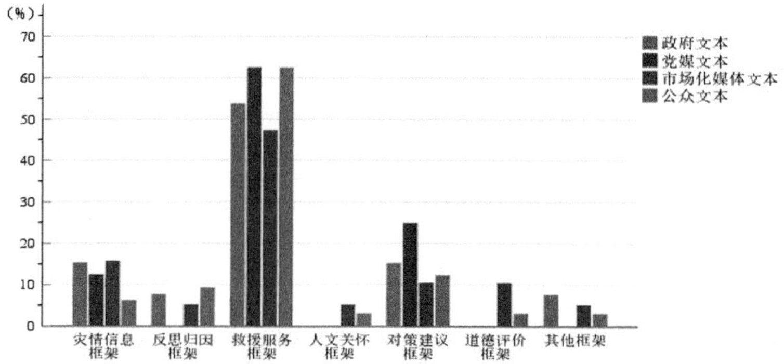

图 3–10　“2·15 海南雾灾”平息期各传播主体的框架类型

表 3-9　“2·15 海南雾灾”平息期各传播主体的框架呈现

框架类型	次级框架	政府文本	官方媒体文本	市场化媒体文本	公众文本
灾情信息框架	小计	15.38%	12.50%	15.79%	6.25%
	天气、路况、港口信息	7.69%	12.50%	15.79%	6.25%
	游客滞留，海陆空难行	7.69%	0	0	0
	撞船事故	0	0	0	0
反思归因框架	小计	7.69%	0	5.26%	9.38%
	灾情产生的自然原因	7.69%	0	0	0
	灾情产生的社会原因	0	0	5.26%	9.38%
救援服务框架	小计	53.85%	62.50%	47.37%	62.50%
	作为指挥者的政府形象	23.08%	12.50%	0	0
	作为救援主体的社会各界	7.69%	12.50%	10.53%	28.13%
	救援服务的具体措施	23.08%	37.50%	36.84%	34.38%

续表

框架类型	次级框架	政府文本	官方媒体文本	市场化媒体文本	公众文本
人文关怀框架	小计	0	0	5.26%	3.13%
	针对救援人员	0	0	0	0
	针对受灾群众	0	0	0	0
	东北人与海南岛的渊源	0	0	5.26%	3.13%
对策建议框架	小计	15.38%	25.00%	10.53%	12.50%
	为公众提供本次雾灾期间的出行建议	7.69%	25.00%	5.26%	6.25%
	呼吁政府从长远上提出根本解决方案	7.69%	0	5.26%	6.25%
道德评价框架	小计	0	0	10.53%	3.13%
	受灾群众的不良表现	0	0	0	0
	灾情伴生的其他问题	0	0	10.53%	3.13%
其他框架	对本次救灾表现点赞	7.69%	0	5.26%	3.13%
合计		100.00%	100.00%	100.00%	100.00%

（注：χ^2=35.188，df=33，p=0.365）

进一步分析政府、媒体和公众三者的框架互动与博弈，本研究发现：

首先，政府的框架建构，使用较为单一的信源和中立的立场，以灾情信息通知和救援服务报道为主，少有对负面问题的报道或直接作出道德评价。这些框架建构的方式与政府的信息发布模式密切相关，是政府应对突发事件的常规做法。但是，较为单一的信源不利于提升政府的公信力，从而使政府有关部门在处理问题时处于较为被动的地位。

其次，媒体的框架建构，使用了丰富的框架议题和多元的消息来源，几乎涵盖了人们所想了解的方方面面。它们采取客观的立场，不仅第一时间发布灾情信息，而且协助政府进行救援服务，同时迅速进行更深层次的反思，努力挖掘灾难背后的多方面原因，力图找到最根本的解决办法。不仅如此，他们还追求客观、公正、平衡地报道事实，彰显了媒体应有的社会责任和人文关怀。例如，此次雾灾中出现的“天价机票”事件，就被证明是因为原创记者缺乏专业知识、将头等舱和经济舱的票价混为一谈而引发的误解，虽然前期经过多家媒体和无数公众参与转发并引起热议，但最终也是通过媒体之间的自行纠错而给这场误会画上句号。

最后，公众的框架建构，同样使用的丰富的框架议题，消息来源极度依赖媒体。虽然灾难与公众自身利益相关，但由于信息的不对称，除了灾情信息和救援措施的转发之外，公众的原创文本更偏重归因反思和对策建议的框架建构，同时也热衷于对灾情伴生的不良现象进行曝光和道德评价。虽然公众的组成非常复杂，不乏一呼百应的意见领袖和具有批判精神的高素质人群，但由于缺乏专业背景知识和合法调查途径，因此难免可能出现以讹传讹的信息传播行为。

总之，政府、媒体和公众在“2·15 海南雾灾”事件的发展过程中，通过微信平台进行着丰富的框架互动和博弈。三者运用各自的议题框架对本次雾灾事件进行“竞争性”议程设置，其博弈和互动的过程既是公众话语权扩张的过程，也是政府和媒体不断调整和适应公众话语变化的过程。综观三者使用的主要框架，政府主要采取救援框架，媒体主要采取灾情信息、反思归因和对策建议框架，公众则持续关注着道德评价和人文关怀框架。细究不同性质的媒体的框架选择，官方媒体的框架运用与政府框架趋向一致，而市场化媒体则与公众的框架较为吻合。但这并不意味着两者的对立关系，两种媒体之间也存在丰富的互动。两者的不同偏向，是由其归属性质和市场定位决定的，在灾难新闻生产环节身处不同的场域，在新闻分发和扩散环节共享微信这一平台，其竞争与合作由此显现。

第四章　微信平台灾难新闻的传播模式及影响因素

在对微信平台的新闻传播主体的行为进行比较分析之后，本章接下来探讨灾难新闻的传播模式以及传播效果的影响因素。具体而言，就是剖析灾难新闻的信息内容是如何在微信平台进行传递和流通的？具体可以分为哪几种传播路径？通过对新闻文本的进一步剖析，分析当处于微信平台的信息传播开端时，有哪些因素可能影响终端受众接收和反馈的传播效果？借助文献梳理和实证分析的方法，本章将就这两方面内容展开论述。

第一节　微信平台灾难新闻的传播模式

丹尼斯·麦奎尔在其编写的《大众传播模式论》一书中，对模式的含义作出了清晰的界定：它指的是对客观事物的内部作用原理及外部相互关系的简明表述。换言之，模式就是对理论的极简呈现，具备构建、阐释、启发、推演等诸多功能。[①] 在互联网时代，个人信息和新闻传播过程表现出复杂多样的特点，

① ［英］丹尼斯·麦奎尔、［瑞典］斯文·温德尔：《大众传播模式论》，祝建华、武伟译，上海：上海译文出版社 1997 年版，第 8 页。

如果想构建兼顾宏观与微观的传播模式，面临巨大的难度。笔者在梳理和借鉴拉斯韦尔、德弗勒、马莱茨克、谢新洲等学者提出的经典传播模式的基础上，尝试归纳出微信平台灾难新闻的传播模式。

早期，微信作为一个即时通讯工具，它的使用者被限定在个人，信息传递的范围限定在个人好友与微信朋友圈之中。微信平台体现出的新闻传播效果并不显著。伴随微信各种版本的推陈出新，其增设了如公众账号推送信息、微信群聊、腾讯新闻等信息传送方式，新闻的大众传播的渠道得到有力拓展。以微信的个人用户为中心，互为微信好友的双方能够看到彼此的动态，没有好友关系，就只能在这个圈子外观望①，个人用户的信息传播模式如图 4–1 所示。

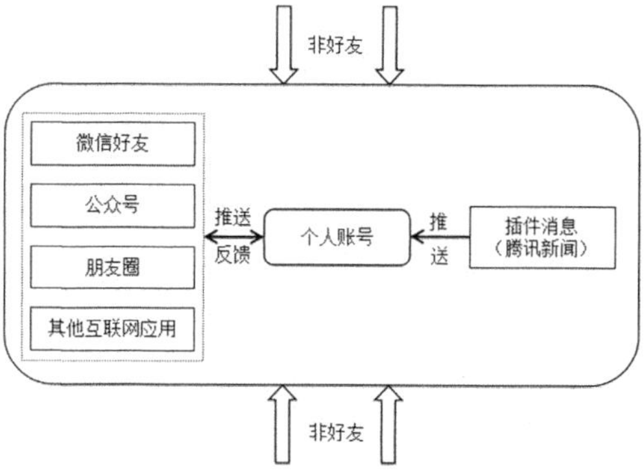

图 4–1　微信平台上的个人信息传播过程

一、微信个人用户之间的人际传播模式

我们经常用到的微信功能之一就是微信个人用户间的信息传播，而这种点对点沟通的交流方式我们通常称其为人际传播。在众多的传播形式中，人际传播是最基本、最常见的一种传播形式，是个人与个人之间的信息传播活动，也是人们社会关系的最直接的体现。

① 姜书念：《基于复杂网络理论的微信信息传播影响因素研究》，西安理工大学 2017 年硕士学位论文。

在使用微信进行信息传播时，朋友间的这种传播交流方式是最能体现人们社会关系的亲疏远近。如今，微信已是最常见的聊天软件之一，用户能够无时间、地域的限制地与自己的好友交流。依赖于智能手机，微信传递的消息可以分为多种样式，如文字、图片、小视频、音乐以及一些链接等。对于微信个人使用者来说，他们可以根据自己的风格设置属于自己的独特化微信功能，如设置自己的微信头像等，而这都无疑向其他好友展现出自己的风格，也是人际传播的另外一种途径。

微信中的好友大多都是来自我们生活中所熟识的朋友，一般来说微信好友主要来自 QQ 好友以及自己的手机通讯录。熟人关系意味着微信好友黏性会越来越强，彼此之间社交成本降低、有利于增加沟通频率，好友互动也会更加的真实和频繁。因此，微信个人用户在在发布消息的时候，不用担心暴露自己的隐私被陌生人窥伺，也不会因为陌生人查看自己的朋友圈等问题而困扰。由于在微信平台之内，微信用户的好友成员必须经过自己的同意和允许才能添加成功，双方彼此都有“一票否决权”，这也是微信和微博的最大区别之一。除此以外，与微博不加限制的“信息贩售”也不尽相同，只有互为好友的两人才能在私密聊天情境下互发消息或看到对方朋友圈的动态信息。

在微信半封闭的传播系统内，基于好友关系的点对点的人际传播是最重要也是最基础的传播形式。公众在生活中利用人际传播形式来分享和交互信息的动因非常多，最主要的就是掌握信息，也就是获取有关生活与工作的有效信息。微信最核心的功能在于通讯，获取信息，从这个层面说，它与手机通话、面对面交谈等没有区别。这种一对一的传播方式，传播形式虽然简单，但是传播内容的针对性极强。在参考前人研究成果的基础上，高莹将个人用户之间的信息传播模式描述如下，见图 4–2。

根据图 4–2 可知，微信个人用户之间的信息传播主要是通过好友之间点对点的人际沟通来实现的。假设 A 和 B 是两个建立了好友关系的个人用户，A 希望把发送的内容利用微信终端编辑为一条信息，接着通过合适的信息传递途径传给 B 持有的微信终端，从而使 B 能够接收到信息，而 B 会基于自己的经验或常识对该信息进行判断，将反馈消息发回给 A。值得注意的是，在原始信息的传递当中，A 扮演的角色为传递者，他所运用的微信终端是发射器必不可少的组成部分，而 B 扮演的角色为受传方，其运用的微信终端是接收器必不可少的构成部分；但是在反馈信息的传递当中，B 的角色定位出现了转换，他作为传播者而存在，对应的 A 个体用户则作为受传者而存在。通过微信平台进行聊天时，A 和 B 信息传递以及信息反馈一般要通过多次循环过程，直到双方中的任意一方终止发出或接受信息，才告一段落。

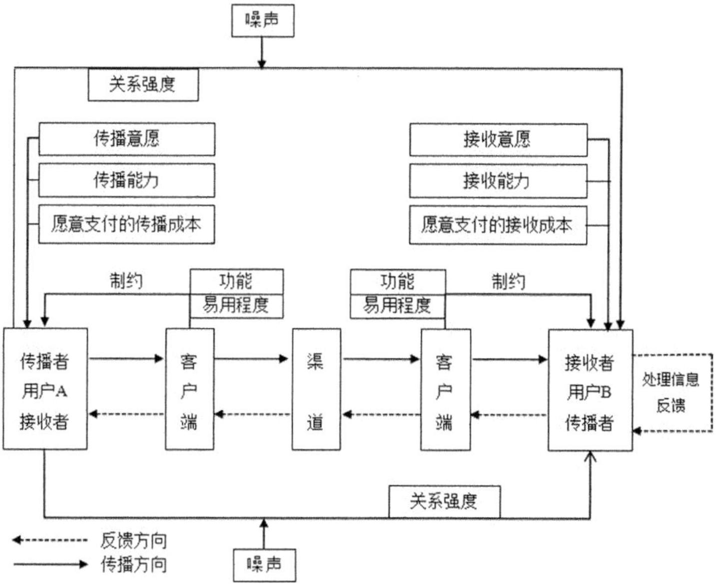

图 4–2　个人用户之间的信息传播模式[①]

在整个信息传播的过程中，个人用户 A 和 B 的行为不可避免地会受到一些因素的影响。A 扮演的角色为传播者，对其信息传播行为具有影响的各类要素包含自身的信息传递意愿、传递能力、为实现这一目的自愿投入的成本，包含经济与时间成本等。而对 B 来说，他所扮演的角色为受传者，对其信息接受行为具有影响的要素包含其接受意愿、接受能力、为实现这一目的自愿投入的

① 高莹：《微信的传播模式分析》，郑州大学 2014 年硕士学位论文。

经济与时间成本等。不仅如此，微信终端承载的功能也约束着信息传播和传受双方的传播活动。另外，传受双方的关系强度，伴随着信息传播的每一步进展也处于不断变化的状态之中，它与客观存在的噪声共同对微信平台的信息传播效果产生一定的影响。

二、微信群的群体传播模式

微信平台的群体信息传播行为，最常见的载体就是微信群。微信群的信息传播过程也有内外之分的两种形式：对于群内的传播来说，则是群内人员的互相交流，而对群外传播来说，是指群内的好友将群里边的信息向外发送，使更多的接触者接收到信息。

群体信息传播的内容与这个群里的所有用户都有一定的关系，可以对一个人作用，亦可对多个人作用，而通常都是一些讨论话题或者是热门评论等，这就给了微信群用户很大的选择空间，他们会根据自己的爱好选择是否参与这些话题，而参与的主要形式就是直接加入其中进行聊天，或者可以开通一个视频或者语音聊天间进行讨论。因为微信群中的所有人员可以通过多种方式获取信息，因此对于群里的单个成员来说，没有权利限制别人是否发送信息。同时微信中的“群发助手”功能，支持微信使用者进行群发操作，达到群体传播的效果。在借鉴已有传播模式的基础上，本书所归纳的微信群内部的信息传播模式如图4–3所示：

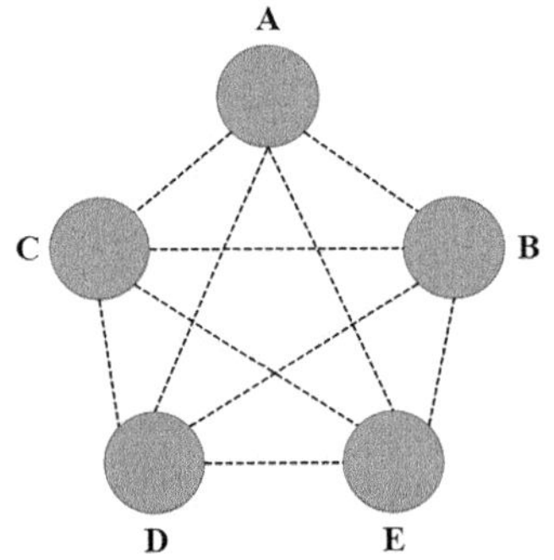

图4–3　微信群内部的信息传播模式

如图 4–3 所示，微信群内，每个用户都是信息网络中的一个节点，每个节点都可能是中心，信息传播非常透明，用户之间交流非常及时，信息传播主要是通过交叉互动的群体沟通来实现的。微信的核心功能是即时通讯，微信好友之间具有强关系，互相分享趣味性强或者价值较高的新闻，或者发现新闻事件之后立即记录并转发到微信群与其他成员共享也成为常态。同时，微信场域中的个人意见领袖作用，在微信群中的表现也颇为典型。例如，2016 年，因“南海仲裁案”引发南海事件之后，“侠客岛”创建了多个微信群，引导群内成员共同分享感兴趣的信息、自由表达对热点事件的看法。当南海事件平息之后，该微信群就被解散，并且严令禁止群内成员利用截屏等方式来复制和保留微信群的讨论内容。如果违规，就会被群主拖入黑名单，永远不能再申请入群。这种新闻传播方式，基于群体传播的特点，表现多样，全凭群内成员自律，也并不存在明确的规定和严格的惩罚措施。假如说微信好友之间的信息传递是“一对一”的状态，那么微信群的新闻共享则可被视为“多对多”的群体传播形式。基于较强利益相关群体而产生的微信群传播，一方面增强了相关新闻报道的真实性；另一方面也使得重要新闻能够进行广泛而快速的扩散。

三、微信朋友圈的弱大众传播模式

基于强关系链接的朋友圈也是微信的主要社交形式之一。微信的朋友圈功能是根据实际生活中既定的熟人建立起来的网络社交圈，可以使微信用户在现实社会中的好友圈子扩散到微信当中，将虚拟空间和现实空间融合在一起，对于加强人际交往、增进用户联系具有不容忽视的积极影响。微信朋友圈的早期功能以分享图片为主，目的就是用图片代替文字更真实地展现个人的生活状态，同时辅以文字来自由发表看法。通常情况下，微信个人用户的朋友圈可见好友都不止一人，因此就使得朋友圈实际上成为以“一对多”传播形式为主的社交平台。之后，伴随着微信朋友圈功能的进一步完善，许多用户转变了把朋友圈视为私密空间的传统观念，通过朋友圈发布和分享的内容越来越多，也包含不少新闻性事件以及态度和情感表达。

微信朋友圈内的个人信息传播有其特殊性，一方面，唯有互为好友且未被对方屏蔽的两人才可以看到彼此在朋友圈发布的信息；另一方面，好友在看到对方的朋友圈信息之后，可以进行点赞、发表评论或者转发到其他渠道，从本质上看，这些信息处理方式都属于对朋友圈信息传播者的互动及反馈行为。

作为一个半封闭的社交平台，当信息具有新闻价值时，微信的朋友圈也承载了部分的大众传播功能，区别仅仅在于朋友圈信息的发布与接受具有一定的门槛，并非全面对外开放。因此，朋友圈的大众传播功能与公众平台的订阅号相比又低了一些，用户发布消息时，可以按照社会关系进行分组，只针对某些特定的好友进行信息的传递。从某种意义而言，这种定向传播阻碍了新闻信息的自主流通与高速传播。但在最新的微信版本中，朋友圈早已具有了分享与转发的功能，能够把从微信个人聊天、公众号及第三方应用平台的新闻链接转引至朋友圈内，这也在一定程度上弥补了朋友圈传播功能的短板。

用户在朋友圈转发来自微信公众号的新闻内容，一方面成为公众号推送的新闻二次传播的主要方式；另一方面也丰富了用户朋友圈的信息内容，而且阅读了该新闻的其他好友也能就此进行评论和转发。这里可以分为两种情况：其一，这些新闻并未跨越朋友圈范畴，便只能被视为微信好友的小团体内部的信息传播；其二，这些新闻内容一旦被多人转发至各自不同的朋友圈，或者通过分享、转发到其他网站或者手机APP上面，也就进入了公众视野，能够成为新闻事件——这就具备了大众传播的特点。伴随微信平台媒体特征及社交功能之间的深度融合，大多数用户会自觉加入朋友圈新闻传播的行为活动中，最具代表性的例子便是朋友圈经常可见的“某某走丢，希望公众帮忙关注并转发”等。当“杭州保姆纵火案”和“WePhone程序员自杀事件”等社会热点出现时，微信用户在朋友圈纷纷转发相关新闻，并配有自己的观点。众多事例已经证实，朋友圈在不知不觉中早已变成了新闻传播的重要场域。本书基于姜书念等人的研究成果，描述出微信朋友圈的信息传播模式，如图4–4所示。此模式未将该工具的易用性及其噪声干扰考虑在内，只偏重于对信息传播者的行为及信息传播路径的分析。但在实际传播过程中，上述两个因素会影响传播过程。

如图 4–4 所示的传播模式，阐述的是在朋友圈信息传播的微观层面上，从一个微信用户（使用者 A）的视角接收和处理利息的完整过程。在该传播过程中，信息接受者 B 和信息传播者 A 是好友关系，而且双方没有互相(或者分组)屏蔽。当 A 将自己感兴趣的东西分享到自己的朋友圈内，B 可以选择忽略或者阅读 A 所发布的信息，这一自主选择的结果将进一步影响信息的传播进程，如果继续阅读，那么 B 会根据自己的行为习惯对 A 所发布的信息进行处理。假如 B 认为 A 分享到朋友圈的信息毫无价值，那么 B 用户必然不会继续传递，则该信息进程会因此终止。相反，若 B 对 A 所传播的信息感兴趣，那么他将会对该条信息进行收藏、点赞、评论或者分享。其中，B 的阅读或收藏意味着信息传播进程的终止；B 的评论或者点赞，不仅是一种信息反馈行为，还意味着 B 在 A 的朋友圈中公开表明自己的态度和观点，让两人的共同朋友也能看到 A 与 B 的互动；当 B 对 A 所传播的信息直接转发或者编辑之后再次发送至自己的朋友圈、其他的互联网应用时，该过程即为重复 A 用户的信息传播过程。

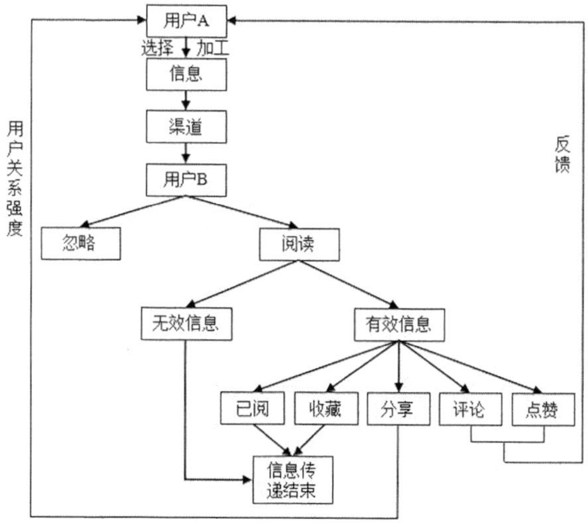

图 4–4　基于一个用户节点的微信朋友圈传播 ①

① 姜书念:《基于复杂网络理论的微信信息传播影响因素研究》，西安理工大学 2017 年硕士学位论文。

图 4–4 模式中所展现的仅为整个朋友圈网络传播过程中从一个节点到另一个节点的传播。事实上，新闻信息在到达某个节点之后，也会被继续传播至其他节点，完成新闻信息在更大范围之内的传递，从而构成了一张更完善的信息传播网。在 A 向 B 的信息传播过程中，许多因素都有可能令传播过程被迫终止。用户的社交关系、沟通习惯、信息遗漏、兴趣程度等都有可能影响朋友圈内的信息传播进程。而 B 直接无视 A 所发送的消息则是阻碍朋友圈信息传递的关键因素。

四、微信公众平台的大众传播模式

微信公众平台是其运营商为了完善微信初期功能所设计的新型模块，通过这一平台，政府、企业、组织和个人等都可以打造一个自己的微信公众号，面向订户群发文字、音频、视频、链接、图像等诸多内容。现阶段，微信公众平台的使用者可以通过移动网页后者个人电脑登录，不过 2018 年年初，被称为“微信之父”张小龙表示，微信公众平台即将拓展出一个独立的手机端 APP 供给后台管理者使用。

微信公众平台，也称为微信公众号，它包含两类形式，其一是服务号；其二是订阅号。前者是为政府机关、公司与社团组织提供功能完善的业务支持及管理服务；后者是面对全体微信用户所设计的新型信息传递模式，搭建起与广大受众之间的桥梁，加强了传受双方的交流与互动。因两类工具的使用者不同，所具有的传播特点也就不一样，例如一些政府和大型企业的传播，无论是服务号还是订阅号都具备大众传播的特点，甚至可以同时开设服务号和订阅号，但更广大的微信公众平台的使用者是依托订阅号来进行大众传播的。因此，我们这里所说的微信公众平台的大众传播，主要指政府、媒体和公众（包括企业、组织和个人）的订阅号。此外，微信平台自有的腾讯新闻等插件，类似于一种微信服务号，同时具备大众传播性质，也可被列入微信公众平台的考察范围中。

因为微信订阅号与用户之间是基于用户的主动订阅而产生的某种关联，因此用户黏性非常强，忠实度极高，并且因为微信官方对订阅号运营主体的严格限定，未经特别申请，普通用户每日只能群发一次消息。因此，为了留住更多的用户、提升订阅号的知名度与影响力，订阅号的运营主体通常不可能推送一些无用信息或硬广给自己的关注者。在这一点上，它大大区别于电视、报纸等传统媒体。如果，微信订阅号的用户不喜欢公众号的推送信息，或者发现有不能接受的广告行为，就可以随时取消订阅，不再关注该公众号。本书参考姜书念等人的研究成果，描述出基于一个微信公众号的大众传播，如图 4–5 所示。

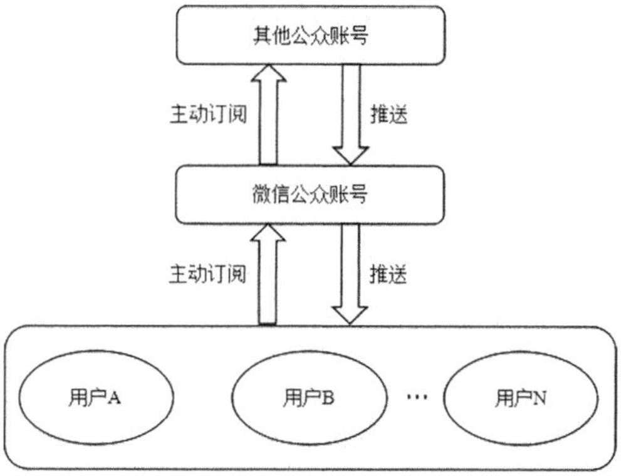

图 4–5　基于一个微信公众号的大众传播[①]

由图 4–5 看出，微信公众平台订阅号的大众传播方式非常灵活多变，容易获得用户的认可。用户选择订阅哪些公众号，完全是他们自主选择的结果。从组织行为学中的满足需求论可以知道，用户要想使自己的心理得到满足的时候，可能做出某些相应的行为反应。[②] 基于传播学的“使用和满足”理论可知：用户通过选择不同的媒介及接触方式，来满足个人的某方面特定需要。微信订

① 姜书念：《基于复杂网络理论的微信信息传播影响因素研究》，西安理工大学 2017 年硕士学位论文。

② Michaelidou N, Siamagka N T, Christodoulides G. Usage, “Barriers and Measurement of Social Media Marketing: An Exploratory Investigation of Small and Medium B2B Brands”, *Industrial Marketing Management* Vol. 40(7), 2011, pp.1153–1159.

阅号便是基于用户的需求，将信源与消息的选择权交付于微信用户。这是新技术革新引发媒介环境产生的变动，受众摆脱了传统被动接受信息的方式，改为“主动拉取”自己感兴趣、有用的信息，因此，新闻报道的阅读量更高，信息传播也更为有效。另一方面，微信公众号在给订户群发消息的时候，同时还可作为受众，接收来自其他公众号的资讯，如腾讯新闻等。而他们也可将自己接收到的消息再次推送给自己的关注者，这些订户在收到微信公众号传送的信息时，能够接着将它分享给微信好友，转发至微信群、朋友圈或者其他互联网应用平台。

五、微信平台灾难新闻的传播路径及模式

从上文可知，微信的信息传播目前有四种主要途径可供使用：第一是公众平台可以推送消息给相关订户；第二是用户可以通过朋友圈分享信息给好友；第三是用户之间可以组成微信群交流和共享信息；第四是用户可以通过个人添加好友进行信息传递。这四种信息传播方式可以相互推动，因而使得微信平台上的的信息传播更加迅速和广泛。本书初步构建了基于一个用户节点的灾难新闻传播路径，如图4–6所示。此模式未将微信工具的易用性及其噪声干扰考虑在内，只偏重于对个人行为及信息传播路径的分析。但在实际传播过程中，上述两个因素会影响传播过程。

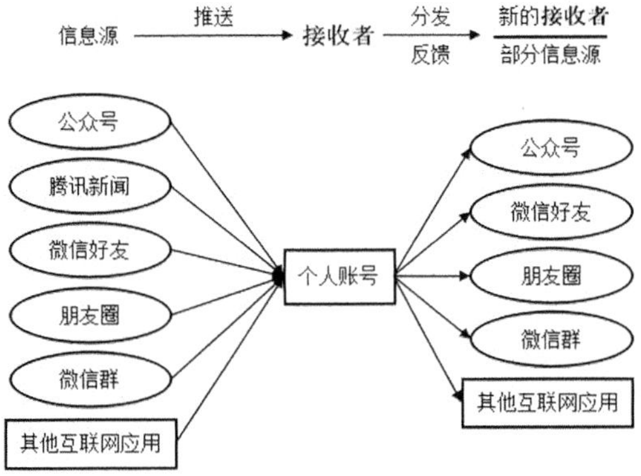

图4–6　基于一个用户节点的灾难新闻传播路径

由图 4–6 可知，当灾难事件发生之后，一个微信个人用户，可能会通过大众传播渠道（公众号和朋友圈）、群体传播渠道（微信群）和人际传播渠道（微信好友）获得有价值的灾难新闻信息。当他没有忽视而是选择阅读之后，或者收藏，或者评论、或者点赞、或者转发给自己的好友，再或是转发到朋友圈及其他互联网应用平台。在转发原文的过程中，该用户还可以附加自己的信息和观点。图 4–6 模式中所展现的仅为整个朋友圈网络传播过程中从一个节点到另一个节点的传播。事实上，新闻消息在到达某个节点之后，还会被继续传播至其他的节点，继而实现灾难信息更及时、广泛和迅速的扩散，形成更完整、更庞大的新闻传播网络。一旦经过微信平台与其他互联网应用的多种渠道层层叠加，原始的灾难新闻便获得了大量的转发和阅读，容易形成爆炸式的信息扩散效应，产生强有力的新闻传播效果。

虽然灾难新闻极具价值，能引起公众的广泛兴趣，但在灾难新闻的信息传递过程中，依然存在多种因素可能令传播过程被迫终止，例如用户的社交关系、沟通习惯、信息遗漏等等，都有可能中断微信平台上的信息传播进程。因此，本书接下来将采取实证的方法对可能影响微信平台灾难新闻传播效果的因素尝试作出分析。

第二节　微信平台灾难新闻传播效果的影响因素

我们可以借用框架理论中的媒体显著性指标，来考量灾难新闻在微信平台上的传播效果。所谓框架，就是能将信息统一进能影响受众的包裹的东西，当一个词组、图形或陈述句指出某个议题的特定意义或理解时，框架效果就产生了。[①] 框架理论认为，新闻框架在建议受众如何思考一个议题或者事件的过程中发挥着作用。

研究证明，新闻框架对受众的看法、态度和行为的影响相当可观，与新闻生产与消费的其他后续过程也有关联。因此，框架分析也被视为以受众为视角的传播效果研究的一个分支。

一、微信平台灾难新闻的传播效果

微信平台的新闻信息传播与传统媒介的大不相同，受众不但有了自主权，而且也在很大程度上影响传播者的行为，因此传播者可通过受众反馈，了解用户使用行为特点。徐田娣认为，微信的传播与表达方式具有较强的娱乐性，用户体验达到了非常高的愉悦程度，因此传播者要采取完全与众不同的形式，随时随地传播和自主的表达方式使得用户可选择文字、语音、图片、视频中的任何一种格式，体现个性化特点。[②] 马红岩的研究基于内容营销数据分析了商业微信号的传播效果，发现粉丝数和内容类型对平均阅读数有显著影响。[③] 王芳和张璐阳通过调查访谈分析发现，公众对政务微信内容感知的有用性、有趣性、可理解性、更新速度、美观性等因素，了对政务微信的使用程度，其中前三个因素聚焦于信息传播的内容特点、更新速度和发布时间，美观性则体现了内容传播形式，涉及标题和图文编写方式等。[④]

鉴于微信平台信息传播的半封闭性质，所以，本章的案例选择、研究对象和分析单元与第三章一致，继续采用微信公众平台的订阅号为考察对象。

同一个案例的样本，可以通过不同角度和方法进行分析，从而得出不同的

① Tewksbury D, Scheufele D A, “News Framing Theory and Research”, Media Effects Advances in Theory & Research, 2009, pp.17–33.

② 徐田娣：《微信的传播特点研究》，吉林大学2015年硕士学位论文。

③ 马红岩：《基于内容营销的微信传播效果研究》，《商业研究》2014年第11期。

④ 王芳、张璐阳：《中国政务微信的功能定位及公众利用情况调查研究》，《电子政务》2014年第10期。

结论，以满足不同的研究目的。因此，本章继续沿用第三章的案例，依然聚焦“2·15 海南雾灾”事件，展开微信平台灾难新闻的传播效果分析。

琼州海峡因雾封航，导致海口大量旅客和车辆滞留，对人民的生活和城市的交通产生严重影响，在微信平台上迅速引发了大量的关注和讨论。笔者选取了 2 月 15 日至 3 月 9 日期间通过搜狗微信搜索和清博大数据网站获取的“阅读量”排名前 30 的微信公众号，见表 4–1。

表 4-1 “2·15 海南雾灾”微信公众号文章阅读量 TOP30

微信公众号名称	发布日期	文章标题	阅读量	点赞量
一只鸡腿子	2018/2/22	你不想再来海南，正好	100000+	17224
央视新闻	2018/2/24	大量游客仍滞留海南　琼州海峡能建跨海大桥吗?	100000+	4765
人民日报	2018/2/21	【关注】1 万辆车滞留海口，街头搭帐篷！机票 1 万 / 张！高速太“壮观”了	100000+	4164
央视新闻	2018/2/21	大雾，海南，“还”难！	100000+	3592
人民日报评论	2018/2/23	海口大堵车，滞留的不只是包容 I 锐评	100000+	2651
海南日报	2018/2/21	【海头条】多方点赞海南：这是我看过的最温暖的堵车！	100000+	1931
江苏交通广播网	2018/2/21	上万辆自驾车滞留海口！ 7 小时走 1 公里，游客街头搭帐篷，机票涨到一万九……	100000+	1641
大象公会	2018/2/27	不是东北人选择了海南，而是海南选择了东北人	100000+	1369
央视新闻	2018/2/24	评论 I 万辆车辆滞留海南，该反思什么?	100000+	1291
央视财经	2018/2/21	上万辆车滞留海口，海口 – 广州机票 1 万 / 张！网友却说……	100000+	1192
广东共青团	2018/2/21	1 万多辆车滞留，街头搭帐篷！海口 – 广州机票 1 万 / 张！广东高速太壮观……	100000+	1143

续表

微信公众号名称	发布日期	文章标题	阅读量	点赞量
停机坪	2018/2/23	出港海南票价 2 万是“打劫”？这锅太重，我们不背	100000+	1080
央视新闻	2018/2/23	4 天了！滞留海口车辆仍上万 元宵节前离岛航班一票难求？民航局回应了……	100000+	913
海南微时代	2018/2/20	春节出岛难！海口滨海大道大堵，过海车辆滞留过多，机票过万！	100000+	779
新晚报	2018/2/20	出海大道堵成停车场，机票上万抢不到，海南返程大片震撼上演丨告诉在三亚的爸妈别着急	100000+	689
南方都市报	2018/2/21	1 万辆车滞留海口，街头搭帐篷！海口—广州机票 1 万 / 张！广东高速太壮观了	100000+	643
海南新闻频道	2018/2/20	新海港暂时停航！针对旅客滞留情况，省委书记刘赐贵、省长沈晓明作出批示→	100000+	620
哈尔滨日报	2018/2/20	三亚过年 回哈机票一万九丨雾大停航，无法离岛的汽车快把海口塞满了	100000+	602
澎湃新闻	2018/2/21	7 小时走一公里！我被滞留在一个叫海口的停车场（密恐慎入）	100000+	587
热带播报	2018/2/21	海口市人民政府关于临时调休的紧急通知	100000+	475
壹读	2018/2/22	老板我想请个假，我困在海南回不来了……	100000+	472
萝卜精选	2018/2/21	海南，一个你想走都走不了的地方！	100000+	439
观察者网	2018/2/21	1 万辆车滞留海口，街头搭帐篷！海口—广州机票 1 万 / 张！广东高速太壮观了	100000+	426
成都商报	2018/2/21	1 万辆车滞留海口，搭帐篷、睡地上……成都游客讲述经历：5.5 公里走了 18 个小时	100000+	421
海南 80 后	2018/2/20	海口，一个你想走都走不了的城市	100000+	390

续表

微信公众号名称	发布日期	文章标题	阅读量	点赞量
虎嗅网	2018/2/28	不是东北人选择了海南，而是海南选择了东北人	100000+	306
中国经济网	2018/2/21	1 万辆车滞留海口，街头搭帐篷！海口—广州机票 1 万 / 张！广东高速太壮观了	100000+	259
新周刊	2018/2/23	去海南过年的东北人，你们回到家了吗？	94246	311
新晚报	2018/2/21	春节最后一天，数万人在海南“露天趴”，还在马路上干这些事……丨海南人民已表达不满	89601	434
海口	2018/2/20	机票破万，出岛港口滞留上万辆车！海口成功迈向“国际都市”第一步……	86438	409

从表 4–1 可以看出，点赞量排名前 30 的微信公众号文章中，其中 27 篇的阅读量超过 10 万 +。从账号主体来分析，大部分是品牌影响力极强的传统媒体，其中共有 8 篇属于中央级媒体，5 篇属于地方官方媒体，8 篇属于市场化媒体，文章总数占据了该排行榜总量的 70%。

中央级媒体中，“央视新闻”2 月 21、23、24 日连发四篇报道，持续关注海南大雾造成的灾情及救援情况，并对其中的乱象提出质疑。其余几家“央视财经”“人民日报”“人民日报评论”与“中国经济网”也各有一篇新闻上榜。地方官方媒体中，海南本地的“海南日报”“热带播报”和“海南新闻频道”各推送了一篇阅读量 10 万 + 的报道，省外的“江苏交通广播网”和“哈尔滨日报”也榜上有名。市场化媒体则包括了“新晚报”“南方都市报”“澎湃新闻”“成都商报”“新周刊”“观察者网”和“虎嗅网”。

由此可见，由报纸、广播、电视、期刊、网站组成的传统媒体，依然在微信平台上掌握了强势的话语权，长期积淀的新闻专业素养和深厚的品牌影响力，使他们更易于在微信公众平台上进行灾难新闻的传播。

同时，这几年各级政府积极建设“两微一端”的成果，也有 1 家政务微信上榜，就是“广东共青团”。地处琼州海峡的对岸，它的受众群体大多为广东人民，较其他省市而言，利益更为相关，因此，一篇报道海南雾灾的新闻也突破了10万+的阅读量。反观海南省和海口市的各类政务微信，目前排名第一的“海口发布”，可能源于本身受众基础较弱，所以尽管身处灾难事发地，阅读量最高的一篇《@司机旅客，目前港口排队车辆滞留较多，建议21日12:00前暂勿前往！》仅为21022次，总榜排名第141位。

指的注意的是，如果把账号主体为经过认证的企业和非认证的个人都算成传播主体“公众”一类，那么也有8篇文章上榜，其中7篇的阅读量突破了10万+。隶属于深圳市同道大叔文化传播有限公司的“一只鸡腿子”，在总排行榜中拔得头筹，阅读量和点赞量甚至都超过了“央视新闻”和“人民日报”；海南省外的其他公众号还包括“大象公会”“停机坪”“壹读”和“萝卜精选”。海南省内的公众号有三个：“海南微时代”和“海口”的账号主体均为个人，“海南80后”则是以公司性质运营。

通过对第三章收集整理的样本进行梳理，笔者发现部分微信公众号在灾难新闻发布的时候关闭了文章后面的评论功能，而且也无法得知文章的转发次数。因此，为了便利统计和比较，本书选取“阅读量”和“点赞量”这两个微信平台上的显性指标作为衡量灾难新闻传播效果的因变量继续下一步研究。

二、微信平台灾难新闻传播效果的影响因子

本节接下来继续以框架理论的媒体显著性研究来讨论影响微信平台灾难新闻传播效果的可能性因素。借鉴媒体显著性的三个测量指标并综合国内外学者的研究成果，本书认为对微信平台灾难新闻传播效果的主要影响因素也可以从“注意、突出和向度”三个维度进行分析，在此基础上，再进行实证分析。

（一）媒体显著性研究

麦库姆斯和肖最初提出议程设置理论的时候，认为它是自拉扎斯菲尔德提出“选择性曝光”概念之后由有限效果模式主导的传媒研究的一次重大突破。

此后 20 多年的研究显示，传媒议程设置效果确实屡试不爽。但是随着媒介技术的变革、网络时代崛起、公民记者的涌现，议程设置理论受到了挑战，连麦库姆斯自己都承认“议程设置理论也是一种有限的传媒效果理论”。

但是，新的框架理论提出了更有利的传播效果模型。杰拉尔德·柯西茨基认为：“媒体‘把关人’不能仅仅保持对信息的关注，使它们重新组合。相反，他们应积极的建构信息，强调某一议题的某些特征，而忽略掉其他特征。”[①]

在传媒研究中，框架通常被视为阐述性的建构，意义多样而模糊。参考麦库姆斯自己对框架的定义：“当讨论特定对象时，框架是对传媒议程所包含的有限的、与主题相关的属性的选择。”[②] 埃姆·格里芬把框架的定义视为“基于传媒效果研究的实证性的显著优势。”[③]

媒体显著性，是框架理论研究中的一个重要课题，常常与新闻媒体的传播效果研究联系在一起。麦库姆斯和肖认为，媒体的显著性是指传媒对于新闻议题重要性的判断。随后，国外的学者主要是通过“注意（attention）、突出（prominence）或向度（valence）”三个维度来测量媒体显著性。其中，最常见的就是通过注意（attention）对媒体显著性进行度量。注意，是指新闻记者对新闻议题的了解程度，通常来说体现在报道数量与所占版面的数目多寡（Golan & Wanta，2001[④]；Gordon&Heath，1981[⑤]；Pritchard，1986[⑥]）。Bearing 和 Ropers（1996）在研究中

① Kosicki G M, “Problems and Opportunities in Agenda Setting Research”, *Journal of Communication* Vol. 43(2), 1993, pp.100–127.

② Mccombs M, “New Frontiers in Agenda Setting: Agendas of Attributes and Frames”, *Mass Comm Review*, 1997, p.9.

③ [美]埃姆·格里芬:《初识传播学》，展江译，北京：北京联合出版公司 2016 年版，第 397 页。

④ Golan G, Wanta W, “Second-Level Agenda Setting in the New Hampshire Primary: A Comparison of Coverage in Three Newspapers and Public Perceptions of Candidates”, *Journalism & Mass Communication Quarterly* Vol. 78(2), 2001, pp.247–259.

⑤ Gordon M T, Heath L, “The News Business, Crime, and Fear”, *Agenda setting: Readings on media, public opinion, and policymaking*, 1981, pp.71–74.

⑥ Pritchard D, “Homicide and Bargained Justice: The Agenda-Setting Effect of Crime News on Prosecutors”, *Public Opinion Quarterly* Vol. 50(2), 1986, pp.143–159.

发现新闻报道的数量与所占版面多，则表示新闻媒体越注意该议题，该议题的媒体显著性也越高。①Benton 和 Frazier（1976）同样是运用这种方法探究了经济新闻在报纸和电视上的媒体显著性。②这种方法对于研究不同媒体之间的媒体显著性也同样适用，例如 Gilberg et a1（1980）的研究对象就同时包括了《纽约时报》《华盛顿邮报》和国家电视广播频道。③

突出（prominence），是指新闻议题在具体报道中所占的位置是否明显。1972 年，麦库姆斯和肖在他们的文章中作出示范：把新闻报道划分成两种，首先是主要新闻；其次是次要新闻。前者指的是电视节目里排名位居前三的新闻、报纸里的头版新闻与社会评论版面里的首条评论；后者指的是其余被排除在媒体核心位置之外的新闻。若一个议题属于主要新闻，那么一定备受关注，其媒体显著性也相应较高。

向度（valence），是指媒体在新闻报道中所表现出的情感。Ghanem（1997）指出新闻报道从情感的角度可被划分成两种，第一种是有感新闻；第二种是无感新闻，前者指的是在新闻议题里拥有显著的正面或者负面情绪的新闻；后者指的是新闻议题里不存在显著情感趋向性的新闻，比方说中性新闻。④Ghanem 通过分析指出，有感新闻和无感新闻对比，前者的媒体显著性相对较高。Ghanem 所采用的情感分类方式得到了很多学者的认可，在后期应用非常普遍。

上述三项变量均是西方学术界用于衡量媒体显著性的普遍方式，然而前期的学者仅仅由上述一项或两项变量入手予以探讨，直至 2004 年，在 Explicating Media Salience：A Factor Analysis of New York Times Issue CoverageDuring the 2000

① Dearing J W, Rogers E, Agenda-setting, Sage publications, 1996.

② Benton, Marc | Frazier, P. Jean, “The Agenda Setting Function of the Mass Media at Three Levels of "Information Holding"”, *Communication Research* Vol. 3(3), 1976, pp.261-274.

③ Gilbern S, Eyal C, McCombs M, et al, “The State of the Union Address and the Press Agenda”, *Journalism Quarterly* Vol. 57(4), 1980, pp.584-588.

④ Ghanem S, “Filling in the Tapestry: The Second Level of Agenda Setting”, *Communication and democracy: Exploring the intellectual frontiers in agenda-setting theory*, 1997, pp.3-14.

U.S. Presidential Election 中著名学者 Kiousis 第一次将“注意、突出和向度”结合起来共同研究[①]。他在文章中指出：过去的研究虽然关心媒体显著性这个变量，却很少有学者将其概念化定义解释清楚，造成此词常与知晓（awareness）、注意（attention）、受欢迎（popularity）与重要性（importance）等概念混用。Kiousis 总结了前人的研究，并对这三个概念进行了梳理，如上文所述。随着基于互联网的新媒体不断发展，国外开始有很多学者开始把对媒体显著性的研究由线下转到了线上，不少学者开始在框架理论的视域下进行新媒体的显著性研究，并获得了实证的支持。

借鉴媒体显著性的三个测量指标并综合国内外学者的研究成果，本书认为微信平台上的灾难新闻传播效果的主要影响因素也可以从“注意、突出和向度”三个维度进行分析，在此基础上，进行下一步实证研究的类目建构。

（二）类目建构

综合以上学者的观点并参考前人的经验，结合本研究的目的与操作性，笔者将设计以下七种类目，作为影响“阅读量”和“点赞量”的自变量假设：总字数、报道对象、推送位置、报道体裁、多媒体形式、报道立场和消息来源。如表 4–2。

表 4-2　微信平台上灾难新闻传播的影响因素

维度	影响因素	阐释
注意	总字数	分为 4 档:500 字以下、500–1000 字、1001–2000 字和 2001 字以上。
	报道对象	分为 9 类：政府及领导、媒体、志愿者与义工、受灾者及家属、救援部门及相关人员、热心企业及社会组织、专家、灾情及天气路况信息等不出现人物的报道、其他。
突出	推送位置	分为 2 档：出现在推送头条、没有出现推送头条。
	报道体裁	分为 4 类：消息、评论、深度报道、其他。
	多媒体形式	分为 5 档：按照文字、图片、视频和音频的组合方式。

① Kiousis S, “Explicating media salience: A factor analysis of New York Times issue coverage during the 2000 US presidential election”, *Journal of Communication* Vol. 54(1), 2004, pp.71–87.

续表

维度	影响因素	阐释
向度	报道立场	分为 3 类：正面、中性和负面。
	消息来源	分为 4 类：原创、转载自政府、媒体和其他。

1. 文章总字数（自变量）

由国外学者对媒体显著性研究成果可知：“注意，是指新闻记者对新闻议题的了解程度”。[①] 因此，本研究把文章总字数作为体现“注意”维度的一个变量。

不同媒体对于灾难事件的重视程度不尽相同，这也反映在单篇报道的总字数上。在微信公众号里我们就通过统计出现在每篇新闻里的相关信息的总字数，来判断媒体的显著性。本研究将不同的新闻报道，按照总字数分为 4 档：500 字以下、500—1000 字、1001—2000 字和 2001 字以上。

2. 报道对象（自变量）

由国外学者对媒体显著性研究成果可知：“注意，是指新闻记者对新闻议题的了解程度。”[②] 而报道对象是新闻记者进行报道的首要问题，因此，本研究把报道对象作为体现“注意”维度的一个变量。

研究新闻报道的对象，可以了解其报道的侧重点，本研究综合样本资料分析，将报道对象分为 9 类：政府及领导、媒体、志愿者与义工、受灾者及家属、救援部门及相关人员、热心企业及社会组织、专家、灾情及天气路况信息等不出现人物的报道、其他。

3. 推送位置（自变量）

由国外学者对媒体显著性研究成果可知：“突出，是指新闻议题在具体报

① Gordon M T, Heath L. "The News Business, Crime, and Fear", *Agenda setting: Readings on media, public opinion, and policymaking*, 1981, pp.71–74.

② Gordon M T, Heath L. "The News Business, Crime, and Fear", *Agenda setting: Readings on media, public opinion, and policymaking*, 1981, pp.71–74.

道中所占的位置是否明显。"[①] 显而易见，推送位置可以作为体现"突出"维度的一个变量。

微信公众号对于每条新闻的推送位置安排，可以反映出新闻议题在媒体框架中的位置的重要性，本研究考察每篇报道是出现在微信号一次新闻推送的首条还是后面的位置，如果出现在首条，则表示该报道有较高的显著性，反之则不显著。

4. 报道体裁（自变量）

由国外学者对媒体显著性研究成果可知："突出，是指新闻议题在具体报道中所占的位置是否明显。"[②] 不同的报道体裁在同一媒体上分别对应着不同的位置和篇幅，它的选择体现了新闻生产者对于某个报道内容的重要性判断，显而易见，报道体裁可以作为体现"突出"维度的一个变量。

报道体裁是指一篇报道以什么样的方式和体裁呈现在受众面前。刘冰在《新闻报道写作：理论、方法与技术》中认为，"新闻报道体裁是新闻从业者借以表现和加强自己倾向和意图的一种方式。"[③] 微信公众号推送的新闻报道，与微博不同，不受字数和体裁的限制，因此可以按照传统新闻写作的方式，将每篇新闻分成 4 类：消息、评论、深度报道、其他。

5. 多媒体形式（自变量）

由国外学者对媒体显著性研究成果可知："突出，是指新闻议题在具体报道中所占的位置是否明显。"[④] 文字、图片、音频和视频的不同组合形式，能带

① Mccombs M E, Shaw D L, "The Agenda-Setting Function of Mass Media", *The Public Opinion Quarterly* Vol. (2), 1972, pp.176-187.

② Mccombs M E, Shaw D L, "The Agenda-Setting Function of Mass Media", *The Public Opinion Quarterly* Vol. (2), 1972, pp.176-187.

③ 刘冰：《新闻报道写作：理论、方法与技术》，南方日报出版社 2011 年版，第 162—168 页。

④ Mccombs M E, Shaw D L, "The Agenda-Setting Function of Mass Media", *The Public Opinion Quarterly* Vol. (2), 1972, pp.176-187.

来不同的阅读体验、产生不同的受众效果。它的选择也体现了新闻生产者对于某个报道内容的重要性判断，因此，多媒体形式也能作为体现“突出”维度的一个变量。

微信公众号发布的新闻报道，形式上突破了以往传统媒体的诸多局限，呈现出多媒体的形式：既可以包含文字和图片，又可以嵌入音频和视频。图片、视频和音频，作为灾难信息的重要传递符号，不仅能直观地展现报道的相关内容，也能够传递传播者的态度，是对文字内容的重要补充。本研究按照单篇新闻报道中出现的文字、图片、视频和音频的组合方式，将它们分为 5 档。

6. 报道立场（自变量）

由国外学者对媒体显著性研究成果可知：“向度，媒体在新闻报道中所表现出的情感。”① 报道立场，不仅反映出新闻传播者对新闻议题彰显的情感倾向，而且还能体现自身的报道风格。因此，本研究把报道立场作为体现“向度”维度的一个变量。

本研究将所有新闻样本的报道立场分为正面、中立、负面三类：正面，是指表现出鼓舞、赞美、同意、同情、积极、推荐、呼吁、肯定等语气、观点或情绪；中立，是指呈现客观、公正的立场，语气不带有明显倾向，且不包含价值判断等；负面，是指包括反对、消极、否定、道德批判等观点或情绪，或涉及舆论监督。

7. 消息来源（自变量）

由国外学者对媒体显著性研究成果可知：“向度，媒体在新闻报道中所表现出的情感。”② 一篇新闻报道中的消息来源，不仅能反映出传播者的情感倾向，同时也影响着受众的信任程度，因此直接关系着传播效果。记者在收集和整理

① Ghanem S, “Filling in the Tapestry: The Second Level of Agenda Setting”, *Communication and democracy: Exploring the intellectual frontiers in agenda-setting theory*, 1997, pp.3–14.

② Ghanem S, “Filling in the Tapestry: The Second Level of Agenda Setting”, *Communication and democracy: Exploring the intellectual frontiers in agenda-setting theory*, 1997, pp.3–14.

信息素材时，面对同一灾难事件的描述，通常存在来自不同消息来源的声音，而最终的取舍则反映出新闻生产者的态度与情感倾向。因此，本研究把消息来源作为体现“向度”维度的一个变量。

微信的平台型媒体属性，使得政府、媒体和公众在信息传播网络路径中成为相对平等的信息节点，也就是既可以当传播者，又可以当接受者。因此，传统的消息来源划分应该稍加改变，本研究将每篇微信公众号的文章，分为原创和转载两大类，但在转载范围内按照现实生活中的信源具体分为：政府、媒体和公众。

8. 阅读数（因变量）

微信公众号在每篇文章最下方会显示该篇文章的阅读数量，由此可以知晓该篇文章的传播效果如何。本研究将阅读数量分为以下三个级别：0—5000 次、5001—20000 次、20001—100000 次、100000 次以上。文章的阅读数量越多则表示该篇文章的传播效果越显著。

9. 点赞量（因变量）

点赞数量与阅读数量一同反映了该篇新闻的传播效果。点赞数量，通常没有阅读数高，但是它更能反映出读者对文章的满意度，是一种更真实更直观的效果反馈。本研究将点赞数量分为以下三个级别：0—50 次、51—100 次、100—1000 次、1000 次以上。文章的点赞数量越多则表示受众的满意度越高，该篇文章的传播效果就越显著。

（三）分析讨论

上文中建构的文章总字数、报道对象、推送位置、报道体裁、多媒体形式、报道立场和消息来源这七个因素，是否对微信公众号推送的灾难报道的传播效果产生了影响？影响的程度是否一样？笔者运用 SPSS 软件对以上七个可能性影响因素与文章阅读数量、点赞数量这两个可以表征受众反馈效果的因变量进行相关性分析，得出结果如下。

表 4-3　阅读量及其影响因素的相关性分析

		阅读数量							
		0—5000 次		5001—20000 次		20001—100000 次		10 万次以上	
报道对象	政府及领导	29	11.46%	9	8.57%	9	7.44%	3	11.11%
	媒体	2	0.79%	2	1.90%	1	0.83%	0	0.00%
	志愿者义工（专业NGO和个人）	15	5.93%	4	3.81%	3	2.48%	0	0.00%
	受灾者及家属	22	8.70%	16	15.24%	27	22.31%	7	25.93%
	救援人员	36	14.23%	13	12.38%	13	10.74%	2	7.41%
	热心企业及社会组织	15	5.93%	2	1.90%	3	2.48%	0	0.00%
	专家	4	1.58%	2	1.90%	1	0.83%	0	0.00%
	灾情及天气路况信息等不出现人物的报道	104	41.11%	47	44.76%	56	46.28%	10	37.04%
	其他	26	10.28%	10	9.52%	8	6.61%	5	18.52%
	合计	253	100.00%	105	100.00%	121	100.00%	27	100.00%
推送位置	出现在推送头条（主标题）的新闻	92	36.36%	40	38.10%	40	33.06%	10	37.04%
	其他	161	63.64%	65	61.90%	81	66.94%	17	62.96%
	合计	253	100.00%	105	100.00%	121	100.00%	27	100.00%
报道体裁	消息	170	67.19%	68	64.76%	84	69.42%	13	48.15%
	评论	15	5.93%	9	8.57%	9	7.44%	5	18.52%
	深度报道	43	17.00%	21	20.00%	15	12.40%	5	18.52%
	其他	25	9.88%	7	6.67%	13	10.74%	4	14.81%
	合计	253	100.00%	105	100.00%	121	100.00%	27	100.00%

续表

		阅读数量							
		0—5000 次		5001—20000 次		20001—100000 次		10 万次以上	
多媒体	只有文字	15	5.93%	8	7.62%	8	6.61%	1	3.70%
	文字图片	194	76.68%	69	65.71%	91	75.21%	18	66.67%
	文字图片视频	43	17.00%	28	26.67%	22	18.18%	8	29.63%
	文字图片音频	0	0.00%	0	0.00%	0	0.00%	0	0.00%
	文字图片视频音频	1	0.40%	0	0.00%	0	0.00%	0	0.00%
	合计	253	100.00%	105	100.00%	121	100.00%	27	100.00%
消息来源	原创	105	41.50%	54	51.43%	57	47.11%	11	40.74%
	转载自媒体官微	123	48.62%	44	41.90%	57	47.11%	14	51.85%
	转载自政务微信	8	3.16%	3	2.86%	2	1.65%	1	3.70%
	转载自其他微信公号	17	6.72%	4	3.81%	5	4.13%	1	3.70%
	合计	253	100.00%	105	100.00%	121	100.00%	27	100.00%
报道立场	正面	85	33.60%	27	25.71%	30	24.79%	6	22.22%
	中性	139	54.94%	68	64.76%	71	58.68%	16	59.26%
	负面	29	11.46%	10	9.52%	20	16.53%	5	18.52%
	合计	253	100.00%	105	100.00%	121	100.00%	27	100.00%
总字数	500 字以下	50	19.76%	23	21.90%	17	14.05%	4	14.81%
	500—1000 字	95	37.55%	28	26.67%	48	39.67%	5	18.52%
	1000—2000 字	76	30.04%	40	38.10%	38	31.40%	15	55.56%
	2000 字以上	32	12.65%	14	13.33%	18	14.88%	3	11.11%
	合计	253	100.00%	105	100.00%	121	100.00%	27	100.00%

（注：表格中的数字代表文本数量，百分比代表该类文本各自在 4 档不同的阅读数量分类中所在的比重）

第一，基于灾难新闻的特殊性而言，读者最关注的报道对象首先是灾情；其次是受灾群众；也有部分报道把救援人员放在第三位。值得注意的是，在阅读量最高的10万+文章中间，对受灾群众的关注度（25.93%）已经与对灾情的关注度（37.04%）相差不远。这说明：读者越来越倾向于在灾难新闻中看到灾民形象，体现了一种普遍的人文主义关怀趋势。

第二，从推送位置与阅读数量的关系来看，数据证明并非位于首位的灾难报道就能获得更高的阅读量，这说明：真正能吸引读者点击阅读的，始终还是新闻内容，要摸清读者性格和兴趣，针对性地提供新闻产品，例如首先要有一个独具特色的新闻标题。

第三，从报道体裁与阅读数量的关系来看，基于灾难新闻对时效性的严苛要求，所以大部分文章都把消息作为新闻报道的首选体裁。值得注意的是，与其他三档中低阅读量的文章相比，消息体裁在在阅读量10万+阵营中所占的比例相对最低（48.15%），高阅读量阵营中并列第二的报道体裁是评论和深度报道（均为18.52%）。而在三档中低阅读量阵营中，虽然深度报道排名第二，但是评论的地位不那么突出。这说明，读者已经不满足于知道灾情信息，同时还希望了解传播者的意图和态度，并愿意广泛地听到不同的观点和声音。

第四，从多媒体形式与阅读数量的关系来看，大部分微信公众号在发布灾难新闻时，都会选择文字配图片的形式，这在新媒体平台的传播经验上已经属于共识。值得注意的是，作为文字的辅助，除了图片之外，阅读量10万+阵营中的视频运用也较为广泛（29.63%），超过了其他三档阵营。这说明：在灾难新闻传播中，读者越来越青睐具有更真实更强烈的带来临场感的视频形式。

第五，从消息来源与阅读数量的关系来看，在阅读量20000+的两大阵营中，转载自专业媒体是微信公众号报道灾难新闻的信源首选途径。与之相反，政府信源（3.16%、2.86%、1.65%、3.70%）则在微信平台上颇受冷落。这说明：专业媒体在整个灾难新闻的传播过程中具有不可或缺的地位，必须肩负起对外沟通政府与公众、对内打通两个舆论场的重大责任。同时，政府的新闻发言人制度也需要完善，在面对灾难事件时，善与运用微信等新媒体平台，及时、准确、客观地公布灾情与相关信息，拉进与媒体、公众的距离，更好地维护自己的形象。

第六，从报道立场与阅读数量的关系来看，大部分微信公众号会在报道灾难新闻时，保持中立的立场（54.94%、64.76%、58.68%、59.26%），并不因为灾难新闻的特殊性而任由情绪泛滥。这说明：新媒体环境下成长起来的读者，面对灾难新闻这种特殊对象是，媒介素养水平也逐步提高，他们的审美趋势越来越理智和客观。

第七，从文章总字数与阅读数量的关系来看，大部分微信公众号的字数控制在 500—2000 字之间。这与微信阅读的碎片化特点不无关系。囿于手机屏幕的尺寸，读者们的阅读耐性相对有限，但是面对灾难新闻，又希望了解更多的信息、发掘灾难背后更多的因果联系。因此，经过反复验证，10 万 + 阵营中的微信公众号多半会把灾难新闻的总字数控制在 1000—2000 字之间（55.56%）。这说明：提升灾难报道的传播效果，必须根据媒介技术和微信工具的具体特点进行新闻生产，以人为本，尊重用户的使用习惯，才能获得良好的阅读量。

表 4-4　点赞量及其影响因素的相关性分析

		点赞数量							
		0—50 次		51—100 次		101—1000 次		1000 次以上	
报道对象	政府及领导	33	10.82%	2	3.64%	13	10.24%	1	5.88%
	媒体	1	0.33%	1	1.82%	3	2.36%	0	0.00%
	志愿者义工（专业NGO 和个人）	18	5.90%	0	0.00%	4	3.15%	0	0.00%
	受灾者及家属	33	10.82%	11	20.00%	22	17.32%	5	29.41%
	救援人员	34	11.15%	8	14.55%	18	14.17%	4	23.53%
	热心企业及社会组织	14	4.59%	1	1.82%	4	3.15%	1	5.88%
	专家	5	1.64%	0	0.00%	2	1.57%	0	0.00%
	灾情及天气路况信息等不出现人物的报道	134	43.93%	27	49.09%	52	40.94%	4	23.53%
	其他	33	10.82%	5	9.09%	9	7.09%	2	11.76%
	合计	305	100.00%	55	100.00%	127	100.00%	17	100.00%

续表

		点赞数量							
		0—50次		51—100次		101—1000次		1000次以上	
推送位置	出现在推送头条（主标题）的新闻	105	34.43%	22	40.00%	46	36.22%	7	41.18%
	其他	200	65.57%	33	60.00%	81	63.78%	10	58.82%
	合计	305	100.00%	55	100.00%	127	100.00%	17	100.00%
报道体裁	消息	208	68.20%	40	72.73%	81	63.78%	6	35.29%
	评论	18	5.90%	3	5.45%	12	9.45%	5	29.41%
	深度报答	53	17.38%	9	16.36%	17	13.39%	3	17.65%
	其他	26	8.52%	3	5.45%	17	13.39%	3	17.65%
	合计	305	100.00%	55	100.00%	127	100.00%	17	100.00%
多媒体	只有文字	21	6.89%	4	7.27%	7	5.51%	0	0.00%
	文字图片	222	72.79%	43	78.18%	94	74.02%	11	64.71%
	文字图片视频	61	20.00%	8	14.55%	26	20.47%	6	35.29%
	文字图片音频	0	0.00%	0	0.00%	0	0.00%	0	0.00%
	文字图片视频音频	1	0.33%	0	0.00%	0	0.00%	0	0.00%
	合计	305	100.00%	55	100.00%	127	100.00%	17	100.00%
消息来源	原创	122	40.00%	33	60.00%	60	47.24%	11	64.71%
	转载自媒体官微	158	51.80%	17	30.91%	57	44.88%	5	29.41%
	转载自政务微信	6	1.97%	4	7.27%	4	3.15%	0	0.00%
	转载自其他微信公号	19	6.23%	1	1.82%	6	4.72%	1	5.88%
	合计	305	100.00%	55	100.00%	127	100.00%	17	100.00%
报道立场	正面	86	28.20%	13	23.64%	41	32.28%	8	47.06%
	中性	182	59.67%	36	65.45%	67	52.76%	7	41.18%
	负面	37	12.13%	6	10.91%	19	14.96%	2	11.76%
	合计	305	100.00%	55	100.00%	127	100.00%	17	100.00%

续表

		点赞数量							
		0—50 次		51—100 次		101—1000 次		1000 次以上	
总字数	500 字以下	59	19.34%	8	14.55%	25	19.69%	2	11.76%
	500—1000 字	110	36.07%	16	29.09%	46	36.22%	4	23.53%
	1000—2000 字	98	32.13%	23	41.82%	37	29.13%	9	52.94%
	2000 字以上	38	12.46%	8	14.55%	19	14.96%	2	11.76%
	合计	305	100.00%	55	100.00%	127	100.00%	17	100.00%
阅读数量	0-5000 次	242	79.34%	6	10.91%	3	2.36%	0	0.00%
	5001-20000 次	50	16.39%	24	43.64%	31	24.41%	0	0.00%
	20001-100000 次	13	4.26%	25	45.45%	78	61.42%	5	29.41%
	10 万次以上	0	0.00%	0	0.00%	15	11.81%	12	70.59%
	合计	305	100.00%	55	100.00%	127	100.00%	17	100.00%

（注：表格中的数字代表文本数量，百分比代表该类文本各自在 4 档不同的阅读数量分类中所在的比重）

由表 4–4 可知，读者的点赞量与阅读量分布趋势具有较高的相关性。在点赞数量在 0—50 次的低阵营时，阅读数量为 0—5000 次的样本高达 79.34%；在 51—100 次的中等阵营，阅读数量为 5001—20000 次和 20001—100000 次的样本均占到近一半比例；在 101—1000 次的较高阵营，阅读数量为 20001—100000 次的样本占到 61.42%；在 1000 次以上高阵营，阅读数量为 10 次万以上的样本占到 70.59%，且无低于 20000 阅读次数的样本。

但在具体样本中，阅读量与点赞量又稍有区别：读者的认知和态度是在接收新闻传递的过程中形成的，所以，在点开文章的那一瞬间，只记录了阅读数量，却并未反映读者的真实态度。因此，从某种意义上说，点赞数比阅读数更能体现读者对新闻报道质量的评判，是更直接反映灾难新闻传播效果的标尺。所以，我们常见某些微信公众号后面附有作者求赞的信息。

结合表 4–1 来看，微信公众号限制了阅读量在 10 万 + 就不作具体数字的显示，因此，同样的10万+阵营中如何区分灾难新闻从传播效果？最明确的指标就是点赞量。从表4–1可以看出，27篇10万+的文章中，点赞数从第1位的17224次跨越到第27位的259次，相差66倍多。同时还可以看出，“央视新闻”排名第二的文章，点赞数也只有4765次，比第一名也差距甚远。当然，造成这种现象的原因多种多样，针对不同的报道主题和报道对象也难以客观比较。但这些数据还是可供我们研究参考，并得出点赞量和阅读量不能绝对画等号的结论。接下来，笔者将着重分析由点赞量反映出的灾难新闻传播特点。具体如下：

从报道对象与点赞数量的关系来看，在点赞量1000+的微信公众号文章中，以受众群众为报道对象的文章最容易获得得读者点赞（29.41%），这里就与阅读新闻的首要关注点“灾情”有了明显区分。

从消息来源与点赞数量的关系来看，在点赞量50+的三档阵营中，原创成为吸引用户点赞的必胜法宝，并且在1000+的阵营中体现更为明显（64.71%）。

从报道立场与点赞数量的关系来看，点赞的读者更容易被灾难新闻传达出的正面的态度和舆论（47.06%）所感动。

从多媒体形式与点赞数量的关系来看，点赞量1000+阵营微信公众号在发布灾难新闻时，已经完全放弃空有文字的报道形式（0.00%），顺应新媒体时代读者的阅读习惯。

因此，为了适应新媒体时代的新闻要求，提升微信平台上灾难报道的传播效果，无论是政府、媒体还是公众传播者，都必须重视受众的知情权，以人为本，力争原创，坚守新闻专业主义，在客观真实地报道灾难的同时，抚慰公众情绪，鼓舞人心，发挥正面的舆论引导作用。

第五章　微信平台灾难新闻传播的反思

基于前文对个案“2·15海南雾灾”的微信公众号实证分析可见：“天价机票”的以讹传讹、“借灾情报道给自己打广告”的消费灾难、多个公众号的文章从标题到内容一模一样、原创内容匮乏、转载居高不下、深度报道欠缺等不良现象在微信媒体平台上比比皆是，此外微信平台系统也给出了诸多技术手段的限制。因此，本章试图从政府、传统媒体、运营商和用户等四个维度出发，作出相应的反思，提出一些改进的建议。

第一节　微信平台灾难新闻的传播困境

纵观历史和现在，媒介技术一直是把双刃剑。在微信的全球占有率不断刷新上限的今天，灾难新闻在微信平台的传播备受关注。一方面，微信作为平台型媒体，客观上加快了灾难性新闻传播的发展。另外，灾难新闻报道存在着诸多历史遗留问题，再加上国家对互联网新闻传播的监管尚不成熟，导致微信平台上灾难新闻生产与传播，客观上存在一些困境。灾难事件对社会的破坏性是非常大的，相关新闻在微信等公众平台进行传播之后，它所产生的负面效果则可能引起更剧烈的反应。

一、主体困境：原创与深度欠缺，灾难变成消费对象

微信平台的传播主体的多元化，造成新闻传播者的素质参差不齐：一方面，政府与媒体作为传统主力军转战新平台媒体，本身存在一定的适应性；另一方面，公众作为灾难新闻的新兴传播者，在提供信息的同时必然存在不专业、碎片化、浅薄化的缺陷。这就造成了例如微信公众平台，最初定位的优秀内容环境受到了媒介素养较低的信息传播主体污染，带来了不容忽视的负面效果。

（一）新闻集纳多，内容原创少

在报刊为主导的传播时代，新闻内容竞争早已变成了新闻传播主体必须面对的威胁与挑战。伴随新型媒体技术的推陈出新，UGC 时代来临，非专业新闻生产者也逐渐变成了微信新闻传播主体的重要组成部分，新闻内容的竞争也越来越激烈。

专业性的新闻报道通常需要庞大的信息量支撑，尽可能让受众在关注同一个公众号时能够得到充足信息，在媒体内部资源难以符合公众需要的基础上，会由其他媒体那里获取相关信息，予以转发或二次创造，进而对外公布。为了在竞争中取得优势。在本次“2·15 海南雾灾”事件中，甚至像“人民日报”、“海南日报”、“澎湃新闻”这样的主流媒体的微信公众号，大部分文章都属于转载，经过综合编辑而来的。这种综合性的新闻合辑尽管可以确保信息传递的全面性，可是却弱化了新闻的原创性，造成信息表现出明显的同质化特征，造成用户对媒体的厌倦。

传播学的“使用和满足”理论指出，用户利用媒介的动机就在于其拥有特殊的利益需求。从受众角度而言，微信平台传播的各种信息的把关人为受众，他们同样决定着对传播内容价值的判断。在诸多新闻报道里，如果不同的媒体传播的内容表现出明显的同质化现象，那么大众必然热衷于选取内容更佳的媒介，造成最早的信息传播链条被迫断裂，累积的用户规模也会明显缩减。微信是对传统媒体所作的有益创新，是新型新闻舆论场域，公众号的内容和影响力

都代表了媒体自身的形象，过多的采用新闻集纳的报道，必然会削弱媒体在受众心中的形象和地位。

伴随新型技术手段层出不穷，以微信为代表的平台型媒体新闻传播表现出了跨越式的发展趋势，新闻生产的规模越来越巨大，以满足不同受众的共同或特定需要。但事实上，包含原创内容的新闻却遭遇了危机，采集面临巨大难度，特别是灾难性信息，因为时间与空间等要素的约束，再加上顾虑到高成本的问题，不少新闻媒体并未展开实地调研和深度访问，而是借鉴了其他媒体发布的新闻，予以二次创作，将它作为自身的“原创”。微信平台的开放性，更降低了新闻发布的门槛，大量不受约束的自媒体的加入导致转载和抄袭成风。因此在微信平台中，到处可以看到毫无特色的同质化的新闻报道，有时候权威媒体也不能例外，它们通过官方微信平台所发布的新闻，也是对其他媒体的转发，要么对内容进行小幅加工，要么只是换了一个新闻标题——这些都造成原创新闻的稀缺，整体品质的下滑，打击了原创者的创作热情，更有甚者，引发了新闻行业版权之争。①

原创是新闻报道的核心竞争力。在对灾难事件进行传播时，众多的新闻传播主体均能主动介入到微信平台灾难新闻的探讨过程中，自由发表个人的看法。但这种现象也极易引发新闻传播秩序出现混乱。因此，更需要发挥政务微信与媒体公众号所承担的社会责任感，即自觉生产原创类新闻，将新闻媒体具有的舆论引导功能充分发挥出来，由此提高社会的稳定性和自身的影响力。

无论是传统媒体或者新媒体，能够吸引大众目光的必定是趣味性的内容和创新化的形式。优秀的新闻作品应当融合了优质内容与崭新形式。现阶段，微信平台订阅号用户规模接近 1000 万，平台中充斥了多种多样的新闻报道，假如仅仅依赖抄袭其他媒体发布的新闻，很难对大众形成吸引力，也难以有效地传播新闻事件的客观事实。从另一个方面来说，灾难新闻具有反思和教育的特殊意义，然而反复出现的不具名转载现象，打击了记者原创积极性，使之不愿

① 朱秀清：《新闻同质化分析》，《现代传播》2005 年第 6 期。

承担新闻从业者应尽的责任与义务。

（二）形式单一，缺乏深度

“普通公民也能成为一个通讯社”，这并不是天书奇谈，现如今，非专业新闻工作者利用微信等新媒体，把个人看到的、听到的作为新闻信息发布出来早已成为社会常态，而且被运用至实际生活里来。在社会化媒体环境下，优势被无限放大，问题也更加突出。

微信等社会化媒体让新闻写作的主体越来越多元化，造成他们道德观的良莠不齐、对同个问题的认识有所差别、理解不尽相同，造成新闻信息的传播呈现出混乱的状态。比如当面对灾难时，一些源自网民的爆料的确给专业记者带来了可靠的新闻线索，这种内容与角度多元的及时报道掀起了一股民主监管潮流，伴随“人人皆是记者”的时代来临，这类“平民”报道有力促进了灾难性新闻的时效性的提升——这些都是专业新闻记者难以比拟的，但也引发了不少实际问题：两者在新闻专业能力方面存在巨大的差别，首先是草根记者的新闻采集和编辑知识不足，其次是全民记者缺少专业训练，工作经验欠缺，其传递的信息客观性有待考证；再次，多元的信息传播者，导致其价值理念、看待问题的角度表现出显著的差异；或者缘于经济利益的驱使、来自一些国外别有用心者的利用等因素，导致社会舆论朝着相反方向转变的机会增强。基本没有任何门槛限定的平民新闻生产，虽然能够自由传播用户的看法与情绪等，但这也使得在出现灾难性事件之后，因为缺少精准、可靠信息时，极易生成谣言、造成混乱。

另外，伴随着各类平台型媒体的崛起，新闻传播人员数量急剧增加，传播和分享灾难性信息的意愿更为明显，使作为传播主体的普通个人得以“再造新闻”的机会越来越多，这就导致了不少热点性的灾难事件在短期之内变成了社会各界探讨的新闻头条。然而，伴随着灾难相关信息的不断涌现，许多并不重要的议题占据了头条，更具有新闻价值的议题反而退居其次。在微信平台型媒体上，为提升公众的浏览兴趣，通过刻意夸大新闻事件的负面影响、选择低俗的标题来吸引读者等现象层出不穷，更有甚者，将广告营销包装进貌似灾难新闻的文章内容中。

碎片化的信息传播也是微信平台新闻传播面临的主要阻力。微信平台的传播因其时间的碎片化和受众关注时间的非集中性，使得在传播的过程易造成受众认知的片面性。因此，在对热点事件进行报道时，需要媒体拓宽新闻传播的深度和广度。好的深度报道是评价媒体影响力的条件之一，尤其是在突发灾难的报道中。

在前文“2 · 15 海南雾灾”案例相关微信公众号的所有文章样本中，依然有约 18.58% 的文章字数少于 500 字，甚至是无图的简讯。虽说篇幅非常小，内容较为单一，阅读时间较短，然而不适合用在微信上。与内容精简的微博对比，微信的表现形式均能够自行设计、不断创新，例如对新闻的内容予以调整，融入图像、音频、视频等多种要素，利用微信平台优势的语音功能来传播信息等等。

据现有的调查数据显示，微信平台中的用户更习惯通过浏览自己的微信朋友圈来发掘及传播新闻，其次就是通过微信订阅号来选择相应的新闻浏览。人们在微信平台的新闻阅读方式已转变为“发现内容”，所以极具价值的深度报道才是吸引大众目光的有效方式。然而，一些媒体对灾难新闻进行报道时，表现出明显内容较多、含义较浅的特征，并未对灾难事件做出深度分析与评价，仍然限制在浅显易懂的传播阶段，无法为公众带来教育功效。总之，在灾难新闻传播中，深度报道一方面能够扩大新闻内容的视角、达到公众获得灾难新闻的强烈需要以及维护社会公平与正义的意愿，另一方面能够使各界媒体本着客观真实的态度来追踪报道相关事件，对社会舆论予以指引。

（三）消费灾难造成信息失效

消费主义潮流映射至新闻传媒领域，便衍生出了新闻消费主义。可将其简要地总结成两点内容：首先是新闻传媒尽可能占据越来越多的新闻资源，达到不断扩大受众群体的目的；其次是利用新闻报道引发公众对物质与消费文化的追求，激起了人们对物质与精神领域的消费需要。① 新闻消费主义导致媒体将收益最大化作为行为准则，忽视了其应承担的社会责任。国内新闻行业逐渐趋于市场化，使得商业化运作模式对媒体造成了支配效果。媒体在发挥信息传播的基本功能之外，开始着手将人类的情感与本能视作核心商业资源予以发掘，这就使得灾难新闻逐渐变成媒体在受众市场进行竞争的重要题材。伴随着新技术手段的革新，竞争日益加剧，为吸引大众眼球，微信平台上出现了一些以煽情性、刺激性和夸张性为特点的“灾难新闻”。

这种片面追求关注度、失去基本新闻道德的乱象，甚至还曾发生在一些新型主流媒体的身上。2015 年“东方之星”客船倾覆，事件爆发以后，《人民日报》官微发布的文章《救援一线中国最帅的男人都在这儿啦!》以及澎湃新闻发布的《感谢你游过那么悲伤的水域》引起了全社会的广泛讨论，颇具争论。在灾难救援活动并没有完结、事实真相并未清晰呈现于公众面前时，这些文章通过饱含文艺情感的方式，歌颂了参与救助活动的军官，叙写出了军民团结一致、共同救灾的景象，将令人伤心的沉船事件当作喜事来进行报道，在读者中产生了一定的负面效果。

“8·12 天津港爆炸事件”出现以后，名为《天津爆炸，我为什么拒绝感动》的一篇报道在微信朋友圈及微博平台疯狂转发，“依旧是煽情式的语言”、“明显缺少同情心”、“为什么没有看到追问？”……许多话语都在审问媒体，归纳其重点：媒体在对“天津港爆炸事件”进行报道时，明显脱离了原来应当最被重视的灾难成因与责任追查问题，而是将焦点放置于事故救援的正面性上。因此，许多主流媒体的微信公众号就变成了众矢之的。有学者指出：在灾难事件的新闻报道中，有时候追责才是最关键的主题。因为大众的感动和怜悯之心极易变成掩盖事实真相的工具，潜移默化地充当了协调矛盾和冲突的工具。面对灾难，各界媒体将重点放置于煽情上，并未报道相关事故为何出现、怎样规避不必要的牺牲等诸多公众希望了解的核心问题，结果必然会使得舆论出现

① 孙华:《新闻消费主义与新闻专业主义的博弈》,《新闻传播》2008 年第 9 期。

一边倒的情形。事实证明，“8·12天津港爆炸事故”媒体集体失去理性声音，导致次生灾害频频出现，人们随意猜测，导致谣言四起，造成了不良的社会影响。

偏离舆论的信息报道，虽然满足了受众的猎奇心理，但必然会导致信息的“传播失效”现象，它指的是对信息进行传播之后，获得的实际成效和传播主体的意愿是相悖的，或并未获得信息传播预期成效的传播活动。[①] 如果媒体对相关事件所做的报道和大众期望获取的信息并不契合，这些新闻就不具备任何意义与价值，那么新闻传播便无法获得预期成效。

事实上，当灾难降临的时候，罹难者的亲属急需精神安抚，社会各界也有必要整合多方力量、齐心协力对抗灾难事件。然而新闻媒体安抚人心的关键在于寻找客观事实的真相、赞扬应对灾难事件时积极向上、勇往直前的精神品质、歌颂公众彼此帮助的人性闪光点。许多老生常谈、过度煽情的文艺语言无法使罹难者亲属感受到精神上的抚慰，也无法传播正能量，其本质在于消费大众怜悯及哀伤等多种情绪，搏人眼球。

时至今日，随着学界和业界对于新闻专业主义回归的呼唤，相较于以往灾难新闻趋于商业化的现状，如今大部分媒体在灾难报道的实践中体现出明显的进步，聚焦于呈现灾难事实真相、揭露灾难出现原因，彰显出了媒体新闻专业主义的倾向。

二、客观困境：自净能力较差，平台系统制约

假如将微博视作开放自由的舆论战场，微信则像诸多拥有彼此相通门窗的“私家小院”。例如微信朋友圈功能，它是基于熟人关系网所建立的，朋友圈信息传播速度相当快，效率极高，然而并未通过允许的外部信息无法涌入其中。如此一来，使得灾难信息的流通路径表现出了半封闭的特点，自净能力相对较弱，诸多谣言拥有了生存的可能。除此以外，因为朋友圈内部均是强连接的熟

① 李金玲：《传播失效如何界定》，《新闻爱好者》2010年第18期。

人关系网，个人用户对好友发布的新闻消息常会不假思索地“点赞”，引起其他好友纷纷跟随，产生连带效应。另一方面，信息的碎片化阅读造成的缺乏深入思考后的盲目相信或是武断质疑，使一些群体通过灾难事件来炒作自己拥有了机会。

（一）自净能力较差、网络谣言滋生

谣言是通过多元途径传播大众兴趣度极高的事件且并没有通过证实的信息与观点。谣言就如同反馈社会现实的一面镜子：“某个谣言在特殊的时间段产生于特殊地区，尽管后期被证实是虚构的，然而在实际生活里，同样可以发现诸多类似的模糊解释。”① 社会秩序混乱、政府权威不复存在、信息不对称问题频发，民众对现实世界存在不满，在这一背景之下，谣言极易形成并大范围传播。互联网令信息的传播不再局限于时间与空间的边界，导致谣言能够突破种种限制、快速而广泛地传播至“地球村”的任何一个角落。

灾难爆发之后，公众的心理承受能力变得脆弱，这成为流言四起的前提条件。伴随越来越多的谣言的出现，使得社会呈现出无序的局面、大众出现恐惧心理。祝华新指出：“突发性灾难事件出现，各种信息真假未辨，再加上政府部门与公众信息存在信息不对称的问题，使谣言制造与传播拥有了可能。”② 因此，谣言几乎会在每次灾难事件之后立即出现，并利用当今的新媒体迅速传播，而不少传统媒体因为短时间内难以验证信息真实性，只考量到快速救灾的需要，所以也不知不觉参与到谣言的传播过程中来。然而，这些谣言的传播会耗费资金、占用人员，堵塞救助信息渠道，阻碍救助活动的开展，不利于各方救助团队实施救援举措。

相对于微博，谣言似乎更留恋于微信的“温床”。微信平台的社交关系是基于熟人网络所形成的，用户对于好友信赖度极高。如此一来，极易被犯罪人

① 黄毅峰：《谣言的社会学解读》，《青年记者》2011 年第 13 期。

② 王君平、王明峰、蒋建科：《探寻喧哗背后的真相：阻击谣言 速度加快》，中国文明网，http://www.wenming.cn/xj_pd/ssrd/201304/t20130427_1198932.shtml，2018 年 2 月 1 日。

员利用。用户在收到好友传播的信息之后，基本上不会对信息产生质疑，这使得谣言等不实信息的传播拥有了巨大的空间。

2013 年 4 月份，四川雅安爆发了大地震。在互联网中快速充斥着“国家地震总局发布信息，成都地区会爆发 9.2 级大地震”、“成都市一辆救援军车坠入悬崖”等诸多不实谣言，引发了全社会的关注，公众甚至出现了恐慌情绪。更有甚者，有人基于公众对灾民的怜悯之情，实施互联网诈骗。例如一则寻人启事在微信朋友圈里广为流传：“谁的微信群较多，请帮忙转载，寻找一名叫徐静的小女孩，年龄为 21 周岁，请快速返回水城县医院，你的母亲伤势非常严重，希望能够见你一面。父亲电话号码是 151********，爱心接龙，好人一生平安。”通过验证，这条信息的联络方式是不法分子用来电话诈骗的号码。[①]打着公益的旗号趁灾打劫，犯罪分子通过朋友圈或微信群进行虚假信息的传播，基于熟人关系网的层层转载，使得不实信息快速蔓延。一些公众指出，因为想奉献一份爱心、对他人提供微小的帮助，转发之前并没有验证信息真伪，结果默默地变成了不法人员的“帮凶”。

上海外滩出现了踩踏事件以后，因为“某人在上海外滩撒美元造成灾难产生”的信息在微信朋友圈快速传播与扩散，许多传统媒体的微信公众号并未通过细致核查便转载了该条信息，结果它被证实是谣言。互联网中充斥的大量谣言和虚假信息产生了严重的负面效果，不仅模糊了真相，也污染了环境。

（二）微信公众号的系统局限

微信公众号自 2012 年 8 月 20 日诞生，同年 11 月第三方接口投入运作。伴随用户规模的扩大，微信公众号运行趋于平稳，影响力明显加强。哪怕是很小的个人也能拥有自我品牌的观念，把新闻信息传受双方的视野都吸引至微信平台中来，在此过程中，微信平台表现出了不同于微博的个性化运作特点。

---

① 云南网：《微信依赖症——先虚拟后现实微信时代的社交方式》，http://society.yunnan.cn/html/2013-06/23/content_2777435.htm，2018 年 2 月 1 日。

1. 推送频率受限，缺乏时效性

微信公众号是微信平台最重要的功能模块之一，它为与特定受众沟通与交流提供了渠道，迅速变成了媒体进行新闻传播模式创新的实验场。早期，它的功能定位于搭建一个开阔的平台，为受众传播信息、提供服务。各类媒体所创建的公众号自身具备得天独厚的资源优势，依靠微信公众号来发布信息是媒介深度融合的普遍行为。基于此，同特殊的受众群体产生了点对点的传播关系，甚至获得后者在微信群或朋友圈的进一步的转发，扩大了新闻的覆盖范围与影响力。然而微信公众号因为存在诸多限定，较难确保信息传播的时效性，成为阻碍微信平台新闻传播的技术瓶颈。

2015年8月12日晚间，天津滨海区天津港的一个物流企业仓库出现了火灾，引发了爆炸灾难。直到8月13日7:28，“人民日报”的微信公众号才推送了有关本次爆炸事故的首篇新闻，13日14:29又发布了第二篇报道。“央视新闻”有关该事故的两篇报道是继人民日报发布消息以后的2小时才发送的，已经距离该事故爆发时间超过10小时，灾难新闻的的时效性早已明显削弱。本地媒体“天津新闻”微信公众号以及天津日报等主流媒体发布的新闻报道也存在明显的滞后性，分别在8月13日7:42与18点整发出首篇相关报道。在突发性事件的新闻报道里，最核心的原则就是时效性，然而微信公众号的信息发布没法做到随时即刻地进行，这实际上受限于微信运营商系统设计的技术功能。

参照目前微信系统的规定，微信订阅号每日只能群发1次消息，微信的服务号每月只能群发4次消息。因此，目前新闻媒体的公众号的单日推送次数是受限的，如需增加群发次数，必须向微信平台提出申请，例如：“楚天都市报”每天早中晚共群发3次新闻，“澎湃新闻”公众号每日能够推送6次到8次。现阶段，信息推送频率最高的为央视新闻与人民日报，每日能够群发的新闻数量高达11次。难以自行管控新闻推送事件与数目，这就造成新闻媒体公众号在对灾难性事件予以报道时，容易处于被动的状态。在突发性的灾情面前，限定了受众通过微信获取新闻信息的时间和总量，折损了灾难新闻的时效性。

除此之外，作为媒体类微信公众号发布新闻信息，势必要经过层层的把关、筛选。不仅媒体工作者，微信运营商也会对信息内容进行层层把关，所以重重限定阻碍了微信平台灾难新闻的实时有效传播。再加上微信平台在对受众反馈数据进行统计时，10 万 + 的模糊显示状态，难以精准地获得实际的新闻阅读量。

2. 传播模式简单，忽视互动

媒体在微信新闻传播过程中，扮演着主导者的角色，掌握着重要的话语权。“新闻媒体是社会控制的机构”①，媒体长期以来具备的权威性，这意味着其发布的新闻报道是可以得到公众信任，并会对其思想观念形成影响。在媒介融合阶段，新型媒体最主要的传播特征体现在多向传播和交互传播。受众在信息传播网络中处于非常核心的位置，甚至一般公众都具备了介入新闻传播的能力，能够利用移动互联网、智能手机、平板电脑等媒介自由发表个人的看法，得到了真正意义上的话语权。

微信是将现实生活中社交网络作为基础的新媒体，微信公众号的设定如果太过单一，则不能适用在全民参与的新型信息社会。当进入到 Web 2.0 时代之后，受众既是信息接受的终端，也能被视作信息传播的开端，他们在灾难信息的传播过程中起到了至关重要的作用。

微信作为腾讯公司所打造的平台型媒体，其信息双向及多向传播等核心优势并未在媒体的公众号中彰显出来。微信公众号可被视为信息传播的一个狭小窗口，通过它，媒体与受众之间进行信息传播和反馈，但在此过程中，二者缺少有效的沟通。尽管媒体的微信公众号在新闻传播效果方面已经取得了显著的进步，然而它的实质依然是对传统媒体的另一种包装，当灾难爆发之后，信息

① ［美］赫伯特・阿特休尔：《权力的媒介》，黄煌、裘志康译，北京：华夏出版社 1989 年版，第 106 页。

传播模式同样侧重于以往的大众传播。媒体微信公众号的新闻传播可被划分成两大方面，首先是由宏观角度来说，传统媒体对其公众号订户进行一对多的信息传播；其次是由微观角度来说，媒体对微信用户还可以进行一对一的信息传播，也就是说，依据用户的特定需求为其“量身定制”新闻信息，完成信息传递和沟通。

事实上，公众号许多方面和传统媒体相比，实质并未出现转变。就微信公众号的信息传输形式而言，它依旧是传统媒体单向度的信息传播。因此，这样的传播过程是不对等的信息分享，处于一个“由上往下”的传播框架之中，尽管媒体推送的新闻公众号文章，后面都可以开通评论功能，但受众具体评论的显示与否，却掌握在媒体手上，所以受众的信息反馈方式依然有限。当灾难爆发之后，微信平台上的广大公众在接受海量信息、舆论引导的同时，也渴望有交流和诉说的地方，可是部分媒体微信号关闭了公众能够自主参与其中的“留言”等功能，这代表着微信本身具备的多向交互功能逐渐趋于消解，也意味着传统媒体一直持有继续占有新闻话语权的目的。

第二节　微信平台灾难新闻传播的效果提升和路径优化

由于拥有庞大的用户群和强大的信息传播能力，灾难事件在微信平台上的新闻传播效果十分惊人。不过因为微信平台尚处在革新与升级阶段，公众、政府和媒体等各类新闻传播主体对微信功能的掌握、自身职能的界定也在进行适应和调整，以上诸多不稳定要素的存在，造成了在微信平台灾难新闻传播实践中，舆情监控和舆论引导等方面产生了不少问题。本节尝试着从政府部门、媒体、微信公司与用户这四个维度出发，提出相应的改进建议。

一、政府应完善自我建设，提升舆论把控力

灾难爆发之后，政府通常要最快做出反应，采用行之有效的举措来应对灾难性事件，这是政府部门化解不良舆论的首要举措。微信平台是了解民意、贴近群众的崭新渠道，政府应当基于网络所具备的快捷性与互动性，构建健全的舆情监控体系，对网络舆论予以正确引导。

（一）加大网络法制监管力度，过滤不良信息

微信等一些新型的平台型媒体尽管为个人发出理性声音创造了条件，但其中也出现了不少和道德规范、法制建设相悖的话语。特别是当灾难爆发之后，别有用心的一些人利用微信平台提供的话语权扮演者虚假信息传播主体的角色。

有关微信等新兴的平台型媒体的监管法律体系，我国已经逐步健全与完善。2005 年 9 月份，国务院新闻办与工信部共同出台了《互联网新闻信息服务管理规定》，到 2017 年 6 月 1 日正式实施《互联网新闻信息服务管理规定》和《中华人民共和国网络安全法》，这 15 年间对互联网新闻的管理与发布机构、互联网新闻信息的服务范围与服务方式、互联网新闻信息服务的提供者等方面的规定和要求都有所发展，在不断适应媒介技术发展的同时也日益细化，扩大了互联网新闻信息服务的范围。但仅仅从微信朋友圈虚假新闻与谣言的泛滥现象来看，微信平台的新闻信息传播问题屡禁不止，这在一定程度上表明政策与法律的实施成效需要进一步提升。

灾难事件具有特殊的新闻价值，因此在私密性较高、传播速度极快的微信平台媒体之中，假如缺少恰当的法律规定对其加以管控和监督，不法分子便会利用这一公共平台扩散不良信息。目前，虽然大多数微信公众号并未出现上述问题，但伴随着微信公众号申请门槛的降低，普通个人也能创建公众号、一对多地发布信息，甚至成为微信平台上的意见领袖，这就意味着立法疏漏的弥补已成为大势所趋。大量实践证实，在法律的监管范围之中，对微信平台传播的不良信息进行严格的法律制裁，有助于微信平台上的舆情引导朝着规范化的

方向发展。

伴随新媒介技术的演进，诸多互联网问题逐渐显现出来，最显著的是通过微信平台来干扰社会秩序、谋得不正当利益、侵犯其他公民权利等行为。尽管每天微信运营商都会根据用户的举报，删除违规新闻内容，但是面对持续增长的海量用户，实际能够监控到位的数量并不多。因此，政府有必要收集相关具体案例，基于目前的新媒体信息传播现状，明确各方责任，对立法疏漏作出补充与优化，健全相关的法律系统，以期未雨绸缪，实现有法可依。

以2017年最新颁布的《互联网新闻信息服务管理规定》为例，其中对运营商不履职应当承担的责任、对受政府邀请报道会议的状况是否出现违反规定等情形并没有做出细致的规定，因此监督成效不尽人意。

由于现阶段微信平台出现了大量虚假信息及不良舆论等负面现象，为保障用户正当利益、形成有序的市场竞争格局，政府机关、媒体应当与微信公司进行多方合作，加大对技术开发与信息追踪等方面的投入力度，增强对微信平台信息传播的监督与管理：首先是要对传播内容予以把控，其次是要加强技术监督能力，营造良好的互联网信息传播环境，健全与优化监管机制，调动民众对虚假信息的举报热情。通过对新技术手段的开发，确保监管工具更为智能化，最后将人为阻隔作为辅助手段，真正做到从源头上防治虚假信息的肆意扩散。

微信平台多元的信息呈现形式对用户而言更具有吸引力，所以在把关信息内容的时候，应该熟悉和掌握对这些新形式的识别，由源头上杜绝恶性信息的传播。这就要求：新型技术手段能够精准辨别形式上千差万别的信息，及其涉及到的实质内容。传统的筛选敏感关键词的单一形式无法达到这一要求，因此唯有开发出对象包括图文、音频、录像等多元要素的技术过滤手段，才能屏蔽其中的恶性信息，改善微信平台功能，真正处理好这一问题。

（二）加强舆论引导，完善舆情监测，增强回应机制

灾难一旦爆发，因其破坏性强，极易对社会造成巨大的负面影响，因此公众的多种观念与看法会立刻涌现，并在互联网中汇聚为舆论压力。因此，能否

科学地对舆论作出引导，对事件发展与救灾进程具有决定性影响。

此刻，政务微信第一时间推送关于灾难的真实信息，能够规避谣言在互联网中的蔓延，消除大众的恐惧感，从而保证公民的知情权、使网络舆情进入良性发展的轨道。根据腾讯对外发布的相关数据统计，2017 年全年，我国开设的政务微信公众号数量突破了 10 万个，现有数据表明，政府部门通过微信平台解决行政事务已经变成了一种社会常态。当然，也存在不少管理人员内容编辑能力较弱、微信公众号管理水平较低的现象。因此，为了充分发挥政务微信的社会服务功能，应当从以下三点入手作出改善：其一，增强资金与人员的投入力度，培养一批专业技能较强的人才；其二，建立完善的分阶段的考评激励体制，对政务微信各项工作的具体操作人员进行定期考核，奖惩条例分明；其三，编制操作人员培训规划，并将其落实到位，真正提高他们的新闻知识水平与微信业务能力。

微信平台中充斥着不计其数的各类信息，面临灾难爆发的时候，不但亟需一个完善的社会预警系统，而且还有必要建立有效的紧急动员与社会救助机制，提升政府应对灾难事件的处理能力。

第一，由于微信平台的舆情形成和发展存在明显的特点，因此必须建立高效的舆情监控体系。政府可与各大媒体进行深度合作，形成大数据观念，借助互联网舆情监测工具，逐步建立健全信息收集制度、信息评估制度以及预警信息发布制度，尽可能早地预报和管控舆情风险，更主动地应对可能的突发事件。

第二，要利用微信公众号的传播特点，充分了解公众对灾难事件的认识和态度。在与公众进行沟通的过程中，政府不但要满足公众政治参与的需要，而且更要主动传播政府的理性声音；同时，采取活泼的网络互动形式，有利于降低公众对政府工作的陌生感，使他们认同政府在应对灾难时所采用的举措，尽量消除由于意见不统一而造成的负面影响。

第三，在应对突发灾难的整个过程中，建立有效的信息回应机制必不可少。灾难具有难以预测性，因此政府机关必须做好日常的灾难预警及应对工作。2016年7月份，国务院办公室由舆情回应的责任、标准、效果、业务培训、激励约束等诸多层面入手，针对政府各级部门怎样做好舆论回应工作作出了清晰的规定。[①] 就具体实践而言，政府可以利用举行新闻发布会、通过政务微信公众号等渠道对外及时公布最权威的可靠信息，优化社会舆论引导。

二、传统媒体应发挥意见领袖作用，提升舆论引导力

一直以来，传统媒体在历史发展的各个阶段塑造了极高的公信力与正面的媒体形象，当进行新闻信息的大众传播时，它们作为意见领袖发挥出突出的社会功能。进入 web 2.0 时代之后，传统媒体应该凭借着其积累的公信力，利用微信等新兴平台兴媒体，将其天生的教育功能充分展示出来，拓宽信息传播面的同时，提高舆论引导力。

（一）丰富舆论引导渠道，提高舆论引导技能

“必须由社交媒体之内分离一些力量，来负责思索开发路径、寻求事实真相。如果仅仅依靠微信等去中心化的平台型媒体，那么事实真相必然会被万众狂欢掩盖。”[②] 在此方面，传统媒体拥有得天独厚的优势：具备极大的公信力、拥有专业的新闻团队、受众范围广泛等。然而步入新媒体时代后，因为传统的渠道优势不复存在，再加上新闻传播主体呈现出多样性的特征，使得传统媒体在信息传播中的弱点逐渐凸显出来。因此，将新媒体和传统媒体深度融合起来，拓宽新闻信息传播范畴，数量掌握新型的信息传播技术，不但是传统媒体的最佳发展路径，而且也是强化其舆论引导功能的有效方式。

微信平台媒体聚集着大量的非专业新闻传播者，自带人气和话题、信息传播迅速，但在新闻内容的深度和广度上普遍缺乏优势，挖掘事实真相的专业能

① 中国政府网：《国务院办公厅关于在政务公开工作中进一步做好政务舆情回应的通知》，http：//www.gov.cn/zhengce/content/2016-08/12/content 5099138.htm，2018 年 2 月 1 日。

② 吴晓东：《网媒微信平台新闻推送中的议程设置研究》,《中国出版》2014 年第 4 期。

力有所匮乏。所以探寻新闻事实、消除谣言的工作仍旧需要官方媒体来承担。当灾难爆发之后，传统媒体必须要将自身的公信力及权威性优势发挥出来，利用多媒体的呈现方式，把高水准的新闻专题与深度报道通过微信公众号传播给广大订户，用以全面记录灾难事件的整体面貌，扩大新闻传播的深度与广度，提升公众对灾难事件的认知，启发他们作出反省和思索。新旧媒体的深度融合，在各类平台间进行转换，一方面增强了精准信息的传播力度，另一方面拓宽了主流舆论的影响范围。除此以外，传统媒体也要充分利用微信公众号的用户互动参与功能，能够避开自身的短板、提高舆论的引导技能、扩大自身的影响力，最终提升灾难新闻中的舆论引导效果。

（二）加强行业自律，增强意见领袖作用

持之以恒的新闻生产与传播离不开资金、信用与专业能力作为支撑。因此，在微信平台上，传统媒体的意见领袖地位依然不容置疑。在 Web 2.0 时代，假如认为公信力是传统媒体得以生存与发展的关键，增强行业自律，则令传统媒体拥有了更大的发展空间。在实际生活里，不少媒体为聚焦大众目光、获取可观的经济效益，对诸多新闻事件进行过度炒作和包装，更有甚者，故意传播不实信息。例如 2007 年爆发的“金庸逝世”闹剧，还有 2018 年 3 月的“失踪的马航 MH370 找到了”之类的虚假报道……从侧面反应出一些媒体为了迎合大众的口味，放低了对自己新闻传播行为的要求。在前几年的马航失联事故里，很多网民认为“转载、蜡烛和祈福”是媒体三大制胜法宝等，以此对它们进行讽刺。这无疑是对我国新闻媒体的专业能力的极大怀疑与否定。传统媒体对外发布的虚假新闻一方面会其形象受损，另一方面也会扭曲舆论的发展方向，使社会稳定遭受威胁。

增强行业自律，一方面需要提升媒体工作者的道德素养，另一方面必须强化媒体的新闻专业主义追求。灾难爆发之后，媒体工作者至少应该做到以下三点：第一，要保持对新闻事件的敏感性，第一时间进行相关报道；第二，要认真核实采集到的所有灾难信息，去伪存真，传播政府权威声音，完善舆论监督

工作；第三，传统媒体需要借助新型平台媒体，加快转型和升级，真正提高公共服务的质量与能力。

（三）发挥教化功能，培养公众媒介素养

灾难一旦发生，人们正常的生活秩序不可避免地遭到破坏，关于灾难的新闻信息也成为仅次于物质救援之外人们最迫切的需求。此时，微信平台上涌现出海量信息，各种意见和观念相互碰撞，其中不乏虚假消息和谣言。如何辨别真伪、不信谣、不传谣、寻求真相，需要公众具背一定的媒介素养。

根据美国学者格伯纳提出的“涵化”理论，大众传媒彰显出的“拟态环境”会对人类解读客观世界产生显著的影响，并且影响并不是在短期之内形成的，它必须经过一个循序渐进式的长期培育过程。传统媒体发挥教化功能，培养公众的媒介素养，对构建和谐健康的微信舆论生态至关重要。

媒介素养，指的是公众身处新闻信息的海洋中所拥有的选取、解读、评价、创作、辨别及反思能力。[①] 对公众的媒介素养进行培育，传统媒体可以从下面几方面展开：其一，通过微信等平台，增强和公众之间的沟通，使其树立正确的价值理念，科学地运用新媒体；其二，向公众普及新闻相关知识，使他们提升自身的信息搜集、判断与解读能力；其三，帮助公众掌握怎样应用微信等平台，保障自身的知情权与监督权。事实上，媒介素养的提升并非一蹴而就，必须历经很长的阶段、付出巨大的努力才能实现。然而，提高大众的媒介素养才是遏制谣言、净化舆情的根本手段。

三、运营商应加强源头监管，优化微信生态环境

腾讯作为微信平台的运营商，不但扮演着微信服务提供者的角色，也是各项功能的开发主体，同时是微信平台信息监督的主要责任人。所以，微信不但要继续完善微信的功能，关注用户的感受与体验，更要增强对用户资格的审

① 杜伶俐：《受众媒介素养提升中的媒体作用》，《新闻世界》2012年第4期。

核力度，建立完善的用户共享共建制度。应对突发灾难时，腾讯公司更应与政府、媒体联手合作、开发资源融合平台，第一时间开设应急通道，最大限度地提高救灾效率。

（一）加强资质审查，严格公众平台准入制度

这几年，微信平台用户规模明显增加，微信公众号数目急剧增长，这使得微信营销迎来了良好的发展机会，微信平台商业化运作趋势越发明显。在诸多改变的影响下，微信平台的影响力大大拓展、经济效益显著提升，但也导致公众号传播的信息越发冗杂和平庸，使得这一平台的公共性逐渐被削弱。这中间还包括不少缺乏道德观和社会责任感的微信公众号，在平日甚至灾难事件爆发后直接发布一些虚假信息和诈骗信息，导致流言四起、谣言丛生。

在这一背景下，腾讯公司必须要增强对微信平台违法乱纪现象的关注和整治力度，由机制、技术、人才等诸多层面入手，监督与管理微信平台的信息传播行为：第一，在机制层面，出台相关规定，明确公众号的权利、义务及社会责任，对违反规定的公众号要严肃处理，带来严重社会影响的移交公安机关处理；第二，在技术层面，必须要增强技术开发力度，严格把控信息关口，通过设置关键词来筛查和屏蔽违法违规内容，建立微信舆情监测系统和谣言治理机制，加强对信息传播行为的监管和治理；第三，在人员方面，必须要投入更多的人力到微信公众号登记资格的审核阶段，建立完善的准入机制，与政府相关机构建立协作关系，真正由源头上解决好问题。

（二）提升用户体验，建立朋友圈的“防御系统”

微信平台的社交网络都是依附于实际生活里的亲朋好友等熟人关系发展而成[①]，这些关系具备明显的交互与沟通属性，进而产生了较为稳定、关联甚密的熟人社交圈。特别是在微信朋友圈“半封闭”的空间之中，灾难新闻的传播更

① 方兴东等：《微信传播机制与治理问题研究》,《现代传播（中国传媒大学学报）》2013年第6期。

会因为熟人之间高度信赖的关系而产生裂变式的传播速度。但在此过程中，朋友圈信息交互与流动相对封闭，外部信息无法融入，造成信息很难自行净化，谣言容易生根发芽。因此，在“半封闭”的朋友圈之中，需要建立完善的不良信息防御机制，包括两大层面内容：首先是信息出现以前，即在用户发布某条朋友圈消息这一举动之前就做好远程监控工作，利用关键词自动监测与识别等技术杜绝流言产生；其次是就算一些人逃脱了监控，在微信朋友圈之内散布谣言，也能激活不良信息防御机制的净化功能，对谣言等虚假信息予以清理。当然，这一防御机制并非仅仅只存在于朋友圈之中，微信平台的整体净化功能均需得到尽快改善。

构建完善的空间防御体系，除了引入关键词监测等新型的技术防范手段之外，还可以借助微信开发的信息检索功能，它便于用户通过关键词搜索出所有相关信息，利用对比多方信源的内容来鉴别信息真伪，有助于从受众角度消解不实信息。现阶段，微信平台检索功能初步完善，然而在实践过程中尚有明显缺陷，亟需微信设计团队做出调整和优化。

（三）加强信息监管，健全用户共享共建机制

监督微信用户的新闻信息传播活动，还需要包括对新闻原创性、文章浏览量以及点赞、打赏等诸多功能进行监管。针对新闻类微信公众号的严重抄袭现象，2015年初，微信团队发布了《微信公众平台关于抄袭行为处罚规则的公示》和《微信公众平台运营规范》，这代表着微信团队保护原创的坚决立场，严厉惩处抄袭行为。

增强微信平台新闻传播活动的管理力度，不但需要腾讯公司作出不懈努力，还需要所有用户自觉参与其中，这是基于两方面原因：首先，微信平台用户规模非常大，每日发送的信息不计其数，很难进行统计，其次是微信平台传播具备一定的私密性，外部主体对传播内容进行监控会面临相当大的困难。所以，构建完善的用户共建机制是腾讯企业落实微信平台信息传播监管举措的必经之路。

可由下面几点入手加以更加完善：第一，建立举报制度，号召所有用户对不实信息、暴力与色情信息、诈骗信息等违反法律和规定的内容予以举报。依据程度的不同，对相关主体实施拉进黑名单、封锁账号等惩罚，或者移交公安局进行处置；第二，健全奖励制度，依据用户举报频率及内容，为其提供物质嘉奖，调动用户的举报积极性；第三，建立黑名单公布制度，定期对外公布传播内容违反法律规定的公众号名单，并登记备案，责令运营主体限时改正。

（四）开设应急通道，摆脱推送频率限制

灾难事件的发生令人“措手不及”，也使得政府与媒体“心力交瘁”。此时，如果微信平台仍旧受到一天几次的信息推送限制，则非常不利于灾难新闻的及时传播，所以当灾难事件一旦出现，为消除公众的恐惧心理、避免流言四起，必须开设微信平台的应急通道。

不过从 2013 年雅安地震开始，腾讯公司就已经试验了灵活的救灾应急机制：在地震爆发之后，一些通讯设施被损坏，手机发送短信和接听电话的功能基本不复存在，微信等平台变成非常关键的通信手段。一些灾民通过微信与亲人朋友进行联络，报告平安、使之免于牵挂。后来微信公司开设了“雅安地震救助”这一专用公众号，该账号是各类地震救援信息的聚合平台，基本是用来传播与雅安地震相关的实时状况、救助信息、寻人信息等。利用设置关键词，灾区民众能够在这个公众号上获得快速回复，不安情绪获得了极大的抚慰。在此类应用场景，微信在面对灾难事件的快速反应能力与信息聚合优势明显超越了微博等其他平台型媒体。不仅如此，通过微信后台终端能够获得用户的所有信息，并且具备完善的用户分组功能。这种精准推送为媒体在灾难事件中协助救援工作的开展提供了更好的技术帮助。

微信公司应该根据情况因时因地制宜，令作为“社会公器”的媒体在把公众号作为灾难救助通道时，能够突破信息群发次数的约束，一方面，实现微信的随时更新，满足受众巨大的信息需求，引导舆论方向；另一方面，这种形式的应急措施可以对微信平台上伴随灾情传递产生的各类混乱和虚假信息正本清

源。当然，因其自身的定位的区别，不同的媒体对同一灾难事件的关注时间表现出明显的差别。微信后台应急救援通道可面向中央与地方媒体作出差异化的时间限定，就中央媒体而言，灾难事件应急渠道开通时间为一至两周，而地方媒体的开通时间为一个月。

（五）资源共享，开发融合式新平台

灾难事件与普通事件存在本质上的区别，与大众的自身利益具有密不可分的关系，涉及到的信息内容复杂多样，因此，更离不开微信平台的支持，以此加快传统媒体和新媒体之间的深度融合。进入到大数据时代之后，信息共享机制的建立、云计算技术的革新，共同推动了传统媒体既有资源多平台的整合与运用。

微信平台具有信息双向流动的交互性，这是建立资源整合和分享平台的坚实基础。传统媒体凭借得天独厚的优势资源，可以在微信平台上进行媒体的融合升级，面向各类主体来传播和推送信息，使不同的传播渠道之间形成舆论合力，扩大主流舆论和媒体观点的影响力。以微信公众号为例，作为传统媒体在微信平台上的代表，应达到和传统媒体其他渠道资源共享的目标，这既包括新闻信息的共同分享，还涉及到受众观念及看法的共同分享。一个融合式的资源整合平台，能够提供多渠道的全面信息，真正实现灾难新闻报道的全方位、“零死角”传播。

这类平台的搭建既离不开技术作为重要支撑，还需要传统媒体和新媒体的深度融合。事实上，这一新型平台诞生必然会扩大灾难新闻传播中原有的信息量，也能增强各媒体平台之间信息的有效链接，真正实现媒体资源的整合和分享。

四、个人用户应提升自身素质，促进舆论理性发展

用户不但扮演着微信服务享有者的角色，而且是微信平台信息传播的主体。在灾难事件出现之后，他们由于利益诉求有所差别，也许会变成虚假信息

的制造者，或者由于媒介素养较低，而变成虚假信息的传播者。这极易引发谣言大范围扩散。因此，提高网民的个人素质，成为净化微信平台信息传播环境的重要一环。健康向上的微信运营环境，一方面能给用户带来良好的使用感受，另一方面也令舆论的健康生成与良性发展成为了可能。

（一）加强个人自律，做到不盲从不跟风

每位微信用户都可以自由发声，都可能成为灾难事件的第一消息来源，或成为灾难信息传播的中介。这就要求公众加强自律，烙守言行底线，在享用微信平台完善功能的过程中，必须要加强个人的行为自律、提高个人的自保意识、形成正确的价值取向，避免盲目跟风。如此这般，一方面能够创造健康和谐的微信环境，另一方面能够保障用户持续享有高效便捷的微信服务。

在微信的公共平台上进行沟通、交流或者信息的传播就必须要遵守公共规则和法律法规，这也是享受平等的言论自由权利的先决条件。“知法、懂法、守法”是微信平台用户加强自律的首要步骤，国家网信办于 2014 年 8 月出台《即时通信工具公众信息服务发展管理暂行规定》，该法案对实时通讯工具的信息传播活动作出了清晰规定，严禁传播不实诈骗、黄色与暴力等不法信息，违法违规者交由公安部门进行惩处。“用法”是微信平台用户加强自律的第二个步骤，作为忠实的微信使用者，必须要学会使用法律武器对抗不良信息的微信平台传播行为。

除此以外，用户的道德自律也是净化微信空间、维护自身权益的保障。微信所处的互联网空间是社会公共空间必不可少的构成部分，遵守公共道德规范、接受社会监督是每个用户应有的道德准则。现阶段，尽管微信平台并未出台严格的规制，制约性与监管力明显欠缺，然而对于用户个体而言，必须时刻谨言慎行。在传播灾难信息时，要考量到可能造成的各方面影响，自觉抵制不良信息，并举报虚假信息及涉黄、涉恐、诈骗等恶性信息，阻止其进一步蔓延和传播，共同营造良好的微信环境。

（二）增强媒介素养，提升信息识别能力

微信作为一种新兴的多功能网络应用工具，用户在为公众的日常生活带来便利的同时，也存在一定的使用风险，这就需要用户对其功能和潜在问题有全面、理性的认识。从总体来说，中国公众媒介素养相对较低，尤其是面对灾难新闻时，人群中的个体极易遭受主观情绪的影响，盲从社会风气，做出非理性行为。例如，2011 年日本东部爆发了海啸及核泄漏事件之后，中国民众受到谣言影响全国哄抢食盐；2018 年 3 月，朋友圈疯传“失踪的马航 MH370 找到了”的虚假消息……公众是舆论引导的对象，假如微信平台的用户整体拥有较高的媒介素养，则谣言、流言必会不攻而破。

用户媒介素养的提高，可从三个方面进行改善：第一，用户必须掌握微信平台的使用特点及主要功能，不要随意对外公布私人信息，或者任意添加陌生用户，也不能随便打开风险不明的第三方链接；第二，用户应当提升个人的思辨能力，加强信息筛选与判断能力，杜绝成为谣言传播链条中的一环，谨防变成虚假信息的传播者；第三，用户可以自觉学习新闻专业知识，不断增强个人的信息搜索与解读能力，从而能够辨别出灾难事件传播中的不实信息，同时也可实现对媒介、政府和社会的监督，推动社会理性发展。

结　语

风险社会的到来让人们意识到灾难无时无刻不与人类生存息息相关，因此，灾难新闻从古至今都是人类社会信息传播的一个重大主题。回顾中华人民共和国成立后我国灾难新闻报道的历史，可以发现我国灾难新闻的实践，既存在现实性的必然意义，又受到各种环境因素的制约，呈现出不同阶段的鲜明特色。由于历史原因，“灾难性新闻”因其“负面性”历来是政府和媒体较为敏感的一个话题，其报道机制在理论和实践上都颇为薄弱。但随着我国政治、经济、文化和科技环境的发展变化，当今的灾难新闻传播又呈现出不同的景观。

由于传播生态的转变，以微信为代表的社会化媒体建构的话语环境，将多元主体、开放即时、社群认同等特征集于一身，极大程度上改变着人类的认知、沟通和行为方式，作为互联网与新媒体应用大国，以“两微一端”为主的社交平台在 Web 2. 0 技术发展的基础上成为中国人了解新闻信息的首选渠道以及互动交流的主要场域。不仅如此，社会化媒体在汶川地震、雅安地震、北京内涝、海南雾灾等大量突发性灾难事件中都发挥出重要的救助作用。

根据人民网舆情监测室发布的《2017 年上半年舆情分析报告》①，在 2017 年上半年，微博、微信、知乎等社会化媒体依然是舆情发生的主要信息源及舆情发酵关键渠道，它们对于突发事件、社会民生、环境保护等热点事件的瞬间扩散能力强，许多热点事件传播甚至以“亿”为单位。

① 廖灿亮：《人民网舆情监测室发布 2017 年上半年舆情分析报告》，人民网，http://yuqing.people.com.cn/n1/2017/0710/c209043-29395003.html，2018 年 2 月 1 日。

从现实生活场景观察看，随时随地随手打开微信，已经成为手机用户的一种生活常态。有超过30%的用户通过微信新媒体平台关注热点事件，有80%的用户会随手分享自己觉得有趣、有用的信息到朋友圈，并通过评论功能和感兴趣者建立聊天关系①。

由于平台型媒体具有公开性、互动性等特点，微信平台上信息的传者和受众的界限不再泾渭分明，传播者可能是受众，受众也可以成为传播者。这就使得灾难新闻的传播主体较之传统媒体时代有了无限的可能，即人人都可能成为灾难新闻的传播主体。本书首先从利益相关者理论出发，厘清微信平台上政府、媒体和公众这三大灾难新闻传播主体的特质及其关系。

在整个灾难信息传播过程中，政府传播者、公众传播者和媒体传播者三者互相配合，才保证了灾难信息传播的完整性、有效性和重要性。其中，政府传播者承担着灾害预警、灾害救援、灾损发布的责任，是灾害讯息最权威的新闻来源；公众传播者有效弥补了专业传播者在灾害突发现场的“缺席”，及时记录第一现场的影像等信息，发挥了重要的作用；媒体传播者联结政府与公众，是议程设置和舆论引导的关键力量，作为社会公器，代表公众行使社会守望的职能。

接着，本书针对微信平台上不同新闻传播主体的框架建构行为展开实证研究：基于框架理论，聚焦于微信公众平台的订阅号，以“2·15海南雾灾”灾难事件为典型案例，探讨政府、媒体和公众三者是如何建构本次雾灾事件，在建构过程中使用何种框架，不同的框架又是如何呈现等问题。

结论证明：官方媒体和市场化媒体所组成的专业媒体阵营，所采取的主要框架完全一致，在事件的爆发期和蔓延期都采用“灾情信息”框架，在平息期采用“救援服务”框架，尽管在不同阶段的所占比重有所区别。对于公众来说，由于大多数人缺乏获取灾情信息的渠道和调查事件的专业背景知识，因此，转

① 腾讯传媒研究院：《众媒时代——文字、图像与声音的新世界秩序》，北京：中信出版社2016年版，第118页。

发其他信源的“救援服务”信息和具体避灾的“对策建议”是介入公众讨论的最直接有效的方式。而进入蔓延期，随着灾情的延续以及相关信息的大量曝光，公众也自发地积极参与到“灾情信息”的传播当中；由于信源高度依赖媒体，因此从蔓延期到平息期，公众的主导框架都与媒体的选择趋势高度吻合。

市场化媒体与公众在事件中都展示了最多样化的框架运用，在蔓延期同时采用了媒体、原创、政府和公众四种信源提供方式。稍有不同的是，这种全信源覆盖，市场化媒体一直持续到平息期，而公众对于政府信源的轻视，使得它在蔓延期的占比最低，而在平息期则被完全放弃。

对于政府来说，他是面对和处理灾难问题的第一责任人，理所当然应该承担救援任务。因此，除了灾难爆发的第一时间提供真实准确的“灾情信息”之外，在事件的蔓延期和平息期，政府毫不动摇地把“救援服务”放在首要位置。但是，所采取的框架高度集中，其他几种框架分布的多样性不足。类似的情况，也发生在作为党和政府喉舌的官方媒体身上。

虽然，政府、官方媒体、市场化媒体和公众所采取的框架诸有不同，但是他们所采取的框架也有许多显著的相关性。据皮尔逊相关性显示，四者之间，官方媒体框架与市场化媒体框架的相关性最高；其次是政府框架与官方媒体框架的。相关性相对较低的是政府框架与市场化媒体框架。但从数值上来看，在本次“2·15海南雾灾”事件中，政府、官方媒体、市场化媒体和公众所采取的框架皆属于高度相关。这说明，在微信平台上，灾难新闻的传播主体之间可能存在框架建构的相互影响。

为什么政府、媒体和公众之间的新闻框架能够发生互动呢？从三个新闻传播主体发生互动的条件上来看，微信平台为三者的互动提供了新的可观察的场域，而围绕事件所形成的问题或者议题提供了三者互动的话题内容，灾难事件的社会性决定了三者之间能够形成社会性的事件关系。而在事件过程中，通过微信平台上发出自己的声音，则是各方互动的前提。

随后，为讨论政府、媒体与公众之间的框架互动与博弈，本研究对其文本所使用的框架进行交叉分析。研究发现：政府、媒体与公众之间在灾难新闻的框架建构上有着丰富的互动和博弈。三者运用各自的议题框架对本次雾灾事件进行“竞争性”议程设置，其博弈和互动的过程也是公众话语权扩张的过程，也是政府和媒体不断调整和适应公众话语变化的过程。

接下来，本书继续探讨微信平台灾难新闻的传播模式，以及影响微信平台灾难新闻传播效果的几种可能性因素。

首先，笔者在借鉴拉斯韦尔、德弗勒、马莱茨克、谢新洲等学者提出的经典传播模式的基础上，梳理出微信平台现存的人际传播、群体传播、弱大众传播和大众传播四种传播模式，并尝试总结出微信平台上灾难新闻的传播路径。

其次，本书借鉴学界的媒体显著性分析成果，运用实证研究的方法，选取“阅读量”和“点赞量”这2个微信平台上的显性指标作为衡量灾难新闻传播效果的因变量，然后建构了“总字数、报道对象、报道数量、推送位置、报道体裁、多媒体形式、情感基调和消息来源”作为7个自变量，用SPSS进行了交叉分析，考察它们之间的相关性。

结论证明：基于灾难新闻的特殊性，读者最关注的报道对象首先是灾情，其次是受灾群众。读者越来越倾向于在灾难新闻中看到灾民形象，体现了一种普遍的人文主义关怀趋势。

并非位于首位的灾难报道就能获得更高的阅读量，这说明：真正能吸引读者点击阅读的，始终还是新闻内容，要摸清读者性格和兴趣，针对性地提供新闻产品。基于灾难新闻对时效性的严苛要求，所以大部分文章都把消息作为新闻报道的首选体裁。但在高阅读量阵营中并列第二的报道体裁是评论和深度报道。这说明，读者已经不满足于知道灾情信息信息，同时还希望了解传播者的意图和态度，并愿意广泛地听到不同的观点和声音。

在阅读量20000+的两大阵营中，转载自专业媒体是微信公众号报道灾难新闻的信源首选途径。与之相反，政府信源则在微信平台上颇受冷落。大部分微信公众号会在报道灾难新闻时，保持中立的立场，并不因为灾难新闻的特殊性而任由情绪泛滥。

大部分微信公众号在发布灾难新闻时，都会选择文字配图片的形式，这在新媒体平台的传播经验上已经属于共识。尤其是在阅读量 10 万 + 阵营中的视频运用最为广泛。囿于手机屏幕的尺寸，读者们的阅读耐性相对有限，但是面对灾难新闻，又希望了解更多的信息、发掘灾难背后更多的因果联系。因此，经过反复验证，10 万 + 阵营中的微信公众号多半会把灾难新闻的总字数控制在 1000—2000 字之间。这说明：提升灾难报道的传播效果，必须以人为本，才能获得良好的阅读量。

从报道对象与点赞数量的关系来看，在点赞量 1000+ 的微信公众号文章中，以受众群众为报道对象的文章最容易获得得读者点赞，这里就与阅读新闻的首要关注点“灾情”有了明显区分；从消息来源与点赞数量的关系来看，在点赞量 50+ 的三档阵营中，原创成为吸引用户点赞的必胜法宝，并且在 1000+ 的阵营中体现更为明显；从报道立场与点赞数量的关系来看，点赞的读者更容易被灾难新闻传达出的正面的态度和舆论所感动；最后从多媒体形式与点赞数量的关系来看，点赞量 1000+ 阵营微信公众号在发布灾难新闻时，已经完全放弃空有文字的报道形式，顺应新媒体时代读者的阅读习惯。

因此，为了适应新媒体时代的新闻要求，提升微信平台上灾难报道的传播效果，无论是政府、媒体还是公众传播者，都必须重视受众的知情权，以人为本，力争原创，坚守新闻专业主义，在客观真实地报道灾难的同时，抚慰公众情绪，鼓舞人心，发挥正面的舆论引导作用。

因此，本书最后从政府、传统媒体、运营商和用户等四个维度出发，就微信平台上的灾难新闻传播提出相应的建议。

首先，政府应加强自我建设，提升舆论把控能力。夏琼在《大众媒介与政府危机公关》一书中认为，政府在解决危机事件时，必须遵循“预防在先”原则。在危机发生前就“未雨绸缪”，建立危机预警信息网络；利用媒体来加强民众的自我保障意识，经常对大众宣传和推广危机预警知识，特别是对在校学生普及灾难事件防范和应对方法，提升他们的自我救助能力。[①] 另外，她指出”

① 夏琼、周榕：《大众媒介与政府危机公关》，北京：人民出版社 2014 年版，第 113 页。

时间就是生命“，政府要在最短的时间之内利用各类媒体将灾难信息公之于众，剖析灾难事件出现的成因与蔓延趋势，制定行之有效的解决方案。

其次，媒体应充分发挥意见领袖作用，提升舆论引导力。灾难报道是传媒在新闻报道中的重点内容，传统媒体以深度报道、新闻调查、新闻评论等方式加强引导，发挥了社会舆论“压舱石”的作用，尤其是主流媒体的信息传播效果对公众、整个社会的认知都起着直接的影响作用。习近平总书记明确指出要着力“打造一批形态多样、手段先进、具有竞争力的新型主流媒体，建成几家拥有强大实力和传播力、公信力、影响力的新型媒体集团。”① 传统媒体与新媒体创新融合发展，主流媒体担当起越来越重要的社会责任，提高主流媒体的传播力、引导力、影响力、公信力刻不容缓。

最后，公众应提升个人素质，促进新闻舆论理性传递。公众既是微信信息服务的用户，也是微信信息传播的主体。一个良好的微信生态环境不仅能为用户带来优质的信息服务，同时也应由用户共同营造和维护，为舆论的理性发展厚植肥沃的土壤。因此，用户在享受微信多样功能的同时，应该加强个人自律，不盲从不跟风，加强媒介修养，提升信息识别能力。

研究至此，告一段落。囿于笔者学术水平的局限，尚有许多不足之处：本书的研究对象是微信平台上的新闻传播主体以及他们的框架建构、传播路径与效果影响。但由于微信平台的半封闭性，全部领域内的信息样本难以抓取，必然会对数据的搜集以及完整性产生一定的影响，因此，本研究选取的样本全部来自微信公众平台上的订阅号，从而没能把微信平台上的其他信息传播渠道囊括在实证研究范围之内。同时，微信的版本功能更新迅速，也可能带来信息传播特点的某些改变。除此之外，灾难具有不确定性的特征，选中的个案尽管有典型性和代表性，但也可能遗漏某方面的特征。因此，本书只能作为一个阶段性成果。

---

① 赵光霞，宋心蕊：《习近平：推动媒体融合发展要遵循新闻传播规律》，人民网，http://media.people.com.cn/n/2014/0818/c120837-25489622.html，2018 年 2 月 1 日。

此外，传播效果的研究领域非常宽广，研究方法也丰富多样，但本书的传播效果影响因素研究只聚焦于受众领域，尚未涉及更为宏观的其他领域。在研究方法上，笔者虽然参考前人研究成果建构出 7 个对传播效果可能产生影响的自变量，并结合自己的研究实际建构了 2 个作为效果表征的因变量，采用内容分析和文本分析进行了相关的探讨。但是，尚未采用问卷调查的方法，因此遗漏了直接获取受众效果反馈的另一项调研方法和有效数据。这些都是笔者今后可以继续进行微信平台新闻生产与传播研究的努力方向。

中外文参考文献

一、中文著作类

[1]［德］乌尔里希·贝克：《风险社会》，何博闻译，南京，译林出版社 2004 年版。

[2] 何梓华：《新闻理论教程（修订版）》，北京：高等教育出版社 2008 年版。

[3] 田中初：《新闻实践与政治控制：以当代中国灾难新闻为视阈》，济南：山东人民出版社 2005 年版。

[4] 谢晓萍：《微信思维》，广州：羊城晚报出版社 2014 年版。

[5] 凌教头：《微商创业者手册》，北京：机械工业出版社 2015 年版。

[6] 马化腾、张晓峰、杜军等：《互联网 +：国家战略行动路线图》，北京：中信出版社 2015 年版。

[7]［美］罗伯特·K. 殷：《案例研究方法的应用》，周海涛等译，重庆：重庆大学出版社 2009 年版。

[8]［美］艾尔·巴比：《社会研究方法（第十一版）》，邱泽奇译，北京：华夏出版社 2009 年版。

[9]［美］约翰·杜威：《确定性的寻求》，傅统先译，上海：上海人民出版社 2005 年版。

[10] 虞达文：《新闻心理学》，北京：新华出版社 2001 年版。

[11]［美］梅尔文·德弗勒等：《大众传播学诸论》，杜力平译，北京：新华出版社 1990 年版。

[12] 童兵:《理论新闻传播学导论》，北京：中国人民大学出版社 2000 年版。

[13] 郭庆光:《传播学教程》，北京：中国人民大学出版社 1999 年版。

[14] 匡文波:《新媒体概论》，北京：中国人民大学出版社 2012 年版。

[15] 孟昭华:《中国灾荒辞典》，哈尔滨：黑龙江科学技术出版社 1989 年版。

[16]［美］盖伊·塔奇曼：做新闻，麻争旗等译，北京：华夏出版社 2008 年版。

[17] 臧国仁:《新闻媒体与消息来源：媒介框架与真实建构之论述》，台北：台北三民书局 1999 年版。

[18] 李希光、赵心树:《媒体的力量》，广州：南方日报出版社 2002 年版。

[19] 黄旦:《传者图像：新闻专业主义的建构与消解》，上海：复旦大学出版社 2005 年版。

[20] 吴世文:《新媒体事件的框架建构与话语分析》，济南：山东教育出版社 2014 年版。

[21] 王时中等:《现代政府管理通论》，南京：江苏人民出版社 1999 年版。

[22]［英］J.C. 亚历山大编:《国家与市民社会：一种社会理论的研究路径》，邓正来译，北京：中央编译出版社 2002 年版。

[23]［美］罗伯特·希斯:《危机管理》，王成等译，北京：中信出版社 2001 年版。

[24]［英］丹尼斯·麦奎尔、［瑞典］斯文·温德尔:《大众传播模式论》，祝建华、武伟译，上海：上海译文出版社 1997 年版。

[25]［美］埃姆·格里芬:《初识传播学》，展江译，. 北京，北京联合出版公司 2016 年版。

[26] 刘冰:《新闻报道写作：理论、方法与技术》，广州：南方日报出版社 2011 年版。

[27]［美］赫伯特·阿特休尔:《权力的媒介》，黄煌、裘志康译，北京：

华夏出版社 1989 年版。

[28] 腾讯传媒研究院：《众媒时代——文字、图像与声音的新世界秩序》，北京：中信出版社 2016 年版。

[29] 夏琼、周榕：《大众媒介与政府危机公关》，北京：人民出版社 2014 年版。

二、外文类（著作、期刊论文）

[30] Mc Clure, J., Allen, M. W., & Walkey, F," Countering Fatalism: Causal Information in News Reports Affects Judgments about Earthquake Damage", *Basic and Applied Social Psychology* Vol. 23(2), 2001, pp.109–121.

[31] Oda, S," The Role of Broadcasting Media in Providing Disaster–Related News and Information", *Studies of Broadcasting* Vol. 32, 1996, pp.33–57.

[32] Nigg, J. M.," Communication under Conditions of Uncertainty: Understanding Earthquake Forecasting", *Journal of Communication* Vol. 32(1), 1982, pp.27–36.

[33] Robert M. Entman," U. S. Coverage of International News: Contrasts in Narratives of the KAL and Iran Air Incidents", *Journal of Communication* Vol. 41(4), 1991.

[34] Shayne Bowman, Cris Wills, *We Media: How Audiences Are Shaping the Furture of News and Information*, The American Press Institute, 2003, p.98.

[35] Kaplan A M, Haenlein M," Users of the World, Unite! The Challenges and Opportunities of Social Media, *Business horizons* vol. 53(1), 2010, pp.59–68.

[36] Penrose E T, *The Theory of the Growth of the Firm*, Oxford University Press, 1995, pp.143–144.

[37] Freeman R E, *Strategic management: A stakeholder approach*, Cambridge University Press, 2010, p.33.

[38] Frederick W C," The Moral Authority of Transnational Corporate Code", *Journal of Business Ethics* Vol. 10(3), 1991, pp.65–77.

[39] Clarkson M," Conference on A Risk–Based Model of Stakeholder Theory: Proceedings of the Second Toronto Stakeholder Theory", *Centre for Corporate Social Performance & Ethics,* Tornoto, University of Tornoto, 1994, pp.154–161.

[40] Donaldson T, Preston L E," The Stakeholder Theory of the Corporation: Concepts, Evidence, and Implication", *Academy of Management Review* Vol. 20(1), 1995, pp.65–91.

[41] Charkham J P," Corporate Governance: Lessons from Abroad", *European Business Journal* Vol. 4(2), 1992, p.8.

[42] Mitchell R K, Spence L J." Toward a Theory of Stakeholder Salience in Family Firms", *Business Ethics Quarterly* Vol. 21(2), 2011, pp.235–255.

[43] Goffman E, *Frame analysis: An essay on the organization of experience*, Cambridge, MA, US: Harvard University Press, 1974, p.21.

[44] Gamson W A, Croteau D, Hoynes W, et al.," Media Images and the Social Construction of Reality", *Annual Review of Sociology* Vol. 18(18), 1992, pp.373–393.

[45] Entman R M," Framing: Toward Clarification of A Fractured Paradigm", *Journal of Communication* Vol. 43(4), 1993, pp.51 – 58.

[46] Vreese C H," News Framing: Theory and Typology", *Information Design Journal & Document Design* Vol. 13(1), 2005, pp.51–62.

[47] Zhongdang Pan, Gerald M. Kosicki," Framing Analysis: An Approach to News Discourse", *Political Communication* Vol. 10(1), 1993, pp.55–75.

[48] S. D., Grandy, O., and Grant, Jr. A. E, *Framing Public Life: Perspectives on Media and Our Understanding of the Social World*, Routledge, 2001, p.95–106.

[49] Steven Fink, *Crisis Management: Planning for the Invisible*, New York: American Management Assotiation, 1986, pp.1–5.

[50] Gitlin T," The Whole World is Watching: Mass Media in the Making & Unmaking of the New Left: With a New Preface", *Foreign Affairs* Vol. 4, 1980, p.98.

[51] Gamson W A." The 1987 Distinguished Lecture: A Constructionist Approach

to Mass Media and Public Opinion", *Symbolic Interaction* Vol. 11(2), 1988, pp.161–174.

[52] Michaelidou N, Siamagka N T, Christodoulides G. Usage," Barriers and Measurement of Social Media Marketing: An Exploratory Investigation of Small and Medium B2B Brands", *Industrial Marketing Management* Vol. 40(7), 2011, pp.1153–1159.

[53] Tewksbury D, Scheufele D A," News Framing Theory and Research", *Media Effects Advances in Theory & Research*, 2009, pp.17–33.

[54] Kosicki G M," Problems and Opportunities in Agenda-Setting Research", *Journal of Communication* Vol. 43(2), 1993, pp.100–127.

[55] Mccombs M," New Frontiers in Agenda Setting: Agendas of Attributes and Frames", *Mass Comm Review*, 1997, p.9.

[56] Golan G, Wanta W," Second–Level Agenda Setting in the New Hampshire Primary: A Comparison of Coverage in Three Newspapers and Public Perceptions of Candidates", *Journalism & Mass Communication Quarterly* Vol. 78(2), 2001, pp.247–259.

[57] Gordon M T, Heath L," The News Business, Crime, and Fear", *Agenda setting: Readings on media, public opinion, and policymaking*, 1981, pp.71–74.

[58] Pritchard D," Homicide and Bargained Justice: The Agenda–Setting Effect of Crime News on Prosecutors", *Public Opinion Quarterly* Vol. 50(2), 1986, pp.143–159.

[59] Dearing J W, Rogers E, *Agenda-setting*, Sage publications, 1996.

[60] Benton, MarclFrazier, P. Jean," The Agenda Setting Function of the Mass Media at Three Levels of 'Information Holding'", *Communication Research* Vol. 3(3), 1976, pp.261–274.

[61] Gilbern S, Eyal C, McCombs M, et al," The State of the Union Address and the Press Agenda", *Journalism Quarterly* Vol. 57(4), 1980, pp.584–588.

[62] Ghanem S," Filling in the Tapestry: The Second Level of Agenda Setting",

Communication and democracy: Exploring the intellectual frontiers in agenda-setting theory, 1997, pp.3–14.

[63] Kiousis S," Explicating media salience: A factor analysis of New York Times issue coverage during the 2000 US presidential election", *Journal of Communication* Vol. 54(1), 2004, pp.71–87.

[64] Mccombs M E, Shaw D L," The Agenda–Setting Function of Mass Media", *The Public Opinion Quarterly* Vol. (2), 1972, pp.176–187.

三、论文类（期刊论文、论文集、学位论文）

[65] 孙发友:《从"人本位"到"事本位"——我国灾害报道观念变化分析》,《现代传播（北京广播学院学报）》2001 年第 2 期。

[66] 沈正赋:《灾难新闻报道方法及其对受众知情权的影响》,《新闻大学》2002 年第 2 期。

[67] 王蕾:《论我国灾难新闻报道理念的转变》,《新闻大学》2008 年第 4 期。

[68] 董天策、蔡慧、于小雪:《当代中国灾难新闻报道模式的演变》,《新闻记者》2010 年第 6 期。

[69] 左中甫:《灾难新闻报道中的人文关怀——由三起空难报道引发的思考》,《传媒观察》2002 年第 8 期。

[70] 潘元金:《探析灾难新闻摄影中人文关怀的缺失》,《武汉科技学院学报》2008 年第 10 期。

[71] 许光:《灾难新闻报道中人文关怀的缺失——以汶川大地震为例》,《新闻爱好者(理论版)》2008 年第 12 期。

[72] 饶瑶:《从三次震灾报道看我国媒体人文关怀意识》,《新闻三昧》2008 年第 7 期。

[73] 杨小瑾:《浅析灾难新闻报道的人文关怀》,《中国广播电视学刊》2010 年第 3 期。

[74] 唐梦圆:《新世纪十年来中国灾难报道人文关怀变化一一从心理学视

角分析》，暨南大学2011年硕士学位论文。

[75] 韩瑞娜：《社交媒体时代如何遵守新闻规范？——对上海踩踏事故关于遇难学生报道伦理争议的反思》,《中国记者》2015年第3期。

[76] 李洪华：《灾难报道中媒体工作者的心理创伤问题》,《新闻战线》2016年第10期。

[77] 谢晖：《中西灾难新闻传播差异的深层文化背景》,《新闻知识》2008年第5期。

[78] 万生云：《中西方灾难性事件新闻摄影报道的差异性研究》,《国际新闻界》2001年第2期。

[79] 黄昆仑：《从“9·11”事件灾难新闻报道看中美媒介生态的差异》,《现代传播》2002年第1期。

[80] 胡瑛、陈力峰：《共同的灾难，趋同的声音？——〈今日美国〉与〈人民日报〉汶川地震报道比较》,《青年记者》2009年第8期。

[81] 王爱敏、李丹丹、赵元：《论传统媒体对重大灾害报道的突破性发展——以〈人民日报〉对唐山和汶川地震报道为例》,《防灾科技学院学报》2009年第4期。

[82] 冯春：《唐山、汶川地震新闻报道比较研究》，华中师范大学2010年硕士学位论文。

[83] 董天策：《在开放与控制之间：危机传播的基本准则与尺度——汶川大地震新闻报道的经验与启示》,《新闻与传播研究》2008年第4期。

[84] 严三九、王虎：《危机事件中的信息公开与媒体报道策略分析——以“5·12”汶川特大地震灾害报道为例》,《新闻记者》2008年第6期。

[85] 孙熙姝：《党报的公共危机报道及其作用研究——以〈人民日报〉汶川地震报道为例》，厦门大学2009年硕士学位论文。

[86] 刘远朋：《〈人民日报〉汶川地震报道研究》，兰州大学2009年硕士学位论文。

[87] 林丽芬：《突发公共卫生事件的社会危机管理研究——以SARS为例》,

福建师范大学 2005 年硕士学位论文。

[88] 任蕾:《简析〈人民日报〉评论在汶川特大地震报道中的舆论引导》,《社科纵横》2008 年第 12 期。

[89] 吴淑慧:《党报如何通过评论引导舆论——〈人民日报〉“何振华”系列评论的启示》,《新闻三昧》2009 年第 4 期。

[90] 贾晓倩:《我国灾难性事件的电视新闻评论研究》,新疆大学 2009 年硕士学位论文。

陈翔:《悲情传播中的媒体伦理危机——以“5·12”汶川地震报道为例》,《新闻与传播研究》2008 年第 4 期。

[91] 王瑾:《东日本大地震新闻报道的比较研究》,内蒙古大学 2012 年硕士学位论文。

[92] 夏侯命波:《人民日报灾难新闻评论的话语分析》,暨南大学 2014 年硕士学位论文。

[93] 魏超、张骁:《微信的功能和属性分析》,《出版广角》2014 年第 12 期。

[94] 方兴东、石现升、张笑容等:《微信传播机制与治理问题研究》,《现代传播(中国传媒大学学报)》2013 年第 6 期。

[95] 余秀才、童石石:《微信的发展现状与传播问题》,《新闻与写作》2015 年第 9 期。

[96] 王海燕:《出版社微信公众平台发展现状与对策研究》,《科技与出版》2015 年第 1 期。

[97] 彭丽娟:《关于高校官方微信公众平台的现状与思考》,《新闻知识》2015 年第 7 期。

[98] 马勇、赵文义、孙守增:《学术期刊对微信公众平台的功能选择分析》,《科技与出版》2014 年第 9 期。

[99] 聂磊、傅翠晓、程丹:《微信朋友圈:社会网络视角下的虚拟社区》,《新闻记者》2013 年第 5 期。

[100] 周晔、郭雅倩:《社会比较视阈下的微信朋友圈影响度研究》,《情报

杂志》2016 年第 2 期。

[101] 蒋建国:《微信朋友圈泛化：交往疲劳与情感疏离》,《. 现代传播(中国传媒大学学报)》2016 年第 8 期。

[102] 刘砚议:《微信朋友圈中的“印象管理”行为分析》,《新闻界》2015 年第 3 期。

[103] 谭震:《传统媒体如何借助微信扩大影响——微信的媒介功能及影响分析》,《中国记者》2013 年第 5 期。

[104] 王海燕:《传统媒体微信公众号编辑与运营策略分析》,《编辑之友》2015 年第 2 期。

[105] 赵振祥、王洁:《微博与微信：基于媒介融合的比较研究》,《编辑之友》2013 年第 12 期。

[106] 陈永东:《微信之于微博：是互补而非替代》,《新闻与写作》2013 年第 4 期。

[107] 吴幼祥:《政务微信运维的三力模型》,《新闻战线》2015 年第 23 期。

[108] 姚玉芹、田园:《试析政务微信的传播价值》,《现代传播(中国传媒大学学报)》2015 年第 10 期。

[109] 李晶:《微信营销，数字时代出版营销渠道探析》,《新闻界》2013 年第 20 期。

[110] 张志安、束开荣:《微信舆论研究：关系网络与生态特征》,《. 新闻记者》2016 年第 6 期。

[111] 王玉珠:《微信舆论场：生成、特征及舆情效能》,《情报杂志》2014 年第 7 期。

[112] 王玉珠:《微信舆论场的生成、效能及引导》,《中州学刊》2014 年第 10 期。

[113] 蒋琳:《从“圈子社交”看微信舆论传播的风》,《编辑学刊》2016 年第 5 期。

[114] 郭致杰:《微信舆论场传播失范引发的负面舆论分析——以“非法疫

苗案”传播为例》,《青年记者》2016 年第 20 期。

[115] 程世平、张轩:《警惕微信舆论场中的“舆论暗潮”》,《人民论坛》2016 年 21 期。

[116] 王玉珠:《舆情事件中微博、微信的议题共生与变化——以“东莞扫黄”事件为例》,《新闻界》2015 年第 11 期。

[117] 雷跃捷、李汇群:《媒体融合时代舆论引导方式变革的新动向——基于微信朋友圈转发“人贩子一律死刑”言论引发的舆情分析》,《新闻记者》2015 年第 8 期。

[118] 陈燕:《重大事件中微信传播的舆论引导》,《新闻界》2014 年第 13 期。

[119] 王若曦:《微信场域下舆论引导的路径探究》,《新闻战线》2016 年第 14 期。

[120] 陈呈、靖鸣:《媒体微信评论的舆论引导探析》,《青年记者》2015 年第 34 期。

[121] 金妍:《引导微信舆论的路径探析》,《东南传播》2015 年第 6 期。

[122] 吴斌:《我国微信治理的理念与实践研究——社会整合论的视角》,天津师范大学 2015 年硕士学位论文。

[123] 唐文成:《微信谣言的生成与治理研究》, 广西大学 2016 年硕士学位论文。

[124] 刘永丹:《基于 Netlogo 的微信群舆情演化模型实现》,《无线互联科技》2013 年第 11 期。

[125] 李志刚:《浅谈微信的行政监管和法律规制》,《法制博览》2014 年第 11 期。

[126] 黄杰:《微信环境下高校突发事件应对机制研究》,《新闻知识》2016 年第 5 期。

[127] 潘丽娜:《微信在突发事件报道中的新作为——以雅安地震为例》,《青年记者》2013 年第 32 期。

[128] 王薇:《新媒体时代突发事件的电视新闻报道策略探析——以“5·20”

福州五一路楼房倒塌事件新闻报道为例》,《东南传播》2013 年第 7 期。

[129] 夏明名:《微博与微信:突发事件传播中特点之比较》,《现代视听》2015 年第 2 期。

[130] 李飞雪、赵梦婷:《试论微信公众号“央视新闻”对突发事件的报道》,《中国广播电视学刊》2016 年第 12 期。

[131] 石文萍:《突发事件中微信用户非理性集群行为引导研究》,山西财经大学 2016 年硕士学位论文。

[132] 李松丽:《基于微信的社会舆论热点挖掘及分析模型研究》,华中师范大学 2016 年硕士学位论文。

[133] 王桂花:《基于“5W”模式理论下政务微信研究——以公安政务微信“平安肇庆”为例》,江西师范大学 2015 年硕士学位论文。

[134] 程新雅:《公共事件中微博与微信传播比较研究——以“昆明火车站暴力事件”为例》,郑州大学 2014 年硕士学位论文。

[135] 王蕾:《论我国灾难新闻报道理念的转变》,《新闻大学》2008 年第 4 期。

[136] 沈正赋:《灾难性事件报道方法论初探》,《新闻战线》2003 年第 9 期。

[137] 胡百精:《危机状态下的议题管理》,《国际新闻界》2006 年第 3 期。

[138] 王润泽:《探寻灾害报道的模式突破》,《中国记者》2006 年第 9 期。

[139] 陈朝晖:《灾难报道的理念、方法与作用》,《城市党报研究》2009 年第 6 期。

[140] 谭天:《基于关系视角的媒介平台》,《国际新闻界》2011 年第 9 期。

[141] 喻国明:《基于互联网逻辑的媒体发展趋势》,《人民日报》2015 年 4 月 19 日第 5 版。

[142] 李嘉卓:《产消者:融合时代平台型媒体的核心》,《青年记者》2015 年第 7 期。

[143] 喻国明、焦建、张鑫:《“平台型媒体”的缘起、理论与操作关键》,《中国人民大学学报》2015 年第 6 期。

[144] 吕尚彬、戴山山:《“互联网 +”时代的平台战略与平台媒体构建》,

《山东社会科学》2016 年第 4 期。

[145] 邵林:《基于互联网逻辑的平台型媒体研究》,《南京邮电大学学报(社会科学版)》2015 年第 4 期。

[146] 郭一鸣:《刍议平台型媒体的发展历程及运营模式》,《记者摇篮》2017 年第 8 期。

[147] 谢新洲:《微信的传播特征及其社会影响》,《中国传媒科技》2013 年第 11 期。

[148] 匡文波:《中国微信发展的量化研究》,《国际新闻界》2014 年第 5 期。

[149] 金雨希、张燕:《有微信，更威信——论传统媒体如何借力微信》,《湖南大众传媒职业技术学院学报》2013 年第 4 期。

[150] 宋迪、韩志国:《三网融合背景下的媒体发展战略——〈中国传媒科技〉第十期传媒沙龙综合报道》,《中国传媒科技》2010 年第 8 期。

[151] 熊澄宇:《整合传媒：新媒体进行时》,《国际新闻界》2006 年第 7 期。

[152] 陆定一:《新闻必须完全真实——陆定一同志对本刊记者的谈话》,《新闻战线》1982 年第 12 期。

[153] 单晓彤:《微信传播模式探析》,《新闻世界》2013 年第 2 期。

[154] 付俊文、赵红:《利益相关者理论综述》,《首都经济贸易大学学报》2006 年第 2 期。

[155] 贾生华、陈宏辉:《利益相关者的界定方法述评》,《外国经济与管理》2002 年第 5 期。

[156] 杨瑞龙:《现代契约观与利益相关者合作逻辑》,《山东社会科学》2003 年第 3 期。

[157] 曾庆香:《微公益传播研究——主体 · 模式 · 影响》，武汉大学 2014 年博士学位论文。

[158] 贾国飚:《论新闻的框架研究》,《新闻爱好者》2006 年第 2 期。

[159] 邵静:《媒介框架论：新闻传播中框架分析研究的现状、特点和走向》,《中国传媒报告》2011 年第 1 期。

[160] 董天策、徐宁:《从“连战访问大陆”看市场化报纸的时政报道——香港 < 东方日报 > 与国民党 < 中央日报 > 报道框架的比较分析》,《西南民族大学学报》(人文社科版)2005 年第 6 期。

[161] 潘忠党:《架构分析：一个亟待理论澄清的领域》,《传播与社会学刊》2006 年第 1 期。

[162] 肖伟:《论欧文·戈夫曼的框架思想》,《国际新闻界》2010 年第 12 期。

[163] 陈阳:《框架分析：一个亟待澄清的理论概念》,《国际新闻界》2007 年第 4 期。

[164] 冯剑侠:《框架理论在传播学研究中的运用及其发展》,《新闻传播》2011 年第 9 期。

[165] 罗以澄、陈刚:《论新闻媒体对争议性事件的报道框架——以“华南虎照片”事件为研究对象》,《当代传播》2008 年第 4 期。

[166] 曾繁旭、戴佳、郑婕:《框架争夺、共鸣与扩散：PM2.5 议题的媒介报道分析》,《国际新闻界》2013 年第 8 期。

[167] 张涛甫、伍庆祥:《社会运动中的媒体行动者——以缅甸媒体的昂山素季事件报道为例》,《国际新闻界》2011 年第 10 期。

[168] 曾妮:《局促的自由——美国媒体关于伊拉克虐囚报道的框架分析》,《国际新闻界》2005 年第 1 期。

[169] 王秀丽、韩纲、休梅克:《< 新闻调查 >1996–2005：一种框架分析》,《国际新闻界》2011 年第 12 期。

[170] 徐占品、刘利永:《新媒体时代灾害信息的传播特点——以北京 7.21 特大暴雨山洪泥石流灾害为例》,《新闻界》2013 年第 5 期。

[171] 徐占品、李华等:《在探索中发展：< 新闻联播 > 灾害事件报道的嬗变》,《防灾科技学院学报》2008 年第 3 期。

[172] 贾小明、赵曙明:《对马斯洛需求理论的科学再反思》,《现代管理科学》2004 年第 6 期。

[173] 徐占品:《安全恐慌下的谣言传播特点》,《青年记者》2012 年第 35 期。

[174] 徐占品：《论灾害信息传播的背景、维度与价值》，《新闻爱好者》2012 年第 7 期。

[175] 杨晓丽：《美国自然灾害应急管理中的信息传播研究》，华中师范大学 2009 年硕士学位论文。

[176] 夏雨禾：《突发事件中的微博舆论：基于新浪微博的实证研究》，《.新闻与传播研究》2011 年第 5 期。

[177] 郭泽德：《政务微信助力社会治理创新——以“上海发布”为例》，《电子政务》2014 年第 4 期。

[178] 毛斌等：《新常态下政务微信的优化路径研究》，《情报杂志》2016 年第 8 期。

[179] 蔡雯、翁之颢：《微信公众平台：新闻传播变革的又一个机遇——以“央视新闻”微信公众账号为例》，《新闻记者》2013 年第 7 期。

[180] 陈雪奇、刘敏：《微信场域中的意见领袖》，《当代传播》2015 年第 3 期。

[181] 张胜兵：《弱连接对不同类型在线社交网络信息传播范围的影响研究》，《计算机工程与科学》2015 年第 1 期。

[182] 白嘉新：《社会化媒体条件下我国报纸新闻生产策略研究》，渤海大学 2015 年硕士学位论文。

[183] 沈申奕：《突发公共事件中的政策、媒体、公众议程互动研究》，华东师范大学 2011 年硕士学位论文。

[184] 许鑫：《网络公众参与：机制、局限与意义——基于三个网络公共事件的比较分析》，《浙江传媒学院学报》2014 年第 2 期。

[185] 张宝军等：《我国自然灾害分类的标准化》，《自然灾害学报》2013 年第 5 期。

[186] 金磊：《灾害研究的两大关注点次生灾害与保险》，《安全》2005 年第 1 期。

[187] 佚名：《谨防次生灾害“雪上加霜”》，《瞭望》2008 年第 Z1 期。

[188] 张小山：《社会研究中与分析单位有关的若干问题》，《黑龙江社会科

学》，2008 年第 3 期。

[189] 刘九洲：《对中国当代传媒话语的情景分析——以 1950 年至 1977 年〈人民日报〉元旦社论关键词为例》，《三峡大学学报（人文社会科学版）》2008 年第 5 期。

[190] 姜书念：《基于复杂网络理论的微信信息传播影响因素研究》，西安理工大学 2017 年硕士学位论文。

[191] 高莹：《微信的传播模式分析》，郑州大学 2014 年硕士学位论文。

[192] 徐田娣：《微信的传播特点研究》，吉林大学 2015 年硕士学位论文。

[193] 马红岩：《基于内容营销的微信传播效果研究》，《商业研究》2014 年第 11 期。

[194] 王芳、张璐阳：《中国政务微信的功能定位及公众利用情况调查研究》，《电子政务》2014 年第 10 期。

[195] 孙华：《新闻消费主义与新闻专业主义的博弈》，《新闻传播》2008 年第 9 期。

[196] 李金玲：《传播失效如何界定》，《新闻爱好者》2010 年第 18 期。

[197] 黄毅峰：《谣言的社会学解读》，《青年记者》2011 年第 13 期。

[198] 吴晓东：《网媒微信平台新闻推送中的议程设置研究》，《中国出版》2014 年第 4 期。

[199] 杜伶俐：《受众媒介素养提升中的媒体作用》，《新闻世界》2012 年第 4 期。

四、其他类型中文文献

[200] 国务院：《国家突发公共事件总体应急预案》，2006 年 1 月 8 日。

[201] 国务院：《中华人民共和国政府信息公开条例》，2007 年 4 月 5 日。

[202] 民政部、国家减灾委员会办公室：《2017 年全国自然灾害基本情况》，http://www.jianzai.gov.cn//DRpublish/ywcp/0000000000027782.html，2018 年 2 月 1 日。

[203] 新传研读社:《尤瓦尔·赫拉利：冠状病毒之后的世界》https://mp.weixin.qq.com/s/FeYWIOtKyFW6XMWfLwaS7Q，2018 年 2 月 1 日。

[204] 中国互联网络信息中心:《第 41 次《中国互联网络发展状况统计报告》，http://cnnic.cn/hlwfzyj/hlwxzbg/hlwtjbg/201803/t20180305_70249.htm，2018 年 3 月 6 日。

[205] 腾讯传媒:《工信部发布 2017 网媒公信力报告，腾讯新闻入列第一梯队》，http://mp.weixin.qq.com/s/8sYi3kVhnERnAz3FgGpbOQ，2018 年 3 月 1 日。

[206] 微信派:《刚刚，马化腾宣布：微信全球月活跃用户数超 10 亿》，http://mp.weixin.qq.com/s/K5uGwPreMx-iMbVToy3tnw，2018 年 3 月 5 日。

[207] 维基百科:《Web 2.0》，https://zh.wikipedia.org/wiki/Web_2.0，2018 年 2 月 1 日。

[208] 飞龙:《两家独大：2017 年苹果与安卓手机市场份额高达 99.9%》,《IT 之家》，https://www.ithome.com/html/it/348402.htm，2018 年 2 月 23 日。

[209] 艾瑞咨询:《2015 年微信公众号媒体价值研究报告》，http://report.iresearch.cn/report/201506/2393.shtml，2018 年 2 月 1 日。

[210] 企鹅智库:《2017 微信用户 & 生态研究报告》，http://tech.qq.com/a/20170424/004233.htm#p=5，2018 年 2 月 1 日。

[211]《互联网新闻信息服务管理规定》，http://www.cac.gov.cn/2017-05/02/c_1120902760.htm，2018 年 2 月 15 日。

[212] 民政部:《2017 年全国自然灾害基本情况》，http://www.jianzai.gov.cn//DRpublish/ywcp/0000000000027782.html，2018 年 2 月 1 日。

[213] 新华社:《中华人民共和国突发事件应对法（主席令第六十九号）》，中央政府门户网站，http://www.gov.cn/zhengce/2007-08/30/content_2602205.htm，2018 年 2 月 1 日。

[214] 王君平、王明峰、蒋建科:《探寻喧哗背后的真相：阻击谣言 速度加快》，中国文明网，http://www.wenming.cn/xj_pd/ssrd/201304/t20130427_1198932.shtml，2018 年 2 月 1 日。

[215] 云南网：《微信依赖症——先虚拟后现实微信时代的社交方式》，http://society.yunnan.cn/html/2013-06/23/content_2777435.htm，2018 年 2 月 1 日。

[216] 中国政府网：《国务院办公厅关于在政务公开工作中进一步做好政务舆情回应的通知》，http：//www.gov.cn/zhengce/content/2016-08/12/content 5099138.htm，2018 年 2 月 1 日。

[217] 廖灿亮：《人民网舆情监测室发布 2017 年上半年舆情分析报告》，人民网，http://yuqing.people.com.cn/n1/2017/0710/c209043-29395003.html，2018 年 2 月 1 日。

[218] 赵光霞、宋心蕊：《习近平：推动媒体融合发展要遵循新闻传播规律》，人民网，http://media.people.com.cn/n/2014/0818/c120837-25489622.html，2018 年 2 月 1 日。

附　录　编码指南

1. 报道主体：微信公众号的名称

A. 政府及相关职能部门，赋值：RS1

（次级属性：海南省内的，赋值为 1；海南省外的，赋值为 2；中央的，赋值为 3）

B. 专业媒体，赋值：RS2

（次级属性一：官方媒体，赋值为 1；市场化媒体，赋值为 2）

（次级属性二：省内的，赋值为 3；省外的，赋值为 4，中央媒体，赋值为 5）

C. 公众，赋值为 RS3

（次级属性：志愿者组织，赋值为 1；其他企业，赋值为 2；其他社会组织，赋值为 3；其他个人，赋值为 4）

注：外省需注明是哪个省；专业媒体包括报纸、广播、电视和商业网站；专业的志愿者组织，记录下名字。

2. 消息来源：

A. 原创，赋值为 S1

（次级属性：是，赋值为 1；否，赋值为 0）

B. 转载，赋值为 S2

（次级属性：媒体官微，赋值为 1；政务微信，赋值为 2；志愿者微信公众号，赋值为 3；其他微信公号，赋值为 4）

3. 议题框架：

A. 灾情信息框架，赋值为 1；

B. 解释归因框架，赋值为 2；

C. 救援服务框架，赋值为 3；

D. 人文关怀框架，赋值为 4；

E. 对策建议框架，赋值为 5；

F. 反思框架，赋值为 6；

G. 其他框架，赋值为 7。

4. 主题内容：概括中心思想，提炼 1–3 个关键词

5. 报道对象：

A. 政府及领导，赋值为 1

B. 媒体，赋值为 2

C. 志愿者义工，赋值为 3（包括专业 NGO 和个人）

D. 受灾者及家属，赋值为 4

E. 救援人员，赋值为 5（相关职能部门）

F. 热心企业及社会组织，赋值为 6

G. 专家，赋值为 7

H. 灾情及天气路况信息等不出现人物的报道，赋值为 8

I. 其他，赋值为 9。

6. 报道体裁：

A. 消息，赋值为 1

B. 评论，赋值为 2

C. 深度报道，赋值为 3

D. 其他，赋值为 4

7. 推送位置：

A. 出现在推送头条（主标题）的新闻，赋值为 1；

B. 出现在推送非头条的新闻，赋值为 2

注：出现在推送头条的新闻的媒体显著性最高，第二三条的媒体显著性依次递减。

8. 总字数：

A. 字数 500 以下的新闻，赋值为 1；

B. 字数 500–1000 的新闻，赋值为 2；

C. 字数 1001–2000 的新闻，赋值为 3；

D. 字数 2001 以上的新闻，赋值为 4。

9. 多媒体形式：

A. 只有文字的，赋值为 MT1；

B. 文字 + 图片，赋值为 MT2（次级属性：图片 1–5 张的，赋值为 1；图片 6–10 章的，赋值为 2；图片 11 张以上的，赋值为 3）；

C. 文字 + 图片 + 视频，赋值为 MT3；

D. 文字 + 图片 + 音频，赋值为 MT4；

E. 文字 + 图片 + 视频 + 音频，赋值为 MT5。

10. 情感基调：

正面语调，赋值为 1；

中性语调，赋值为 2；

负面语调，赋值为 3。

注：正面语调是指整体新闻语调以乐观或赞扬居多，如表示对生活有帮助；负面语调指整体新闻语调以负面或批评居多，如表示会造成不良影响等；中性是指新闻中没有表示正面或负面的评价。

11. 发布时间：某年某月某日

12. 阅读数：

0—5000 次赋值为 1；5001—20000 次赋值为 2；20001—100000 次赋值为 3；10 万 + 赋值为 4

注：记录具体数字

13. 点赞量：

0—50 次赋值为 1；51—100 次赋值为 2；101—1000 次赋值为 3；1001+ 赋值为 4

注：记录具体数字

后　记

2020年注定是极不平凡的一年，突如其来的新型冠状病毒肺炎疫情肆虐全球，迄今尚未彻底平息。幸运的是，党和政府本着对人民群众高度负责的精神，始终把人民群众生命安全和身体健康放在第一位，果断决策、正确领导，带领中华民族打赢了一场阻击疫情的人民战争。

在全国一盘棋、抗击新冠病毒肺炎的过程中，我们不难看到各类新型媒介活跃的身影。在社交媒体日益发达的今天，人们只要手中握着一部连入互联网的智能手机，就仿佛长了“千里眼”和“顺风耳”，不仅如此，还能轻松地将自己的话语传递给千里之外的陌生人。目前，国内最大的社交媒体软件就是腾讯微信，早在两年前就拥有了全球10亿的月活跃用户。作为微信的重度使用者，我亲身目睹它从一个蹒跚学步的婴儿跃身成为用户量全球排名第三的巨无霸，而它的功能也越来越超出预期，不仅仅满足于人际传播意义上的即时通信，更发展成为身兼群体传播、组织传播和大众传播多种特质的媒介平台。这种转变促使我开始思考：在媒介化社会的语境下，微信对我国新闻实践的影响。具体而言，就是作为迅速崛起的平台型媒体，微信平台上的新闻生产和传播如何区别于现实世界；传播的主体、受众、内容和方式各有什么特点；在实践过程中，哪些因素最有可能影响传播效果。

探讨这个议题的研究范式很多，随着中国社会突发公共事件的频发，我把目光投向了灾难新闻这一重要而特殊的题材，借用危机管理的角度切入，也许能发掘出各方传播主体运用话语框架进行协商和竞合的突破口。之所以选择2018年初的“2·15海南雾灾”为例，则是因为：虽然重大灾难往往聚焦了最多的政府和媒体关注，但是中小型的突发事件才是人们日常生活中的常态，它们对更广阔范围内的社会生活产生的影响更为频繁，也更能考验本地新闻生产与传播者的媒介素养。

新媒体的飞速发展使中国社会进入众生喧哗的时代。在互联网环境下，舆论场的边界已经被打破，公众通过微信之类的新媒体平台直抒胸臆，对各类突发公共事件发表意见，对国家和政府决策建言献策。同时，各类新型媒介的出现进一步扩大了灾难新闻传播的主体范围，目前在我国社会现实中已经形成了相对稳定的三大传播主体——政府、媒体和公众，它们在突发公共事件中的话语表达与互动使得灾难新闻的传播过程更加复杂。我试图尽量将三大传播主体在微信平台上的传播策略进行解构，期望能透视新闻生产和传播中的话语变迁。需要指出的是，本书是在我博士毕业论文的基础上修改完成的，依然存在不少局限和瑕疵，当然，所有文责自负。

我能够顺利完成学业，首先要感谢恩师夏琼教授。她以一位女性导师兼科研工作者的身份，教育我如何正确地进行博士阶段的学习规划，以及如何站在讲台上负责任地传道授业解惑。此外，还必须感谢吴世文老师带给我的重要启发，感谢彭彪老师对我的无私帮助，还有陈刚老师提出的修改建议。感谢他们提醒我时刻把握研究方向，使我在论文形成的漫长过程中不至于偏航。

感谢家人对我的支持和关爱，这是我坚持学术研究的不绝动力。感谢本书写作过程中借鉴过研究成果的诸多学者，他们的真知灼见给我启迪和指引。

感谢海南大学人文传播学院院长刘复生教授、副院长石晓岩教授、传播学系王海燕老师和朱杰老师，他们的提携和帮助给了我很多成长的机会，也促成了本书的最终面世。

最后，特别感谢中国戏剧社樊国宾社长、张霞编辑、龙惠设计师以及本书的评审专家，他们深厚的专业功底令人钦佩，对于书稿的出版付出了辛勤的劳动！

此书是危机传播研究的阶段性成果，种种遗憾和不足激励我在未来的研究中努力完善，感谢读者的宽容和理解。

余　榕

2020 年 11 月 11 日